Dolor y Dinero- La Verdadera Historia

(Pain and Gain-The Untold True Story)

Por

Marc Schiller

Marc Schiller

Derechos reservados © 1994-2013 Marcelo Schiller

Todos los derechos reservados. Su reproducción total o parcial está completamente prohibida.

ISBN-13:978-0615841427 (Star Of Hope Inc.)

ISBN-10:0615841422

Marc Schiller

Dedicatoria

Este libro está dedicado a todas aquellas personas alrededor del mundo que se encuentran atrapadas en cadenas, ya sean físicas o mentales. Todos aquellos quienes se encuentran oprimidos, y quienes han sido despojados de su libertad. Que la mano invisible de Dios rompa esas cadenas y les dé la dignidad y los derechos básicos que todo ser humano merece: libertad de cuerpo, de mente y de espíritu.

Y está dedicado a la memoria de mi padre, de mi madre y de mi hermana, quienes siempre lucharon y nunca se dieron por vencidos, e inculcaron ese espíritu en mí.

Marc Schiller

RECONOCIMIENTOS

Diseño de portada-Stephanie D. Schiller
Edición y Traduccion-Andrea Aguilar-Calderon
Agradecimientos especiales – Alex (Moose) Schiller,
David J. Schiller, Edward DuBois III
y Gene Rosen

Marc Schiller

Indice

Prologo iii
Capitulo 1 — Los Origenes 1
Capitulo 2 — El Camino 6
Capitulo 3 — La Confusion 13
Capitulo 4 — Carrera 18
Capitulo 5 — Vida en Miami 23
Capitulo 6 — La Tormenta 26
Capitulo 7 — La Escritura en el Muro 29
Capitulo 8 — La Segunda Tormenta 37
Capitulo 9 — Las Reglas del Juego 53
Capitulo 10 — Tortura 101: Tortura Basica 58
Capitulo 11 — Tortura 201: Tortura Avanzada 69
Capitulo 12 — Sentado al Borde de la Oscuridad 83
Capitulo 13 — La Conversacion 105
Capitulo 14 — Liquidacion 118
Capitulo 15 — Perdiendo la Esperenza 134
Capitulo 16 — Aceptaciom 156
Capitulo 17 — El Juego de la Espera 174
Capitulo 18 — La Codicia Continua 191
Capitulo 19 — Conclusion 228
Capitulo 20 — Milagros 259
Capitulo 21 — El Largo Camino de Regreso 273
Capitulo 22 — Refugio en Colombia 288
Capitulo 23 — La Negociaciones 291

Capitulo 24 — Houdini **312**
Capitulo 25 — Cierre **339**
Sobre el autor **346**

Prologo

No tenía más fuerza para conjurar sueños de rescate. Mi cuerpo y mi mente, debilitados por el hambre, cegados y devastados por el dolor, no respondían más. Me encontraba sentado, encadenado a la pared y traté, por última vez, de reunir las fuerzas suficientes para visualizar a mis hijos en mi mente.

El reloj invisible siguió su curso hacia lo que con toda seguridad serían mis últimos momentos de vida. Aturdido, me encontraba ahí sentado, consciente de lo que me esperaba, ya sin intentar engañarme con eventos que podrían cambiar todo en un giro a mi favor. Supe que mi suerte estaba echada y la acepté de mala gana. La caballería nunca había llegado, y me encontraba convencido de que mis sueños de rescate habían sido tan sólo una ilusión que había creado para sobrevivir a mi cautiverio.

Había sido un mes de tortura, de humillación y de oscuridad que llegaba a su fin. De alguna forma, tal vez lo mejor era que finalmente se acabase, aun cuando no fuese de la manera que lo había esperado.

Esa noche, por primera vez en un mes, vinieron y me dijeron que necesitaba bañarme y cambiarme de ropa. Me avisaron alegremente que podían dejarme ir, en vista de que me habían devastado económicamente y no había nada más qué llevarse. Se habían cansado de mí tanto como yo estaba cansado de ellos. Quise creerles; sin embargo, podía reconocer sus sutiles insinuaciones y supe que se trataba de una mentira más. Además, sabía quiénes eran, y estaba seguro de que ellos lo sabían; los hombres que ya están muerrtos no creen en cuentos.

Esto, así como todo lo demás, resultaba irónico. ¿Querían que me cambiara la ropa, empapada en orines, y que me bañara para que así pudieran matarme oliendo bien y con buen aspecto? No me importaba, y sentía que podría morir también con un poco de dignidad.

Un recorrido de un mes por el infierno, con mis propios demonios personales como guías, estaba por terminar: un mes lleno de dolor por las quemaduras, los choques eléctricos y una enorme variedad de golpes. No había visto la luz durante todo ese tiempo, y la comida había sido casi inexistente.

Tal vez la parte más difícil fue ese viaje en una montaña rusa llena de emociones por el que había atravesado. Nunca imaginé que podría estar encadenado a un muro por tanto tiempo.

Así que esperé por ellos para que me llevaran por una

última vez. Permanecí sentado, supliqué por el perdón y recé por mis hijos.

No tenía idea de cómo irían a matarme. Sólo recé por que fuera rápido y relativamente sin dolor. No obstante, por lo que había aprendido de mi experiencia, sabía que a mis secuestradores les encantaba ver sufrir a sus víctimas. Acepté lo que fuera que estuviera por venir. Ya me habían quitado todo, me habían humillado y me habían hecho sufrir, pero no habían tenido éxito en sofocar mi espíritu y quizás, al final, eso era precisamente lo que más los había hecho enfurecer.

Poco sabía yo de que esa noche se iniciaría otra cadena de acontecimientos que estaban muy, muy lejos de mi imaginación. Eso era algo típico de mi estadía en el Hotel Infierno: todo lo que había acontecido era surrealista, como si el guionista de esta historia fuese un lunático, un demente drogado que no viese límites en un mundo de locura.

Así que permanecí sentado en el borde de la oscuridad, esperando a que las luces se apagaran permanentemente, y que me condujesen a la salida final del escenario.

~

Pilas de papeles sueltos, amarillentos por el tiempo, recolectando polvo, estuvieron en una esquina de la habitación por cerca de diecisiete años. Todas esas páginas, escritas en enero de 1995, contienen fantasmas y demonios que son muy reales para mí. Quizás por eso realicé tantos intentos de escribir esas palabras y había sucumbido a aquellos espíritus que se encontraban atrapados en el manuscrito. Cada vez, los puse de nuevo en la esquina y esperé a que permanecieran adormecidos. Finalmente, encontré la fuerza para enfrentarme a esos fantasmas y demonios. Tal vez fuerzas externas por fin me empujaron a escribir esta, mi historia. Aun así, en lo más profundo, siempre supe que escribir esas palabras jugaría un gran papel en limpiar mi espíritu y ayudarme a obtener un cierre. La limpieza y una conclusión son necesarios para sanar por completo.

A menudo, se dice que el tiempo cura todas las heridas y, conforme pasa, somos capaces de evaluar nuestras experiencias y, con suerte, aprender de las lecciones, las cuales en ocasiones son difíciles y amargas. Esto depende mucho de cuán profundas sean las heridas y cicatrices psicológicas, la magnitud del trauma que se ha sufrido, y la fuerza mental, la tenacidad, y la fortaleza de la víctima. A veces sanar necesita de algo más que el mero paso del tiempo.

En todos los aspectos, me siento bendecido. He podido continuar con mi vida y, en su mayor parte, dejar atrás esos eventos que sucedieron en noviembre y diciembre de 1994.

En julio de 2008, un programa de televisión sobre mi historia salió al aire en TruTV. Me solicitaron que participara, lo cual hice. Mi interés en escribir este libro resucitó, y sacudí el polvo de esas hojas sueltas. Ingenuamente, creí que ese programa de televisión sobre mi historia podría ayudar a alguien al brindarle un rayo de luz y esperanza cuando todo pareciese más oscuro. Mis esperanzas pronto se desvanecieron, y me di cuenta de que el programa no iba a transmitir ese mensaje, ni siquiera a contar la historia de una manera equilibrada. Decepcionado, puse de nuevo el manuscrito en la esquina, con el fin de que continuase con su solitario proceso de decadencia.

Después, en 2011, me informaron acerca de que Paramount Pictures y Michael Bay estaban haciendo una película basada en mi historia. Comencé de nuevo a evaluar la posibilidad de escribir el libro. En esta ocasión, sentí que era importante contarle al público lo que realmente había sucedido y no dejar que lo engañasen con una adaptación de Hollywood, la cual contendría muchos eventos ficticios y trivializaría lo que en verdad ocurrió. Quiero compartir las lecciones importantes que he aprendido. Así que me encuentro aquí sentado a mi escritorio, en 2012.

Increíblemente, todo comenzó en enero de 1995, cuando me senté por primera vez y escribí doscientas páginas de apuntes detallados sobre lo que había sucedido en los dos meses anteriores. No era precisamente un libro, sino más como una limpieza del alma y la mente, un diario que documentase los hechos a los cuales sobreviví y que marcó el inicio de un largo proceso de recuperación. Ahora, usando esas notas, escribo estas palabras con la esperanza de que alguien que las lea pueda ver que no importa cuán terroríficas puedan verse las cosas, un mensaje de esperanza brilla. Estoy convencido de que habrá algunas personas quienes, al leer estas palabras y páginas, encontrarán inspiración y fortaleza para sobrellevar y superar cualquier dificultad por la que estén atravesando. Si este libro ayuda al menos a una de ellas, entonces mi misión estará cumplida. Esa es mi esperanza y la razón por la que escribo este libro.

Capitulo 1 — Los Origenes

"La adversidad es un hecho en la vida. No podemos controlarla.
Lo que podemos controlar es cómo reaccionamos ante ella".

- Anónimo -

Es importante brindarle al lector un conocimiento general de quién era yo y de quién soy ahora a través de mis experiencias anteriores a mi secuestro en 1994. Esto ayudará a explicar mis acciones durante esos acontecimientos y, aun más importante, por qué fui capaz de sobrevivir y continuar con mi vida posteriormente.

Nací en un invierno lluvioso en agosto de 1957 en Buenos Aires, Argentina. Tanto mi familia, como mi país, atravesaban por un momento convulso. Mis abuelos habían emigrado desde Rusia al inicio de la década de 1920 y habían escogido Argentina por su poderío económico y su estabilidad política. Por supuesto, todo esto cambió después de la llegada al poder de Juan Perón, con el golpe de estado en los años cuarenta, cuando el país comenzó una profunda debacle después de ser la tercera potencia económica a nivel mundial.

Así como se deterioraba el país, lo hizo la condición económica de mi familia. Yo era el segundo hijo. Mi hermana mayor, Michelle, era casi cinco años mayor que yo. Cuando yo nací, la situación de mi familia era precaria, y nos vimos obligados a mudarnos a casa de mi abuela, la cual también compartíamos con el hermano menor de mi padre. Yo siempre bromeaba con mi papá al respecto. Le decía que, al parecer, yo había traído la mala suerte conmigo, en vista de que antes de mi nacimiento ellos habían llevado una cómoda vida de clase media.

De esta manera, transcurrieron los primeros seis años de mi vida. Compartíamos la casa entre tres familias, mientras intentábamos ganar dinero suficiente para costear la comida y otras necesidades en un esfuerzo colectivo.

En 1964, un tío lejano que vivía en los Estados Unidos vino a visitarnos. Consternado por lo que vio, persuadió al hermano menor de mi padre y a su madre de inmigrar hacia Estados Unidos. Asimismo, intentó convencer a mi padre de que también se trasladase, pero él decidió que era un patriota y que se hundiría con el barco.

Así, para finales de 1964, estábamos prácticamente en la calle. La situación económica de mi padre había empeorado, y lo único que le quedaba en aquel momento para conseguir dinero suficiente para comer era vender calcetines puerta por puerta. Nos vimos obligados a mudarnos de la ciudad hacia una zona rural llamada González Catan. Aquí era el Salvaje Oeste, y los gauchos aún vagaban por la pradera. Nuestra casa, pequeña, no contaba con agua potable y la escasa electricidad no era suficiente como para encender dos lámparas al mismo tiempo.

Era una casa pequeña color rosa con dos dormitorios y una

cocina anticuada, rústica, simple, y casi en los huesos, como lo pueden ser las casas prefabricadas. Pero era un hogar. Al menos teníamos una pequeña parcela, donde podíamos cultivar algunos alimentos y contábamos con algunas gallinas, las cuales nos proveían de huevos. Nuestro vecino más cercano vivía a unos tres kilómetros de distancia; era un lugar completamente desolado. Mi escuela era un edificio conformado por una sola habitación, con el piso sucio, ubicado a seis kilómetros de la casa. Cada día debía emprender una caminata, durante la cual me dedicaba a cazar ranas o a matar serpientes en el camino. Una o dos veces al mes, el camión de la basura aparecía por la única calle pavimentada. Entonces conseguía un aventón hacia la escuela, colgado de la parte trasera.

Durante el verano, solíamos ir a nadar al agujero lleno de agua de donde bebían los caballos. Pasé la mayor parte de mi tiempo libre vagando por los campos, inventando nuevas aventuras. Ese año, nació mi hermano, Alex, y la situación pareció volverse más precaria que nunca. El hermano de mi padre volvió a visitarnos, y de nuevo intentó persuadirlo de marcharse e inmigrar a los Estados Unidos. Pero papá se mostró inflexible y no se movió.

Finalmente, en 1965, la situación llegó a ser tan grave que mi padre se dio por vencido y se mudó a los Estados Unidos. Nosotros cuatro, mi madre, mi hermana Michelle, quien tenía doce años, mi hermano Alex, quien contaba con apenas cinco meses, y yo, de siete años, nos quedamos ahí, ganándonos la vida en un ambiente hostil. Después de que mi padre se marchó, nuestra situación se deterioró aun más. No teníamos nadie que cuidase de los pocos cultivos que teníamos. Las gallinas se fueron muriendo y no quedaron más huevos.

Solíamos comer una papilla que mi madre preparaba, y hasta el día de hoy no tengo la menor idea de qué estaba hecha. Parecía como una pasta blanca que se podía usar para pegar papel tapiz. También contábamos con muchas moras silvestres, que mi madre aprovechaba para hacer compota. A veces, comíamos eso cinco días a la semana. Desde entonces, no logro comer nada que contenga moras. Años más tarde, mi hermana me envió un frasco de mermelada de moras de cinco kilos para mi cumpleaños. Muy gracioso.

Al cabo de un tiempo, mi padre pudo enviarnos algo de dinero para que pudiésemos comprar comida. Eso era grandioso, pero no había ningún supermercado o tienda de abarrotes en nuestro vecindario, de modo que mi madre tuvo que ir a la ciudad a comprar víveres. Se marchó a las cinco de la mañana y no regresó hasta la una de la mañana siguiente. Tuvo que cargar las bolsas con la compra por kilómetros, en vista de que no había transporte público en donde vivíamos. Nosotros, los tres niños, nos quedamos solos cuidando de nosotros mismos, y cuando oscureció, simplemente nos sentamos juntos en el cuarto y esperamos.

Por fin, en mayo de 1966, mi padre había conseguido ahorrar el dinero suficiente para llevarnos con él a Estados Unidos. Michelle se quedó en casa para cuidar de Alex, mientras mamá y yo fuimos a la ciudad para ver si alguien nos podía dar un poco de ropa de segunda mano para el viaje. Nuestros guardarropas no existían; uno no necesitaba mucha ropa en el sitio donde vivíamos. Tuvimos suerte después de ir casa por casa y logramos conseguir ropa suficiente para llevar con nosotros en el avión hacia nuestro nuevo hogar. Puede parecer sorprendente que aquellos días fuesen en realidad tan sombríos. Sin embargo, no me traen recuerdos amargos, ni tristeza, ni sentimientos negativos.

De hecho, mis recuerdos son felices. Fue una época en la cual me sentí completamente libre. No había presiones, y tuve la oportunidad de crecer libre, sin las complicaciones que por lo general pueden abrumar a un niño en las grandes ciudades. Gracias a que tuve la libertad de explorar mis alrededores, desarrollé una seguridad en mí mismo que sería necesaria para sobrevivir a cualquier circunstancia que pudiera cruzarse en mi camino. Este episodio de nuestras vidas me dio la fortaleza interna y la confianza en mí mismo que me ayudarían a sobrevivir las situaciones tan difíciles que aún estaban por venir.

Capitulo 2 — El Camino

"Tus luchas sólo son más grandes que tú cuando tus pensamientos te convencen de que eres incapaz de superarlas".

- Edmund Mbiaka -

Aterrizamos en el aeropuerto JFK el 10 de mayo de 1966. ¡Vaya sobrecarga para mis sentidos! Sentí como si mi cabeza diera vueltas, en vista de que había dejado atrás un lugar donde todo era verde y en donde había crecido de forma libre, y ahora me encontraba en una jungla de concreto que me resultaba ajena, incluso extraña.

Papá había ahorrado algo de dinero y con ello había comprado algunos muebles y un televisor. ¡Vaya, un televisor! Ni siquiera sabía que esas cosas existían. A mi padre le iba bien, pero su espíritu indómito de nuevo nos causó problemas. En vez de conseguir un piso en el mismo vecindario donde vivían mi abuela y mi tío, uno que, de alguna manera, era seguro, nos llevó a vivir a uno de los barrios más peligrosos de Nueva York. A la semana siguiente, nos dieron nuestra bienvenida. Un día, mientras Michelle y yo andábamos en la escuela, mi padre se encontraba en el trabajo y mi madre andaba haciendo algunos mandados, alguien desmontó la puerta de nuestro piso desde sus goznes y se llevó nuestras pocas y recientes pertenencias. No más televisor; mi más novedoso objeto duró tan sólo una semana. Fue otra vez momento de empezar desde cero.

Mi adaptación fue difícil y dolorosa. Asistía a una escuela en la cual yo era uno de los pocos niños blancos. Eran los sesenta, cuando las tensiones raciales en el país comenzaban a despuntar. Desconcertado, confundido y desorientado, no podía entender qué sucedía y por qué tantos de mis compañeros albergaban sentimientos tan negativos hacia mí. Además de esta situación, se sumaba el hecho de que aún no podía hablar una sola palabra de inglés y no podía comunicarme con nadie. Quería regresar a mi pequeña casa en el medio de la nada, y comer aquella pastosa papilla, e ir a clases descalzo.

La escuela fue un campo de supervivencia para mí. A menudo me acosaban y me golpeaban cuando iba y volvía. Los mismos maestros estaban perdidos y tenían sus propias batallas que librar para sobrevivir en aquella jungla, y nunca me ofrecieron ayuda ni ninguna salida. Me defendí, aunque nunca entendí contra qué estaba luchando. Sólo intentaba sobrevivir. Durante los dos años que pasé ahí nunca fue fácil, pero eventualmente logré evadir la locura que me rodeaba al intentar volverme lo más invisible posible.

Poco después de que llegáramos al país, decidí convertirme en empresario. No importaba que tuviera ocho años y que no pudiera hablar inglés. Eso no iba a detenerme. Tenía necesidades qué cubrir, como zapatos y ropa, y desde el principio aprendí a confiar en mí mismo para conseguirlo. Supongo que no era un niño promedio que ansiaba juguetes. Podía fabricar los míos de cualquier material que lograba juntar. Quería una bicicleta, pero sólo porque me permitiría crear nuevas oportunidades para obtener ganancias. Mi primera aventura capitalista consistió simplemente en permanecer enfrente del supermercado y preguntarle a las señoras si podía cargar sus compras de regreso a casa. Tal vez mi apariencia raída las hizo simpatizar conmigo, pero lo cierto es que tuve bastante éxito y conseguía diez centavos, veinticinco, e incluso hasta un dólar. A menudo me dedicaba a esto durante tres o cuatro horas por día, de modo que comencé a ver dinero en muy poco tiempo. Mis padres nunca se opusieron, y hasta el día de hoy nunca he sabido si alguna vez tan siquiera lo supieron.

Mi siguiente empresa consistió en hacerme con el carrito de la compra de mi madre y caminar por las calles, buscando y recolectando botellas retornables. Este proyecto no era tan lucrativo, en vista de que la suma que me daban a cambio era mínima, pero conseguía de dos a seis dólares cada cierto tiempo. Encontré y devolví muchas botellas. Como un incipiente reciclador, le brindé un servicio a la ciudad al ayudar a remover la basura.

Como resultado de mis esfuerzos, en poco tiempo logré comprar una bicicleta que me costó la regia suma de treinta y seis dólares. La compré yo solo, sin ayuda de ningún adulto. Imagínenme haciendo eso con sólo ocho años, sin que mis padres estuviesen involucrados. Esto me dio la oportunidad de comenzar a entregar guías televisivas, otra fuente de ingresos. Fue así como empecé mi carrera como empresario. En esa época no conocía los principios del capitalismo; para mí, esto era un instinto de supervivencia que siempre me ha servido.

Vivimos en ese vecindario por dos años hasta que decidimos que ya era suficiente. A mi padre lo asaltaban cada semana. Sus ganancias eran pocas, pero él sabía que era todo lo que teníamos y nunca permitía que le quitaran su pago destinado para la casa. A menudo regresaba sangrando, molido a golpes y con las manos llenas de sangre para darle a mi madre su pago. Finalmente tomó en cuenta el consejo de su hermano y nos mudamos a Brighton Beach, Brooklyn, donde estábamos más cerca de él y de mi abuela.

Viví en ese vecindario hasta que por fin me fui de casa siete años más tarde. Ahí tuve la oportunidad de ir a la escuela sin miedo. Para ese momento, hablaba inglés bastante bien y mi proceso de adaptación se había hecho mucho más fácil. Había perdido mis fuentes de ingresos, pero sólo temporalmente. Comencé a repartir periódicos y conseguí algunos trabajos un tanto peculiares. Trabajé para Robert Kennedy y otras campañas políticas, repartiendo volantes. Al parecer, no les importaba mi edad. Comencé a aceptar cualquier trabajo que fuera posible. Convencer a los propietarios era difícil a veces y otras no tanto, puesto que estaba dispuesto a trabajar por menos del salario mínimo, lo cual era un incentivo bastante tentador para contratarme.

En 1969 me uní a los niños exploradores. Fue una

oportunidad de estar en un ambiente seguro y ser amigo de otros niños de mi misma edad. Era difícil ser aceptado porque yo representaba una perspectiva distinta y una realidad que no coincidía con la mayoría de mis compañeros. En todo caso, me quedé y me alegra haberlo hecho; fue un refugio del mundo externo.

Ese verano, la tropa a la cual pertenecía estaba planeando un viaje a Washington D.C. El precio era razonable, pero mis padres no se encontraban en posición de pagarlo, ni tampoco quisieron darme su apoyo.

Iba a haber una campaña para recaudar dinero para el viaje. Consistía en vender cajas de dulces, y aquel que consiguiese vender la mayor cantidad ganaba el premio de ir gratis. Bueno, eso era todo lo que necesitaba oír. Había una solución, y dependía de mí si podía ir o no. Inicié una campaña insaciable, vendiendo dulces a cada momento libre que tenía.

Vivíamos en una zona amplia de edificios altos de apartamentos. Cada día, después de la escuela, definía un área en específico e iba de edificio en edificio y de puerta en puerta. Tocaba a la puerta y apenas alguien me abría, comenzaba de memoria con mi discurso de ventas: "Hola, soy Marc, y estoy vendiendo dulces de los niños exploradores para ayudarme a ir a un viaje a Washington D.C. ¿Le gustaría comprarme algunos?" La mayoría del tiempo no recibía respuesta. Simplemente me cerraban la puerta o, peor aun, me la lanzaban en la cara. Eso nunca me desanimó, y solamente continuaba hacia la siguiente puerta o hacia el siguiente edificio. Pasé un mes vendiendo tenazmente, e incluso, una vez me robaron todas las cajas de dulces.

El día en que me robaron, de casualidad la policía estaba patrullando por la zona. Los detuve y les conté lo que había sucedido. Me dejaron subirme a la patrulla y me llevaron por el vecindario en busca del responsable. Nunca lo encontramos, de modo que ese día significó un severo retroceso. Ahora no sólo me enfrentaba al reto de vender los suficientes dulces para ganar, sino a pagar por los que me habían robado.

Esa no iba a ser mi caída. Estaba determinado a lograrlo, así que sólo continué. Al final, en efecto, gané, y fui al viaje con todos los gastos pagos. No sólo logré vender quinientas cajas de dulces para la competencia, sino las suficientes para pagar por las cajas que me habían robado. Así era yo, incluso a esa edad. Era tenaz y trabajaba duro cuando quería o necesitaba algo, y nunca esperé a que mis padres o alguien más me facilitara las cosas. No permitía que nada me detuviese o me disuadiera de alcanzar mis metas. Así era yo entonces y así soy ahora.

La secundaria y la preparatoria fueron años sin mayores sucesos. Comencé a practicar deportes regularmente y a correr en pista hasta mi segundo año. Cuando no estaba haciendo ejercicio, trabajaba. Trabajé en una farmacia, en una tienda de artículos de belleza, en una de *delicatessen* y en un supermercado como cajero. Siempre tuve un empleo, no sólo por necesidad, sino porque era una manera de ganarme respeto. Apenas y estudié en esos años, pero no afectó mis calificaciones. Siempre me las arreglé para mantener un promedio entre B+ y A− con el más mínimo o nulo esfuerzo. La mayoría de los cursos a los que asistía eran de honor, lo cual demandaba aun más esfuerzo del estudiante. Por suerte para mí, la escuela se me hacía fácil, y hasta pude conseguir un noventa y ocho por ciento en mis éxamenes de álgebra y un noventa y seis en biología.

Capitulo 3 — La Confusion

"El éxito no es el final y el fracaso no es fatal: es el coraje de continuar lo que cuenta".

- Winston Churchill -

"Lo que queda enfrente de ti, y lo que queda detrás de ti, palidece en comparación con lo que tienes dentro de ti".

- Ralph Waldo Emerson –

El último año de preparatoria fue tumultuoso para mí y me llegué a sentir bastante perdido. La mayoría de mis compañeros hacía planes para asistir a diferentes universidades. Obtuve un buen puntaje en mis pruebas de aptitud, pero el problema era que no sabía qué era lo que quería hacer. No tenía a quién recurrir. Mis padres estaban demasiado ocupados luchando por sobrevivir cada día. No contaban con los conocimientos o la energía para ayudarme en un momento tan crítico. En el último minuto, me inscribí en el Baruch College en Manhattan, Nueva York. Por qué me matriculé y qué iba a hacer todavía resulta un misterio para mí.

Por muy extraño que pueda parecer, mis padres nunca me llevaron de vacaciones cuando era niño. En 1975, en mi último año de preparatoria, un par de conocidos de la escuela me preguntaron si quería ir con ellos a Miami, Florida, para las vacaciones de primavera. Esas serían mis primeras vacaciones. Decidí ir con la esperanza de que quizás lograría aclarar mis pensamientos respecto de mi futuro. Nos fuimos en autobús y la suma total que llevé conmigo para una estadía de una semana fue de noventa y ocho dólares. Al llegar allá, descubrí que teníamos un cuarto de hotel por tres días y el resto de la semana tendríamos que encontrar algún lugar donde dormir. De alguna manera, en medio del caos, encontramos un lugar donde dormir por algunas horas en el suelo. Durante ese viaje, conocí a Andrea, una chica de Milwaukee. Venía de una familia adinerada, su padre era un abogado reconocido. Poco sabía yo en ese entonces, pero el destino haría que ella jugase un papel importante en mi futuro cercano.

De mala gana, comencé mi educación universitaria en 1975. Fue una época de confusión y de incertidumbre para mí. No me gustaba la escuela, y aún no sabía qué quería hacer con mi vida. Me encontraba solo tomando todas mis decisiones, sin nadie a quién acudir en busca de consejo. Mis calificaciones comenzaron a bajar. No tenía interés y no le prestaba atención a mis clases. Sin embargo, de alguna manera me las arreglé para pasar todos los cursos con notas mínimas. Al año siguiente, decidí que no regresaría a la universidad. No tenía ni idea de lo que iba a hacer, en vista de que trabajar en empleos de baja categoría no iba a ser suficiente.

En el verano de 1976, recibí una llamada de Andrea, la chica que había conocido durante mi viaje a Miami. Ella me convenció, lo cual no era tan difícil, de irme a Milwaukee, donde podría ayudarme a aclarar mi situación. En octubre, empaqué todas mis pertenencias, dos vaqueros raídos, cuatro camisetas rotas y una chaqueta ligera, y me mudé a Milwaukee.

Mi bienvenida fue cualquier cosa menos calurosa. En mi segundo día en su casa, la cual era una mansión, su hermano se me acercó y me dijo que necesitaba marcharme porque no quería a un vago indigente como yo en su casa. Viéndolo en retrospectiva, no puedo culparlo. Mi aspecto era el de un mendigo de la calle, el cual se completaba con mi cabello largo.

Mi hermana me escribió una carta pidiéndome que regresara a casa. Según ella, podía ir a la escuela técnica y convertirme en plomero. ¿Yo, un plomero? No. Ni siquiera me gustaba y mucho menos era aficionado a nada manual. Con el tiempo, le agradecí esa carta porque me hizo darme cuenta de cuánto necesitaba encontrar el coraje y la fortaleza para hacer algo con mi vida.

Andrea me ayudó a conseguir empleo en una cafetería de la localidad, donde le daba vuelta a los huevos por ocho horas. Ganaba un dólar con sesenta y cinco centavos la hora, y mi supervivencia era precaria. Los siguientes cinco meses fueron la prueba más difícil en mi vida hasta ese momento. Conseguí un cuarto en una pensión. Prácticamente no había calefacción y el ritual de cada noche consistía en envolverme los pies con dos toallas para combatir el frío. La mayor parte del tiempo dormía con la ropa puesta, porque de otra manera hubiera sido insoportable. Me preparaba todas las comidas en un horno tostador que encontré en una venta de garaje.

Tenía que tomar dos autobuses para llegar al trabajo, y no estaba preparado en lo absoluto para el invierno del norte. Chapoteaba a través de la nieve con mis zapatillas gastadas y rotas, y para cuando llegaba al trabajo, mis pies estaban empapados y dolorosamente fríos. Tenía una chaqueta ligera, una verdadera broma en un clima bajo cero. A veces, mientras esperaba el autobús, el frío era tan intenso que tenía que refugiarme dentro de una tienda para calentarme. Casi todas las veces me echaron a la calle. Eso me enseñó mucho acerca de la compasión humana; básicamente no existía.

Al cabo de un mes en Milwaukee, apliqué para ser admitido en la Universidad de Wisconsin-Milwaukee. Dos meses después, me aceptaron en calidad de prueba. Eso era todo lo que necesitaba: una oportunidad. Regresé a clases en enero de 1977. Esa fue mi salvación en aquella época de desesperación y cercana a la locura. Me mudé a los dormitorios, y a pesar de que los cuartos eran minúsculos, me parecieron como los de un resort de cinco estrellas. Rápidamente encontré trabajo como conserje en la universidad, de manera que no tenía que caminar mucho cada día para ir a cenar. Eventualmente, terminé trabajando como chef en un restaurante ubicado en el área común del campus. Desde el inicio, supe lo que iba a estudiar y me propuse terminar lo más pronto posible. Me decidí por contabilidad, en vista de que los números siempre me habían resultado fáciles. Asistí dos veranos a clases y un semestre tomé siete cursos. Aunque todos pensaron que estaba loco, ese terminó por convertirse en el semestre en que obtuve las calificaciones más altas.

Capitulo 4 — Carrera

Cuanto más difícil es el conflicto, más glorioso es el triunfo. Lo que conseguimos fácil lo valoramos poco. Es la carestía la que le da a todo su valor. Me encanta el hombre que puede sonreír cuando se encuentra en problemas, que puede reunir fuerza en medio de la angustia y crecer".

- Thomas Paine –

En 1979, con mis estudios casi completos, me entrevistaron y me contrataron para trabajar con Ernst y Whinney, una prestigiosa firma de contabilidad. Cuando supe que mi salario sería de casi dieciocho mil dólares al año, quedé en estado de shock: era muchísimo dinero para mí.

En septiembre de ese año, comencé en mi nuevo empleo. Al igual que en otras épocas de mi vida, mi primer atuendo de trabajo fueron ropas que alguien más me había regalado. Me encontraba en la cima del mundo, y sentí que finalmente lo había logrado. Esa sensación resultó ser fugaz, con la llegada de nuevos problemas que me esperaban a la vuelta de la esquina. En la compañía, siempre me trataron como un intruso y me asignaban los peores casos. Junto con una chica afroamericana, quien también era nueva, estaba aislado en la esquina más recóndita de la oficina. Sabíamos que representábamos una minoría simbólica y que nos habían contratado para completar su programa de contratación equitativa.

Cuando llegó el momento de tomar el examen como contador público, todos aquellos que habían sido contratados recientemente recibieron tiempo para estudiar. A mí me enviaron a Tomahawk, Wisconsin, a un proyecto que demandaba catorce horas diarias de trabajo y no me dejaba ninguna para estudiar. Me mandaron de vuelta a la oficina la noche anterior al examen. Tres semanas después, cuando llegaron los resultados, todos los nuevos empleados de la oficina, doce en total, permanecieron en fila frente al teléfono para escuchar las calificaciones. Por supuesto, yo fui el último, y todos me preguntaban que por qué me tomaba la molestia de esperar por el teléfono si no había forma de que hubiese aprobado el examen. Me dijeron que no gastase mi tiempo y que regresara a mi esquina, a donde pertenecía. Habían apostado por mi fracaso y no intentaban ocultarlo. En cuanto tomé el teléfono, permanecieron a mi alrededor, mirándome. Estaban seguros del resultado, simplemente no querían que les mintiese diciéndoles que había aprobado. Pero pasé el examen al primer intento. No pueden imaginarse la decepción en sus caras mientras intentaban encontrar una espuesta, preguntándose cómo me había podido ir tan bien. No entendían el triunfo del espíritu humano y de los deseos del corazón.

La situación se deterioró rápidamente a partir de ahí.

Finalmente, mientras volvía a casa de una audiencia que me habían asignado, el jefe a cargo se embarcó en una diatriba de dos horas cargada de insultos sin motivo. Ese fue el límite y, nuevamente, supe que era momento de avanzar en otra dirección.

Ese año compré mi primer automóvil, un Nissan 200SX. Poco después, mientras conducía al trabajo un día nevado de Wisconsin, con la cabeza en las nubes, tuve un choque frontal a noventa kilómetros por hora. Mi coche rebotó desde el muro de contención hacia otros vehículos como una bola de ping pong. Salí volando por el parabrisas y caí sobre el pavimento. El automóvil quedó completamente destruido. Me levanté y me alejé del sitio del accidente con apenas algunos rasguños sin importancia. La gente que vio el accidente por televisión asumió que el conductor del Nissan estaba muerto. Error. Esa fue mi primera experiencia escapando de una muerte segura y que marcó un nuevo punto de cambio.

Decidí renunciar a mi trabajo y buscar por oportunidades en otro lugar. Me entrevistaron en distintas compañías a lo largo del país y finalmente me decidí por una llamada ENSERCH, ubicada en Dallas, Texas. Me mudé a la ciudad de Dallas en 1980, y esta vez recibí una calurosa bienvenida por parte de mis compañeros. La tormenta, al parecer, había pasado por el momento. Uno de los proyectos en que participé fue una auditoría de adquisición en América del Sur. Esa auditoría llegaría a tener un impacto significativo en mi vida en algunos años. La vida en Dallas era buena. Trabajé para ENSERCH y después para Sabine Oil & Gas y, finalmente, para Easley Investment. Ahí manejaba el dinero y las inversiones para un multimillonario. Me encontraba feliz y tenía estabilidad. Contaba con un trabajo bien pagado, amigos y maravillosos compañeros de trabajo, y aquellos días borrascosos parecían ser un recuerdo lejano. En 1984, la compañía con la cual había participado en la audiencia me llamó y me preguntó si quería ir a Colombia como supervisor. Era una propuesta difícil de rechazar, puesto que la compensación era bastante generosa.

Me mudé a Colombia en 1984 y ese año conocí a mi esposa, quien también laboraba para la compañía. Nos casamos en 1985 y ella dejó de trabajar. En 1988, nació nuestro hijo y las cosas parecieron comenzar a marchar con piloto automático. Esos años que trabajé en Colombia fueron satisfactorios profesionalmente y alcancé paz mental. Sin embargo, apenas pensé que todo estaba perfecto y que nada más podría salir mal, mi mundo se puso de cabeza otra vez.

En 1989, la calma después de la tormenta acabó y se desató el infierno en la empresa para la cual trabajaba. Rebeldes de izquierda secuestraron a mi jefe y empleador en una de nuestras oficinas en el campo. La prioridad de la compañía cambió de hacer dinero a traerlo de regreso con vida. La atmósfera en la oficina cambió y ya no era agradable ir a trabajar. Estábamos en un barco sin capitán y nos movíamos a merced de la corriente. El calvario duró siete meses, y los funcionarios de la empresa asistían constantemente a reuniones con el fin de cumplir con las demandas del rescate.

Finalmente, mi jefe fue liberado y regresó a su casa en

Houston, Texas. Un mes después de su liberación, me llamó. Me informaron acerca de que todos los estadounidenses tendrían que abandonar Colombia. En otras palabras, me quedaba sin empleo. Fue un impacto para el cual debería haber estado preparado, pero no fue así. Decidí regresar a los Estados Unidos. Mi esposa quería estar cerca de su familia y, ante su insistencia, nos mudamos a Miami en lugar de Dallas.

Capitulo 5 — Vida en Miami

"El espíritu humano es más fuerte que cualquier cosa que le ocurra".

- C.C. Scott -

En enero de 1989 llegué a Miami. En esta ocasión, estaba seguro de lo que quería hacer. En vez de buscar empleo, empezaría con mi propia compañía de contabilidad.

Alquilé una oficina y compré el mobiliario y equipo necesarios. Contraté a tres empleados. Uno de ellos fue Linda Delgado. La empresa resultó ser un éxito y logramos conseguir cerca de un centenar de clientes en los primeros seis meses. Las cosas marchaban tan bien como uno puede esperar al inicio de una empresa. Tenía un agente de ventas que estaba realizando un excelente trabajo, pero recibíamos interés de más clientes de los que él podía manejar.

Linda tomó consciencia al respecto y llegó un día a mi oficina, sollozando. Ella era una buena empleada y era muy buena en su trabajo, concertando citas con clientes potenciales. Me comentó que su esposo, Jorge, se dedicaba a vender autos y que tenían problemas de dinero. Ella quería conseguirle un trabajo como segundo representante de ventas. Vivían con los padres de

Linda, puesto que los ingresos de ambos no eran suficientes para mudarse y conseguir su propia casa. Bueno, tomando en cuenta que soy alguien muy sensible, terminé por ceder a su petición y así fue como Jorge Delgado comenzó a trabajar para mí. Jorge era un muy buen empleado y siempre estaba ansioso de ayudar en lo que hiciese falta. Hablaba con suavidad, y nunca lo vi enojado o frustrado. Años después, él sería quien querría verme muerto mientras me encontraba en el almacén.

La empresa fue creciendo y prosperando. Magnánimamente, compartía las ganancias con mis empleados. Ayudé a Jorge a comprar un auto nuevo, lo cual también resultaba bueno para mí, en vista de que él necesitaba visitar a los clientes. También lo ayudé a comprar su primera casa.

En 1991, el desgaste por las largas horas me estaba consumiendo y decidí vender la compañía. El trato era que el nuevo propietario debería continuar con los empleados con los que contaba en aquel momento, incluyendo a Jorge y a Linda. Era una ventaja para él, en vista de que ellos conocían el negocio y a los clientes. Por mi parte, quería buscar nuevos horizontes y como recibiría un pago mensual del nuevo propietario, podía tomarme mi tiempo.

Las cosas comenzaron a tornarse difíciles casi desde el comienzo. Jorge y yo nos manteníamos en contacto, y me contó que los clientes no recibían atención y que el trabajo no se estaba cumpliendo. El primer pago fue el único que recibí; después de eso, se convirtió en un juego del gato y el ratón. Al cabo de tres meses, decidí acudir a un abogado y recuperar la compañía antes de que no quedase nada de ella. Sorpresivamente rápido, se fijó un citatorio en la corte para resolver el caso, y tanto Jorge como Linda declararon a mi favor. Con su ayuda, recuperé la empresa.

En esta ocasión no tendríamos oficina e iba a trabajar desde la casa. Subcontraté la mitad del trabajo a uno de mis antiguos empleados, quien tenía amplio conocimiento de lo que había que hacer. Jorge continuó trabajando para mí, recogiendo los encargos y entregándoselos a los clientes. Eso significaba que él pasaba en mi casa cada día y terminó por hacerse amigo de mi esposa. Conocía cada detalle de nuestra casa y de nuestras vidas. Cuando nos íbamos de vacaciones, él cuidaba de la casa. Sabía los códigos de las alarmas y estaba en la lista de personas que la compañía de seguridad podía contactar en caso de emergencia. Confiaba en él por completo y no tenía razones para no hacerlo. Tal vez era ingenuo, pero nunca vi ninguna tendencia maliciosa o violenta en Jorge. En esa época, no podía imaginarme cómo la confianza que había depositado en él podía morderme a mis espaldas y casi costarme la vida.

Capitulo 6 — La Tormenta

"No vemos las cosas como son. Las vemos como somos nosotros".

Anais Nin

En 1992, mi casa se encontraba en el medio del camino del huracán Andrew.

Mi hermano estaba de visita en ese momento. El día del huracán, envié a mi esposa a la casa de un amigo estado adentro. Tenía seis meses de embarazo de nuestra hija. En lo que se convirtió en una de las cosas más ridículas que he hecho en mi vida, mi hermano y yo nos quedamos para proteger nuestras pertenencias.

Conforme la tormenta se acercaba, me di cuenta de que había cometido un terrible error. Al inicio estábamos en la cocina, y a medida que el huracán se fue acercando, las ventanas volaron y, seguidamente, las puertas. Tanto mi hermano como yo nos percatamos de que estábamos en problemas, pero no pudimos encontrar otro lugar dónde escondernos. Finalmente nos atrincheramos en un armario en el segundo piso. Nos tomó cerca de una hora llegar hasta allí.

Conforme la tormenta iba tomando fuerza, pudimos escuchar cómo la casa se despedazaba. Nos dimos cuenta de que el agua goteaba desde el techo y supimos que éste había desaparecido, que no teníamos ningún refugio y que estábamos prácticamente muertos. El techo resistió apenas y después de seis horas en el armario, salimos a evaluar los daños.

Todas las pertenencias que me había quedado a proteger se habían ido, y habían sido sustituidas por una destrucción absoluta. Todos los muebles habían desaparecido de la casa y reemplazados por escombros, arrasados por el viento. No había ventanas ni puertas, y los muebles de otras personas ocupaban la piscina. Al inicio, no pude reconocer dónde estaba. Cuando habíamos ido al piso superior la noche anterior, había muebles y paredes; ahora todo había desaparecido. Teníamos agua hasta la cintura y cuando salimos, no podíamos asimilar lo que mirábamos.

Era como si una bomba nuclear hubiese estallado en mi vecindario. La mayoría de las casas habían perdido el techo y la de mi vecino había colapsado por completo. Había cosas donde se suponía que no debería haberlas, postes de electricidad en medio de una casa, ladrillos incrustados en las paredes, y en el parque ubicado al otro lado de la calle no quedaba ni un sólo árbol. Era una devastación total. Entonces, me di cuenta de lo afortunados que habíamos sido de haber sobrevivido. La magnitud de nuestra estupidez era alarmante.

Mi esposa partió hacia Colombia, y yo me quedé a reconstruir nuestra casa. Ese año nació mi hija y a comienzos de 1993, terminamos de restaurar la casa. Fue de gran ayuda que algunos de mis mejores clientes fueran contratistas y me pusieran de primero en la lista de reparaciones.

Capitulo 7 — La Escritura en el Muro

"EVIL INFLUENCES ARE A VIRUS THAT THE WEAK MINDED HAVE LITTLE IMMUNITY AGAINST."

- UNKNOWN -

"Las influencias malignas son un virus contra el cual las mentes débiles tienen poca inmunidad".

- Anónimo -

Ese año, las cosas comenzaron a cambiar con Jorge. Aún continuaba trabajando para mí, y quedé sorprendido de su reacción cuando le conté acerca de mis planes de abrir el restaurante. Por alguna razón, consideró que él tenía un derecho natural a participar también en el negocio.

También ese año empezó a asistir al gimnasio Sun. Al inicio, cuando me contó, no pude evitar echarme a reír. Jorge era un tipo flaco y debilucho, y no me lo podía imaginar como un fisicoculturista. Poco después, me presentó a Danny Lugo, su entrenador personal. Danny me perturbó desde el primer día. Parecía ser manipulador, y había algo acerca de él que brillaba como una luz de neón: *No confíes en mí. No confíes en mí.* Era un fisicoculturista musculoso, que medía más de un metro noventa y que supuestamente había sido jugador profesional de fútbol americano para los Generales de Nueva Jersey. Por supuesto, la gran mayoría de lo que decía era mentira. Los pensamientos que se me venían a la mente cuando él hablaba eran *estafador* y *manténte alejado*.

Después de nuestro primer encuentro, era imposible ver a Jorge sin Danny. Se convirtió en su sombra y se le pegó como con goma. Lo trajo a la casa en un par de ocasiones, y le dije que prefería que no lo hiciese. Jorge se ofendía siempre que le señalaba algo negativo sobre su nuevo amigo.

Jorge estaba cambiando o lo estaban cambiando, y no reaccioné lo suficientemente rápido para caer en cuenta de ello. Una tarde tuve que ir a visitar a un cliente y Jorge me acompañó. Cuando me fue a recoger, Danny Lugo venía con él. Me sorprendí y de inmediato, manifesté mi descontento. Durante el trayecto, Lugo comenzó a hablar sobre fraudes que había cometido y comenzó a hacer comentarios insinuando que deberíamos de hacer algo similar. Ese día, me di cuenta de que no sólo debía alejarme de ese personaje, sino tratar de ayudar a Jorge a soltarse de las manos del fisicoculturista.

A finales de 1993, estaba construyendo el restaurante y haciendo planes para inaugurarlo en el primer trimestre de 1994. Jorge pasaba más tiempo con Lugo y continuaba aún resentido por que lo había dejado fuera del restaurante. Entonces, le propuse que comenzáramos otra compañía relacionada con la venta y compra de hipotecas. Le dije que había trabajado para alguien que había tenido éxito en ese ámbito y que, de hecho, había manejado el negocio para él. Aceptó y pareció entusiasmado, y acordamos la cifra que cada uno de nosotros aportaría.

La siguiente vez que lo vi, me lanzó un balde de agua fría: insistió en que Lugo formara parte de la empresa. Me negué y le dije que no había forma de que me involucrara en ningún negocio con su amigo. Él hizo un mohín y estaba bastante disgustado, pero acordó continuar con nuestro trato. En retrospectiva, jamás debí haber entrado en ese negocio, considerando las circunstancias. Pero estaba agradecido con él por su ayuda y por el apoyo que me había dado cuando era mi empleado en mi empresa de contabilidad.

Montamos la compañía y la llamamos Inversiones Jo-Mar, y ambos invertimos dinero en ella. Yo aporté más dinero que él, pero me encontraba en una mejor posición. Me mantuve alejado del negocio y dejé que Jorge hiciera la mayoría del trabajo. Ese fue otro error, porque tenía miedo de que estuviese trabajando con Danny Lugo.

A inicios de 1994, Jorge comenzó a actuar de forma extraña. No se mostraba tan jovial como antes y comenzó a mostrase malencarado y malhumorado. No reconocía ya su personalidad tan alterada y me parecía que estaba hablando con una persona distinta a la que había conocido por los último cuatro años. Durante todo ese tiempo, llamarme varias veces al día se había convertido en un ritual para él. Ahora, pasaban días sin que me telefoneara o me regresara mis llamadas. Esas señales de mal agüero estuvieron presentes, pero no le presté mayor atención a su advertencia.

En febrero de ese año, decidimos que necesitábamos capital

adicional para continuar con el negocio adecuadamente. Jorge acordó una reunión con un banquero a quien conocía y quien estaba ansioso por escuchar nuestra propuesta. Me reuní con ellos en el restaurante Miami Lakes, donde hablamos sobre lo que estábamos haciendo, cuánto capital necesitábamos y el resto de detalles en específico. El representante nos dijo que presentaría el proyecto al banco y que nos avisaría.

Cuando la reunión estaba por terminar, el banquero se volvió hacia Jorge y le preguntó: "Jorge, ¿qué están haciendo tú y Danny Lugo, que están depositando tanto dinero en el banco?"

Nunca olvidaré la reacción de Jorge: se puso pálido de inmediato, lo miró fijamente, comenzó a tartamudear sin lograr responder a la pregunta y de repente dijo que tenía que irse. El banquero insistió. Jorge patinó ante la pregunta. Por fin, el representante se dio cuenta de que no iba a recibir una respuesta directa y terminó por desistir. Luego de despedirnos de él, seguí a Jorge afuera. Exigí saber lo que estaba sucediendo. ¿En cuál negocio extraño estaba involucrado con Danny Lugo?

Jorge se enfureció, fue la primera vez que lo vi así. Me dijo que no era de mi incumbencia y que me mantuviera al margen. Le respondí que era mi amigo y que su bienestar me importaba. Le supliqué que terminara su amistad con Lugo, que sólo lo conduciría a meterse en problemas. Él insistió en que no era asunto mío y que no tenía ningun derecho a decirle de quién podía ser amigo y de quién no.

Mis últimas palabras para él fueron: "Recuerda lo que te

estoy diciendo hoy. Si continúas siendo amigo de ese tipo, terminarás por arrepentirte y por encontrarte en serios problemas". Me alejé conmocionado. En un corto período de tiempo, Jorge se había transformado en una persona que no conocía.

Mi cabeza daba vueltas mientras conducía de regreso a casa. Me preguntaba qué era lo que estaba sucediendo. ¿Qué se traían entre manos? De mala gana, decidí que tenía que ponerle fin a mi sociedad con Jorge ese mismo día. Estaba tratando con un completo extraño y no quería verme arrastrado hacia ningún desastre que él estuviese maquinando con Lugo. Apenas llegué a casa, lo llamé y le dije que cancelaba nuestro negocio. Prácticamente ni reaccionó, lo cual me pareció extraño. No hablamos de arreglos económicos y ambos acordamos que los discutiríamos más tarde. No supe nada más de él en un mes. A inicios de marzo, lo llamé para liquidar la empresa. Decidí asumir una pérdida de diez mil dólares y darle una pequeña cifra, con el fin de que no albergara sentimientos negativos. La buena intención me salió por la culata y de inmediato se molestó. Ahora que lo pienso, pude haberle dejado todo el dinero y no habría habido mayor diferencia. Era una persona distinta con la que yo trataba ahora.

Él decidió que nos reuniésemos para darme un cheque. El encuentro transcurrió como si no nos hubiéramos conocido por años, y se mostró grosero y resentido. Intenté explicarle que él había obtenido la mejor parte y que yo estaba asumiendo las pérdidas. Él no tendría que hacerse cargo y podría marchase en paz. Esa fue la última vez que hablé con él y la última vez que lo vi. O al menos, eso fue lo que pensé. Había sorpresas por venir, y sin saberlo yo, nos encontraríamos otra vez en circunstancias muy diferentes.

Concentré mis esfuerzos en abrir el restaurante, y al parecer, tendría que superar numerosos obstáculos. El primero y más importante era que mi hermano no quería participar más, y ahora me enfrentaba a la necesidad de tener que manejarlo yo solo mientras continuaba con mi negocio de contabilidad. La inauguración se fue retrasando y retrasando, hasta que septiembre pareció ser la fecha más probable para por fin abrir el negocio.

En septiembre de 1994, finalmente logramos inaugurar el restaurante. Invité a muchos de nuestros conocidos a probar el menú. Jorge no estuvo entre ellos. Me imaginé que no asistiría. Septiembre y octubre fueron meses bastante ajetreados para mí, mientras intentaba mantener el restaurante y mi negocio de contabilidad. Contraté a un administrador para que se encargase del restaurante, pero el resultado fue un desastre y él terminó por hacerme trabajar aun más que si no lo hubiese contratado del todo.

A pesar de todo, el restaurante comenzó bastante bien y para finales de octubre incluso comenzamos a recuperar la inversión. La cercanía a varias estaciones de televisión, el almacén del distrito y la policía del condado, mantuvo el negocio activo y en crecimiento. Resultaba curioso ver que una de nuestras mayores y constantes clientelas estaba conformada por oficiales. No pasaba un día sin que un grupo grande de los más destacados almorzara en nuestro nuevo establecimiento. Por supuesto, el día en que más los necesité, ninguno de ellos estuvo presente.

No volví a escuchar nada de Jorge desde la última vez que lo vi y la inauguración del restaurante. No tenía idea de a qué se dedicaba, y no tenía ningún contacto con él. No había manera de que hubiese imaginado lo que él y su nuevo ayudante estaban planeando. En retrospectiva, era inconsciente de lo que estaba por suceder y debí haber estado más alerta. Pero jamás me pude haber imaginado el plan tan cobarde que estaban tramando, y nunca hubiese creído que Jorge podría dejarse manipular hasta ese nivel. Quizás no era bueno juzgando a la gente. Quizás era ingenuo al pensar que los seres humanos no podían degradarse a niveles tan bajos por dinero. Sin embargo, debí haber prestado más atención y los acontecimientos me tomaron desarmado.

Noviembre fue el final de la temporada de huracanes y, mientras las nubes de la tormenta se alejaban, jamás sospeché que ese sería el mes de mi propio huracán, un mes que cambiaría mi vida para siempre. Pero a veces uno no puede pronosticar lo que está por venir. De haberlo sabido, habría huido, me habría ocultado detrás de una piedra y no habría salido nunca más.

Aunque lo que estoy por narrar pueda parecer como una historia surgida de una novela negra o una película, estos acontecimientos en verdad ocurrieron. Todavía hoy me pregunto si fueron reales o alguna pesadilla que tuve. Una mirada a mis cicatrices confirma, por desgracia, que todo fue demasiado real. Ahora, abróchense sus cinturones de seguridad y prepárense para un viaje brutal por el mundo de la maldad, la codicia y la violencia.

Una advertencia: por favor, no lean esto antes de ir a dormir. Algunas de las escenas que se describen son perturbadoras. Ahora, continuemos.

Capitulo 8 — La Segunda Tormenta

"Mantén el fuego ardiendo en tu mirada, pon atención al cielo abierto, nunca sabes lo que podría estar por venir".

- *Para un bailarín*; Jackson Browne -

El 15 de noviembre de 1994 fue el día que cambió mi vida para siempre. Era un día caliente y bochornoso en Miami, mientras las nubes que precedían a la tormenta tropical Gloria comenzaban a extenderse. La humedad era pesada y parecía tan densa que podía cortarse con un cuchillo, el tipo de día en que dan ganas de dar media vuelta y seguir durmiendo. Ese día, no quería ir al restaurante y si el administrador que había contratado hubiese podido encargarse, me hubiera quedado en casa. Pero él era un inepto y tenía miedo de que si me quedaba en casa, todo acabaría por estropearse. Además, había una razón en específico por la cual necesitaba ir ese día.

Había colocado un anuncio en el periódico de Miami con el fin de encontrar a alguien interesado en comprar el negocio. El día anterior alguien había llamado y había dicho que se encontraba interesado, y que vendría a ver el restaurante y a discutir los términos de la venta. Había tenido el restaurante sólo por dos meses, pero el ritmo frenético, y el hecho de que me quitaba tiempo para dedicarme a otras áreas de mi interés, me hizo ver con claridad que venderlo sería una buena decisión. Así que tenía que ir aunque, por alguna razón, no tenía ganas. Me dije a mí mismo que el motivo por el cual no quería ir y aquellos fuertes sentimientos de negatividad se debían a que simplemente tenía pereza, estaba cansado y afectado por el mal tiempo. Asimismo, me dije que si el posible comprador estaba en verdad interesado, no necesitaría hacer ese trayecto más. En realidad, me habían tendido una trampa y me fui derecho hacia el anzuelo, directa y profundamente.

Mucha gente cercana me dijo que había estado actuando extraño en las dos semanas anteriores, que me mostraba irritado y distraído, y a veces preocupado por algo que no podía ser señalado claramente. Algunos hechos habían sucedido que al final me habían terminado por importar poco, aunque prestarles mayor atención habría sido mucho más prudente. Quizás era mi estado melancólico lo que causaba mi falta de atención a esos acontecimientos. Nunca he sido, tampoco ahora, alguien muy observador. Me pierdo de muchas cosas que otros sí logran ver, y ellos me lo tienen que señalar.

Teníamos un sistema de alarma bastante sofisticado en nuestra casa, lo cual era algo bueno y malo: bueno, porque era posible precisar con exactitud cuándo se accionaba la alarma, y malo porque en Florida puede haber diariamente tormentas eléctricas, las cuales pueden desactivar la alarma durante las más fuertes. Las dos semanas anteriores a mi secuestro, la alarma se había apagado varias veces. La diferencia en este caso es que no había habido tormentas que lo ocasionasen. Otra cosa curiosa es que la alarma se había apagado desde la ventana en el garaje. Durante tormentas anteriores, esas ventanas jamás habían desactivado la alarma.

En un par de ocasiones, bajé las escaleras para ver si la ventana se había abierto. Por supuesto, envuelto en un somnoliento estupor y con mi falta de habilidades para observar, se me pudo haber escapado algo. Sólo estaba revisando si las ventanas estaban abiertas y no si algo andaba mal, y me regresé gateando a la cama cuando no vi nada. Más tarde, me di cuenta de que había tenido a unos visitantes indeseables merodeando por el césped, los cuales probablemente habían intentado abrir las ventanas.

La segunda señal, y probablemente la más evidente, sucedió dos días antes del comienzo de todo: vivíamos en un condominio privado, situado en lo que se consideraba como un vecindario bastante seguro. Los robos y los crímenes no eran comunes, y si acaso escuchábamos algo acerca del tema. Cuando salí a recoger el periódico, noté que había trozos de vidrio en la entrada del garaje. Caminé alrededor de mi Toyota 4Runner, el cual había comprado el mes anterior, y la ventana del lado del conductor estaba quebrada. No habían sacado nada del auto, ni siquiera el teléfono móvil que estaba en el asiento del pasajero.

Esto debió haber sido un llamado de alerta, pero no para mí. Lo consideré nada más como un hecho extraño e inexplicable. Ni siquiera había escuchado cuando habían quebrado el vidrio durante la noche. Se lo comenté a mi esposa y no le presté más atención.

Simplemente me encogí de hombros y pensé en instalar un vidrio nuevo. Aparentemente, necesitaba que alguien pusiera un rótulo delante de mi cara que dijese: *Despiértate, algo anda mal. Huye, algo huele mal. ¡Vamos Marc, despabílate!* Algo menos que eso no hubiese funcionado. He tratado de justificarme al pensar quién podría haber predicho lo que estaba por suceder. Aun así, las señales estaban ahí, y simplemente no pude reconocer el peligro que se avecinaba.

    A regañadientes, me subí a mi coche y comencé el trayecto hacia el restaurante, el cual quedaba a veinte minutos de distancia si había poco tránsito. Durante el camino, mis pensamientos se concentraron en el posible comprador, con quien me encontraría a las tres de la tarde. Decidí que consideraría incluso una oferta baja con tal de deshacerme de él. Llegué al restaurante cerca de las nueve de la mañana, y los empleados comenzaron a llegar desordenadamente. La rutina habitual comenzó mientras nos preparábamos para el almuerzo. Esto incluía hacer el pan, cortar los embutidos, hacer la sopa, limpiar los baños y otras tareas variadas. Llegó la hora del almuerzo y tuvimos una afluencia decente, pero no abrumadora. Quizás el clima amenazador hacía que el día transcurriese más lento. Tuvimos al grupo habitual de la policía e, incluso, contamos con la presencia de miembros del escuadrón de bombas.

    Alrededor de las dos, los clientes habían mermado. Era hora de que preparase el depósito diario, enviase al administrador al banco y después me marchase a casa. Yo era una criatura de costumbres, y mi rutina nunca variaba, lo cual después descubriría que no era algo inteligente. Siempre me iba del restaurante a las dos y quince y me iba a casa a tomar café mientras veía la televisión o leía. Ese día, me tenía que quedar y no pueden imaginarse lo mucho que me atemorizaba hacerlo. Me senté a una de las mesas y esperé, mientras uno de los empleados que tomaba un descanso me acompañaba. Conversamos hasta las tres de la tarde, la hora en que esperaba que llegase el comprador.

Para cuando eran ya las tres y media y ningún comprador aparecía, estaba bastante aburrido y listo para irme a casa. Le dije a mi empleado que esperaría otros quince minutos, quizás el clima o el tráfico lo habían retrasado. Intenté llamarlo para confirmar si aún venía, pero no obtuve respuesta. A las tres y cuarenta y cinco me di por vencido y les dije a los dos empleados que quedaban que me iba a casa antes de que comenzase la hora pico de la noche. Tomé mi maletín y me dirigí a la puerta trasera. Normalmente, me estacionaba al frente, pero ese día, cuando llegué, no había espacios disponibles, y tuve que estacionarme atrás, donde había menos tránsito y era más solitario.

Bromeé con uno de los empleados mientras abría la puerta y salía. El aire afuera se sentía pesado y saturado de humedad; era uno de esos días en que alguien podía sudar a chorros con sólo levantar un brazo. El estacionamiento trasero estaba prácticamente desierto. Daba a la parte de la zona comercial en que estaba ubicado el restaurante. Todas las tiendas estaban ocupadas, y al final había una tienda de reparación de coches con espacios para aparcar enfrente del estacionamiento trasero. Ese día, las puertas estaban abiertas y había movimiento. Estaba a unos cien metros de donde mi coche estaba estacionado, y tenía una buena visibilidad de todo el parqueo.

Caminé por el estacionamiento, cargando, como siempre, despreocupadamente el maletín, pensando que sólo quería llegar a casa antes de que comenzase a llover. Como había mencionado, no soy alguien muy observador, y no vi la camioneta blanca marca Astro ni a ninguno de sus ocupantes mientras caminaba hacia mi auto. Miré hacia atrás por un instante y vi al empleado cerrar la puerta del restaurante.

No tenía consciencia alguna. Jamás me cruzó por la mente que podría tener algunos malditos enemigos que querían hacerme daño. Además, perpetrar un acto semejante, a plena luz del día, en un estacionamiento ubicado en una intersección tan transitada, era algo tan descarado y estúpido que nadie lo hubiese hecho. Obviamente, ellos no estaban de acuerdo conmigo. Había visto cosas parecidas en Nueva York, pero esa es una jungla diferente, donde todo puede pasar y de hecho, sucede.

Conforme me acercaba a mi auto, vi a tres hombres caminando hacia mí. Dos eran latinos y uno afroamericano. No pensé nada al respecto. ¿Por qué habría de hacerlo? No había nada en su apariencia que los hiciera resaltar. Usaban vaqueros azules y camisetas. Podrían haber ido a cualquiera de las tiendas del área y la gente a veces prefería estacionarse en la parte de atrás para evitar las boletas de tráfico. No puedo estar seguro, pero no vi que cargasen algo. Pero si fue así, lo llevaban bastante escondido.

En retrospectiva, todo parece haber ocurrido tan rápido que ese momento está distorsionado en mi cabeza. En cuanto introduje la llave en la cerradura y abrí la puerta, uno de ellos me agarró por detrás e intentó empujarme hacia su camioneta. La lucha por sobrevivir había comenzado.

Lo primero que dije por instinto fue: "Si quieres mi coche, sólo llévatelo".

Mi idea, al inicio, fue que aquellos sujetos eran ladrones de autos, y no iba a pelear con ellos por un coche; podían llevárselo. No valía la pena, tenía seguro y podía sustituirlo. No obtuve respuesta, sino que los otros dos sujetos se sumaron al primero. Entre todos, intentaban obligarme a entrar en la camioneta blanca.

En medio de la desesperación, dije: "Díganme qué es lo que quieren y tal vez pueda dárselos".

Ninguna respuesta, ninguna negociación, nada.

Me defendí y la pelea duró un rato. No soy el hombre más grande del mundo, pero mis años practicando deportes me proporcionaron piernas fuertes, que usé para resistirme. Me arrancaron la camisa hasta hacerla jirones durante la pelea, y aún hoy no puedo creer que nadie viera semejante conmoción. O lo que es peor: si la vieron, ni siquiera les importó o no quisieron involucrarse.

Los tipos comenzaron a exasperarse y decidieron que su ansiada víctima ocupaba someterse. Uno de ellos sacó un Taser, un arma de electrochoques, y comenzó a darme golpes eléctricos. Mi cuerpo sudaba profusamente y sirvió de buen medio para aplicar los choques eléctricos. A pesar del dolor constante, seguí luchando hasta que la electricidad terminó por debilitarme. Logré gritar por ayuda en varias ocasiones, pero nadie me escuchó, o a propósito me ignoraron. Para ese momento, me di cuenta de que uno de ellos tenía un arma. No podía pelear más y me arrastraron hacia la camioneta y me lanzaron dentro de ella. Por muy difícil que sea de creer, este sufrimietno duró al menos diez minutos, sin exagerar, y nadie, es decir nadie, vio nada supuestamente. Nadie llamó a la policía.

El feliz viaje hacia el infierno comenzó y yo era el pasajero de honor. Me arrojaron boca abajo entre el asiento del conductor y la primera fila de asientos de pasajeros. Una pistola plateada apareció frente a mi cara y uno de ellos dijo: "¿Ves esta pistola? Si haces ruido o un movimiento en falso, te mato".

Le creí; no cabía duda alguna. Para ese momento estaban radiantes de alegría. Sólo por divertirse, me dieron otra descarga eléctrica.

La siguiente orden que recibí fue poner mis manos detrás de la espalda y de inmediato me esposaron. También me esposaron los pies. Me encontraba totalmente a su merced y lo sabían. Me cubrieron los ojos con un trozo de cinta gris para embalar y el mundo se volvió oscuro. Celebraron su triunfo como los hombres de las cavernas lo harían al burlarse y abusar de su presa. Me patearon repetidamente en las costillas, y me pegaron con el puño en la cara y en el cuerpo, mientras se reían de forma escandalosa.

Esto era sólo el comienzo de un largo y aterrador episodio.

Me cubrieron con una manta y comencé a hiperventilarme. No conseguía recuperar el aliento. Creo que era una combinación enre el miedo y el esfuerzo que había realizado al luchar contra ellos. Me encontraba desconcertado. Como las balas de una ametralladora, los pensamientos se disparaban dentro de mi cerebro. Preguntas, muchas preguntas, pero todas sin respuesta. ¿Quiénes eran esas criaturas y qué querían? ¿A dónde me llevaban y por qué? No podía comprenderlo. ¿Por qué esto me estaba pasando a mí? Estaba aterrorizado y pensé en mi familia. Me preguntaba si estarían bien. Incluso pensé que todo podría ser una pesadilla y que más bien me encontraba a salvo, en mi cama, en casa. Deseé que fuera así y aún deseo que así hubiese sido.

Procedieron a saquear el cadáver que acababan de capturar. Tomaron mi reloj, mi billetera, una cadena que llevaba ese día y un brazalete. Uno de ellos dijo, con un grito de felicidad: "Conseguimos una bola de matzah." Hablaban entre ellos todo el tiempo, pero no podía descifrar mucho de lo que decían. Por lo que podía percibir, había cinco ocupantes en la camioneta: el conductor, los dos sentados en el asiento del medio y el de la pistola, y dos en lo asientos de la parte de atrás.

Dimos la vuelta en la avenida setenta y nueve, y después de eso, perdí la noción de la dirección hacia la que enrumbábamos. A partir de ese momento, podríamos dirigirnos a cualquier parte, incluso la luna, y no habría tenido ni la menor idea de dónde me encontraba. Mi mente iba tan rápido que creía que iba a explotar.

Creí que aquellos matones iban a asesinarme y echarme en una zanja en algún lugar en los Everglades. Estaba convencido de que así iba a terminar. No había ayuda. Cualquiera que fuese el destino que me esperase, no tendría más opción que aceptarlo.

Un comentario que pude escuchar claramente fue: "Todo salió tan bien, fue pan comido".

No me lo pareció, pero no importaba ahora. Necesitaba aclarar mi cabeza y calmarme, para poder lidiar con lo que fuera que me esperaba.

Continuamos el camino por quince o veinte minutos. Es difícil de determinar, pero no pudo haber durado mucho más que eso.

Durante el viaje, uno de ellos comentó: "No tienes derecho a vivir una buena vida cuando nosotros no podemos".

Pensé que era un comentario extraño, considerando que no llevaba una vida extravagante o espléndida. Sin embargo, me di cuenta de que mis secuestradores me conocían mejor de lo que había pensado y que esto no era un ataque al azar. Nunca me había sentido tan desvalido como en ese momento. Siempre en control de mi vida y de las decisiones que había tomado, ahora tenía que someterme a su voluntad, y nada de lo que hiciese podría cambiar eso. No había consuelo ni tampoco el más raquítico rayo de esperanza.

Cuando llegamos a nuestro destino, y la camioneta se detuvo por completo, el conductor llamó a alguien y dijo: "Estamos en el almacén y tenemos un regalo para ti". Luego dijo: "¿Qué tan lejos estás? De acuerdo, conduciremos hasta adentro y te esperaremos".

Condujeron la camioneta en lo que llamaban el almacén. Uno de ellos bajó y abrió la puerta corrediza, y el resto salió del vehículo, dejándome en la misma posición boca abajo en la que estaba desde que habíamos abandonado el restaurante.

Uno de ellos dijo: "¿Qué vamos a hacer con este auto?"

Otro respondió: "Vamos a esperar hasta que venga el jefe".

"Sí, tenemos que hacerlo rápido antes de que alguien lo note", replicó el primero.

"Ya vendrá en algunos minutos", fue la respuesta.

Podría decirse que estaban intentando fingir sus voces. ¿Tenían miedo de que pudiese reconocerlos? ¿O estaban preocupados de que si algo salía mal y los capturaban, podría identificarlos por sus voces? Alguien vino, me quitó las esposas de los pies y gritó: "¡Levántate!"

Me empujaron fuera de la camioneta y me lanzaron boca abajo encima de lo que parecía ser una caja de cartón a sólo unos metros de donde estaba estacionado el vehículo. Revisaron para asegurarse de que la cinta estaba ajustada a mi cabeza y añadieron un poco más. Hacía calor y bochorno, y sudaba copiosamente de la temperatura y del miedo, así como del esfuerzo. Parecía como si me hubiese sumergido en una piscina con la ropa puesta. Pero esa era la última de mis preocupaciones. Me obligaron a lanzarme sobre mi estómago y nuevamente me esposaron los tobillos, y luego me levantaron los pies para encadenarlos a las esposas que llevaba en las muñecas. Era un círculo humano, un enorme cero, una rosquilla.

Esta posición, casi inmediatamente, me resultó muy incómoda.

Me quitaron las botas y permanecí ahí, jugando mi papel de rosquilla humana, intentando concentrarme en otras cosas mientras el dolor aumentaba en mis brazos, piernas y espalda. Los artículos en mi menú de pensamientos no eran agradables. O pensaba en el dolor y el aturdimiento que continuaba incrementándose a lo largo de mi cuerpo, o pensaba felizmente en las cosas maravillosas que probablemente me esperaban. Intentar pensar en algo agradable para distraerme era inútil. Las esposas estaban muy ajustadas y comenzaron a incrustarse en la piel de las muñecas y los tobillos. Alguien se acercó y me miró de frente.

Preguntó: "¿Quieres un poco de agua?" Mi garganta estaba reseca y sentía que había andado por un largo camino en el Sahara.

Logré responder: "Sí".

Él dijo: "Levanta tu cabeza".

Obedecí. Me lanzó el agua a la cara y se rió mientras se alejaba.

Pude darme cuenta de que esto no iba a ser un día de campo. Estos sádicos disfrutaban burlándose y humillando.

Yací ahí por lo que pareció una hora. Mis brazos y mis pies se me habían adormecido, y apenas podía respirar. El calor y la humedad sólo agregaron sufrimiento a mi miseria, y me encontraba empapado en mi propio sudor. Débilmente los escuchaba hablando al fondo, al parecer el jefe había llegado y había dado la orden de ir a recoger el auto. Usaban nombres en código, para que no pudiese identificarlos después. Yo era "Águila" y los otros nombres que pude escuchar fueron "Gorrión" y "Petirrojo". Supongo que a quienquiera que se le hayan ocurrido esos nombres le gustaban los pájaros, o estaban tan locos como cucos. Esto me dio un ligero destello de esperanza, al pensar que si estaban intentando ocultar su voz y sus nombres, quizás, sólo quizás, esta dura experiencia podría ser breve.

Después oí una conversación que me provocó escalofríos en la espalda y aumentó mi terror.

Uno de ellos dijo: ¿Tienes a alguien vigilando la casa?"

Otro contestó: "Tenemos un coche afuera".

"Nos aseguraremos de que se quede ahí afuera, para que no tengamos problemas", añadió otro.

La pesadilla había ingresado a una nueva etapa. No sólo yo me encontraba en una situación en la cual estaba sin ayuda y a su merced, sino que ahora mi esposa y mis hijos también se encontraban en peligro y no podía hacer nada al respecto. Sé que puede parecer extraño, pero esperé que mi mujer no llamase a la policía. Primero que todo, si lo hacía, los matones que vigilaban mi casa llamarían a los que me tenían secuestrado y, sin lugar a dudas, se harían cargo de mí. En segundo lugar, llamar a la policía podía ocasionar que se vengaran de mi familia.

Comencé a entrar en pánico, pero cuanto más pensaba al respecto, llegué a la conclusión de que había sólo una pequeña posibilidad de que en verdad mi esposa llamara a la policía. Ella hablaba poco inglés, y su personalidad la hubiera hecho quedarse congelada y probablemente no reaccionar. No era una persona que solía tomar la iniciativa. Cuando nuestro hijo estuvo a punto de ahogarse en la piscina en 1991, le apliqué resucitación cardiopulmonar mientras le gritaba a alguien que llamara al 911. Ella se congeló del miedo, y fui yo el que llamé. Sospeché que esta vez tampoco llamaría, y necesitaba encontrar una manera de conducirlos a una situación segura, que le diese tiempo a ella de replantearse su estrategia y llamar a las autoridades. Más tarde, mi esposa me dijo que la habían seguido cuando fue a recoger a nuestro hijo de la escuela ese mismo día. Fueron tan ineptos al hacerlo que casi chocaron contra ella. Todos nos encontrábamos en peligro, y cada movimiento precisaba ser hecho con cautela si queríamos sobrevivir.

Pareció eterno, pero eventualmente alguien vino y me desató los tobillos de los brazos. Me dieron la vuelta y presionaron un objeto firmemente contra mi cara. Era un bate de aluminio o algo similar. Alguien dijo: "¿Sientes esto, imbécil? ¿Sabes lo que es?"

No contesté.

"¿Bueno, lo sabes?", repitió.

"Sí", respondí. Tenía dos opciones: o decir "sí" o decir "no", y decir "no" no me parecía como una buena opción en ese momento.

"Si haces un movimiento en falso, te parto la cabeza", escupió.

"Sí", contesté. No tenía dudas de que lo haría y con una enorme alegría.

Me levantaron en vista de que intentar hacerlo por mí mismo

habría sido imposible. Percibí que disfrutaban del poder que obtenían al dominarme y maltratarme. El poder de controlar y humillar a otro ser humano, y el olor del miedo y del terror que emanaba de su presa eran como una droga, un golpe de adrenalina que parecía motivarlos.

Una mano me sostuvo por el brazo con firmeza, presionándome para que avanzara. Me arrasré hacia adelante; era difícil caminar con los tobillos esposados con tanta fuerza. Los juegos habían comenzado. Me hicieron caminar en círculos para desorientarme. No había necesidad, con todos aquellos kilos de cinta en mi cara no podría haber dicho si me encontraba en la Tierra o en Marte. Me llevaron a lo que me pareció que era otra habitación y me pusieron en lo que al parecer era la parte superior de una caja, o tal vez una que habían cortado. Se sentía como si una manta o algo parecido estuviese en el fondo de la caja. Esta sería mi casa lejos de mi hogar por un tiempo, aunque para este momento, aún creía que este calvario sería corto.

Me colocaron boca abajo con las manos aún esposadas a mis espaldas. La caja parecía medir un metro ochenta de largo por medio de ancho. Mis tobillos también seguían esposados, lo cual me dejaba poco espacio para moverme. En otras palabras no iba a ir a ningún sitio. La esposas se cerraron ajustadamente, y la fricción enviaba relámpagos de dolor a través de mis brazos. La posición era incómoda y no podía moverme ni un grado para mejorarla.

Unos minutos después, alguien vino y dijo: "Regresaremos más tarde. Hay alguien que quiere verte".

Vaya, ¿qué pasa si no quiero verlo? ¿Tengo alguna alternativa? ¿Puedo leer un buen libro o ver una película hasta que su majestad me conceda una audiencia? Supongo que la respuesta hubiese sido no y las repercusiones aun peores, así que no dije nada.

Y entonces, oí música. Música a todo volumen. Una vez que comenzó a sonar, nunca pareció terminar. Pusieron la música para cubrir su conversación y para volverme loco, estoy seguro. No sólo estaba a todo volumen, sino que no me gustaba para nada. Sonó casi constantemente por el tiempo que estuve ahí, veinticuatro horas al día. Tal vez puedan entender por qué después no pude escuchar música durante años.

Capitulo 9 — Las Reglas del Juego

"Arrinconada en una esquina, la vícitma tiene dos opciones: puede yacer y morir, o puede luchar a pesar de las probabilidades".

- Anómimo -

Mientras yacía ahí, seguía preguntándome si alguien se habría dado cuenta de que estaba desaparecido. Era puntual y confiable como un reloj suizo, al igual que mi rutina. No era la clase de persona que se va por ahí, sin comunicárselo antes a su esposa. Era un tipo hogareño e iba directo a casa después del restaurante. Ni siquiera me gustaba detenerme a hacer mandados. Mi gusto por estar en casa era tan extremo que había trasladado mi oficina ahí.

Ahora habían transcurrido horas, y no había llamado ni aparecido. Era obvio que mi esposa se tendría que haber dado cuenta de que algo estaba mal, ¿pero qué? ¿Había tenido un accidente? La idea de que me hubiesen secuestrado era tan descabellada, que dudaba de que tan siquiera hubiese cruzado su mente. Probablemente ella había pensado que estaba en algún hospital, incapaz de llamar. También sabía que no sabría cómo reaccionar bajo estas circunstancias. No tenía idea de a quién acudir por ayuda. No tenía familia: mi hermano se había mudado recientemente a Tampa, y mi hermana vivía en Nueva York. No había amigos a los cuales llamar.

¿A quién iba a llamar? ¿A Jorge Delgado? Después, me enteré de que, de hecho, había contemplado la posibilidad de llamarlo. Eso hubiera sido interesante. Sabía que ella se encontraba en un dilema y que lo más probable es que no hiciera nada, a la espera de saber algo de mí. Más tarde, supe que alguien había telefoneado unas cinco veces para saber si estaba en casa. Las llamadas fueron extrañas. No eran de parte de nadie que mi esposa pudiese reconocer. Tal vez estaban revisando si ella se encontraba en casa y controlar cuál era su estado mental.

Así que ahí yacía yo, consciente de que no vendría ninguna rápida solución a corto plazo. A ese punto, no esperaba que mis salvadores ingresaran a la carga a través de las puertas. Tenía la esperanza de que podría darles a los secuestradores lo que quisieran y que la prueba acabaría pronto. La otra posibilidad que existía es que iban a matarme y estuviesen afinando los planes. Mi mente corría mientras buscaba por respuestas que no existían. ¿Por qué me hacían esto? ¿Quiénes eran? ¿Qué querían? Seguía y seguía y volvía a repasar cada pregunta mil veces. Aunque era en vano, dadas las circunstancias, entendí que era algo normal y esperable.

Siempre he tratado de vivir mi vida de manera correcta, sin hacerle daño a nadie. Una persona puede convertirse casi en un recluso y tener poco contacto con extraños y no contar con amigos, como yo, y al mismo tiempo ayudar a todo aquel que lo necesite cuando las circunstancias se lo permiten. Aun así, eso no implica que otros no te estén observando y deseando adueñarse de cualquier cosa que tengas. No existe la manera perfecta de encontrar refugio en un mundo de locura y demencia.

Así, mientras yacía ahí, el tiempo dejó de tener significado. Un minuto parecía una hora, una hora parecía un día. Después hubo una conmoción y varias voces; algo había ocurrido. Sudaba tanto que la cinta en mi cara comenzó a soltarse. Pude moverme un poco y echar un vistazo a través de ella. Vi una figura a la distancia y una luz detrás de ella. Se veía borroso y no pude definir nada en concreto. Miré justo por encima de mí y vi que me encontraba debajo de una ventana con persianas. El esfuerzo para ver era inmenso, puesto que debía contorsionar la cara. En ese momento, no sabía si aquellas serían las últimas imágenes que vería en mi vida.

Tenía que ir al baño y no había manera de preguntarle a alguien que me llevase. Y si lo hacía, ¿me dejarían? Mi vejiga iba a estallar, lo cual más tarde sucedió, de hecho. No hay nada de qué avergonzarse. Era un instinto de supervivencia lo que reaccionó. Me oriné mientras yacía ahí en la caja, empapándome los pantalones en el proceso y agregando más miseria a la que ya sentía. Pero la humillación y la vergüenza eran lo que menos me preocupaba a esas alturas. Era el primero de mucho actos impensables a los cuales tendría que recurrir. Tendría que reunir cualquier recurso disponible para tan sólo sobrevivir.

Obligado a la supervivencia, regresé a lo que siento fue como una especie de estado animal primitivo que tenía adormecido en mi ADN. No sabía que tenía esta capacidad, pero el cerebro reptil primitivo, del cual hasta entonces no había tenido conocimiento, demandaba mi supervivencia. Descubrí que, al mismo tiempo, mi ánimo ganaba protagonismo como mi fuerza guía, habilitándome para pasar por circunstancias y obstáculos que me habrían parecido imposibles de soportar.

Alguien vino quizás al cabo de una hora, o quizás cinco horas después. No lo sabía, ni tampoco importaba. Dijo: "Hay alguien que vino a verte".

Vaya, ¿tengo tiempo para recuperarme y arreglarme?

Dijo: "Levántate".

No puedo, imbécil. Tengo cadenas atadas a los tobillos y los brazos esposados a mi espalda, ¿o no te has dado cuenta? Tiró de mí y casi caí por el borde de la caja cuando lo hizo.

"Ten cuidado, o podrías partirte la cara", resopló, mientras dejaba escapar una carcajada frenética. Estaba seguro de que semejante accidente le habría causado una enorme tristeza. Nos fuimos arrastrando mientras jugábamos el juego de caminar en círculos.

Me llevaron a otra habitación y me empujaron hacia una silla. Pude sentir la presencia de varias personas cerca de aquel cuarto. Es increíble cómo, cuando pierdes uno o más de tus sentidos, los restantes toman el relevo y compensan el que se ha perdido al volverse más afinados.

Sabía que lo que vendría no sería agradable. Me encontraba

casi en un estupor embriagador por el esfuerzo físico y mental. En algún momento, consideré tirar la toalla. Ese sentimiento regresaría de nuevo, pero no podía hacerlo. No iba a permitirles que me quebraran tan fácilmente, así significara morir en el intento. No iba a dejar que toda esta maldad se saliera con la suya sin luchar. Y así, empezó la ceremonia.

Capitulo 10 — Tortura 101: Tortura Basica

"Aquello que no nos mata nos hace más fuertes".

- Friedrich Nietzsche -

Así que ahí me encontraba sentado, frente a la asamblea general de dementes. Ésta abarcaba psiques codiciosas y sádicas, las cuales se embriagaban en el poder que habían creado al actuar según sus más violentas fantasías. Más tarde comprobaría que las ganancias monetarias no eran su único objetivo: querían hacerle daño a sus víctimas y destruirlas en su afán sangriento.

Mientras permanecía sentando especulando sobre lo que estaba por venir, nunca imaginé lo que ocurriría en realidad. ¿Me interrogarían o me amenazarían? ¿Contestaría a sus preguntas? ¿Cómo jugaría mis cartas? ¿Los engañaría? ¿Habría alguna manera de darles lo que querían hasta que me dejasen ir, o las cosas se complicarían mucho más? Deseaba despertarme de mi estupor, sabía que tenía que estar alerta para lo que estaba por venir.

Comenzaron diciendo: "Somos una familia".

Para ese momento, no sabía si reírme o echarme a llorar. Qué ridículo, un poco melodramático.

Uno de ellos continuó: "Te trajimos aquí porque le robaste a nuestra familia y queremos que nos lo regreses".

Comencé a pensar que este era un caso en el cual se habían

equivocado de persona. No tenía conocimiento de ninguna familia, y con certeza nunca le había robado nada a nadie. Esto era bizarro. Me encontraba en la dimensión desconocida.

De repente, las cosas pasaron al nivel físico y me golpearon dos veces en la cara. Tal vez tenían poderes telepáticos o extraterrestres, y podían saber lo que estaba pensando. En todo caso, aquello dolió.

"Queremos una lista de tus bienes", gruñó alguien.

Creí que estaba bromeando. Sin embargo, respondí: "¿Quieren una lista de mis bienes?" Supongo que pudieron percibir el sarcasmo en mi respuesta.

Lo próximo que sentí fue una serie de golpes despiadados en la cabeza, el cuello y la espalda, con lo que parecía ser la culata de una pistola. Por alguna razón, cada golpe dolía menos conforme trataba de ignorarlos.

Susurraron entre ellos y no pude discernir mucho de lo que decían, aunque no me importaba mucho. Oírlos no iba a cambiar las circunstancias, aunque podría darme alguna idea de su identidad.

Lo siguiente que me preguntaron desencadenó una explosión de pólvora y alarmas en mi cabeza.

"¿El código de alarma de tu casa es uno, siete, cuatro, nueve?", preguntó.

Ahora conocía al menos a una de la personas involucradas: Jorge Delgado. Él era el único que conocía el código anterior de la alarma de la casa. No lo había publicado en ningún periódico, ni tampoco publicitado. Él era el único que había tenido el privilegio de saberlo. Por supuesto, después de que las cosas se complicaron con él, lo habíamos cambiado.

Cometí un error y dije: "Ese código es el viejo".

"No mientas", replicó mi interrogador.

"No estoy mintiendo", dije, mientras me daba cuenta de que debí haberlo hecho.

"Si no cooperas, vamos a traer aquí a tu esposa y a tus hijos y hacerles lo mismo. Son más fáciles de traer que tú", continuó. "Tenemos gente frente a tu casa, vigilando".

Estaba confundido de nuevo. Me di cuenta de lo mucho que me encontraba en desventaja, en vista de que ellos tenían todas las armas mientras que yo no contaba con ninguna. ¿Cómo podría cooperar y evitar una tragedia más grande? Si colaboraba, ¿cómo podría tener garantizado que algo no iba a suceder de todas maneras? Me encontraba en un dilema y, en el laberinto de mi mente, no podía encontrar la salida. Esperaba que sus intereses fueran meramente económicos y nada más, pero, ¿cómo podría estar seguro? Todavía estaba conmocionado por el hecho de que Delgado tenía un papel en todo aquel fiasco. Había dos posibilidades: o él estaba directamente involucrado, o me había vendido al proveerles información a aquellos criminales. En cualquier caso, no importaba. Me había traicionado después de que lo había alimentado y confiado en él. Era imperdonable, y aquello dolió más que algunos de los golpes físicos.

Me di cuenta de que estaba jugando con una pésima mano de cartas. Yo tenía el dos de tréboles, mientras que ellos el as de diamantes.

A regañadientes dije: "Voy a colaborar". No veía otra salida. Podía apostar mi propia vida, pero no la de mi familia y su bienestar.

Él dijo, con bravuconería en su voz: "Si no lo haces, traeremos a tu esposa y cada uno de nosotros tomará turnos para violarla".

No creí que aquello fuera una falsa amenaza, y sabía que no sólo podrían hacerlo, sino que disfrutarían causando semejante dolor. Esto me confirmó que no tenía opción más que cooperar y rezar porque las cosas acabaran pronto y bien. Pero comencé a tener la sensación de que no iba a ser tan fácil. No se detuvieron ahí, y él continuó: "Y como una buena medida, traeremos a tus hijos y los encadenaremos a la pared, como a ti".

Por un breve instante, la imagen de mi hijo de seis años y de mi hija de dos, con los ojos vendados y encadenados a la pared cruzó mi imaginación antes de que pudiera sacudir la cabeza para deshacerme de esos pensamientos tan perturbadores. Intentaban torturarme mentalmente y estaban teniendo éxito. ¿Cómo podría arriesgar un destino semejante para mis hijos? No tenía duda de que hablaban en serio. Estas eran mentes enfermas. No era una apuesta que quería asumir. Iba a darles lo que querían y esperar que todo acabase ahí, pero el hecho de que no había garantía persistía al margen de mi mente.

Primera pregunta: "¿Cuál es el código de tu condominio?"
Intentaba pensar muchas cosas a la vez y oír sus preguntas.

"¿Uno, uno, nueve, seis?", preguntó. Nuevamente, ese era el código viejo. El condominio lo cambiaba periódicamente, y eso confirmó que Delgado era el traidor. Él también conocía ese código.

"Ese es el código viejo", murmuré.

"Deja de mentir", espetó.

Quizás debería comenzar a mentir, en vista de que te cuesta tanto creer la verdad. Me golpearon en la cara un par de veces sólo para asegurarse de que había entendido. Esto se estaba convirtiendo en algo exasperante. Les había dicho la verdad y aun así tenía que pagar las consecuencias. La verdad no servía y las mentiras tampoco. Deseé que me hubieran dado un libreto con lo que querían que les dijese exactamente. Me hubiera ahorrado algunos golpes en la cabeza.

"¿Manejas dinero fuera del país para los familiares de tu esposa?", inquirió.

"Sí".

Sorpresivamente, recibí un par de choques con el arma de golpes eléctricos. Supongo que estaban comprobando si aún funcionaba después de haberla usado esa tarde. Funcionaba efectivamente, según lo sentí.

Parecía que ya lo sabían todo. Entonces, ¿para que me preguntaban? Si Delgado estaba involucrado, lo cual parecía ser seguro, entonces todo este interrogatorio era una pérdida de tiempo. Él sabía lo que tenía y dónde estaba. No podían ser tan estúpidos. ¿No se habían dado cuenta de que, al decirme que sabían los códigos de las alarmas, me percataría de que Delgado estaba detrás de todo esto?

Aparentemente, tampoco les gustó esa respuesta, puesto que me pusieron boca abajo en el suelo, apoyado en mis manos y en mis rodillas.

"Bueno, deberías haber colaborado", dijo, mientras se echaba a reír. Esto era desconcertante. Estaba cooperando. Me di cuenta de que no importaba si lo hacía o no. Estos muchachos eran unos sádicos enfermos y necesitaban liberar su salvajismo primitivo conmigo sólo para sentirse bien.

Pusieron el cañón de la pistola al lado de mi oído y se aseguraron de que escuchase cuando insertaron una bala en uno de los canales. La empujaron contra mi sien. Quizás querían que me orinara en los pantalones de nuevo. Lo siento, esta vez no.

"Vamos a jugar un juego. Vamos a ver si te sabes el nombre", dijo.

Sentí que el juego debía haber terminado para mí y que este iba a ser el fin. Iban a matarme y lo demás había sido una farsa, una manera de divertirse a costa mía. Pensé que era extraño que no fueran tras dinero o pertenencias, y que todo aquello había sido sólo para jugar conmigo y prepararse para asesinar. La pistola seguía contra mi sien. Apretando los dientes, me preparé para el impacto de la bala que estaba a punto de penetrarme el cerebro. El único consuelo es que iba a er una muerte rápida y relativamente sin dolor. Alguien tiró del gatillo y escuché un clic. Primera ronda y no había ganado el premio; por lo que podía decir, mis sesos aún seguían dentro del cráneo y no desparramados por el suelo. Reían sin control, mientras yo temblaba. Me preguntaba por cuántas cosas más me harían pasar para su entretenimiento antes de matarme.

Giró el cilindro y de nuevo me empujó la pistola contra la sien. Clic. Ninguna bala en el cerebro. Debía de ser mi día de suerte, porque ya íbamos dos a cero. Una vez más, se rieron frenéticamente. Tal vez se revolcaban en el piso de la felicidad. A mí no me parecía para nada chistoso. Me sorprendía lo mucho que disfrutaban haciendo sentir a otro ser humano miserable. Entonces, recibí otro fuerte golpe en la cabeza como recordatorio de que aún no había salido de la zona de peligro.

Me levantaron y me arrojaron otra vez hacia la silla. Supuse que el juego había terminado. Hasta el momento continuaba vivo, pero no sabía si eso era bueno o malo.

"Vamos a hacer un trato, ¿de acuerdo?", dijo.

"Bueno", contesté. Me preguntaba si ya se estarían aburriendo o si eran malos perdedores. No podía esperar para oír la joya que estaban a punto de ofrecerme.

"Dejaremos que tu esposa y tus hijos abandonen el país si nos das todos tus bienes", dijo.

No tenía que pensar al respecto para responder.

"Una vez que sepa que ellos están a salvo y fuera del país, puedes tener lo que quieras", contesté.

Era el mejor trato posible para mí. No podía lidiar al mismo tiempo con mi secuestro y el peligro inminente que se cernía sobre ellos. No podía ponerle un precio a sus vidas, y las posesiones materiales no significaban nada ahora. Los objetos no calzaban en la ecuación. Con mi familia sana y salva, podría concentrarme en sobrevivir al secuestro y posible liberación, si es que en verdad eso iba a pasar. Si no, entonces podría aceptar mi muerte sabiendo que sería la única víctima. Pero el problema continuaba: no sabía si todo era un truco para engañarme o no. No había dudas de que no podía confiar en nada de lo que me dijeran. Tenía que obtener una prueba irrefutable de que habían cumplido con su parte del trato.

"Bien, vas a llamar esta noche a tu esposa y a decirle que te vas de viaje de negocios y que no vas a volver en un par de días", ordenó.

Aquello era tan ridículo: pensar que mi esposa se iba a creer semejante historia cuando yo nunca había hecho nada parecido. ¿Qué? ¿El viaje de negocios había salido así, de la nada? Era una broma y con certeza se les podía haber ocurrido algo mejor. Me parecía algo tan fuera de lugar como si George Washington le dijese a su esposa que iba a pelear para los británicos por un par de días.

No obstante, contesté: "Bien". No tenía la verdad ninguna otra alternativa.

"Si dices algo que pueda parecerle sospechoso, o si llama a la policía, te vamos a tener que matar", ladró.

No tendría que decirle nada para que sospechase. La historia que se habían inventado sería suficiente. En cuanto a llamar a la policía, esperaba que no lo haría hasta que estuviese fuera de peligro. Pero si pensaban que ella se iba a creer esa historia, les faltaban neuronas. No cabía duda de que no tendrían reparos en matarme si ella llamaba a la policía. En todo caso, no estaba seguro de si me matarían de todas formas.

"Bien,", contesté de nuevo. ¿Qué más podía decir?

Pensé que habíamos alcanzado un acuerdo y que sus juegos habían terminado, pero me equivocaba. No les importaba. Disfrutaban causando dolor. Me dieron varios golpes eléctricos con el arma con la cual me habían llevado del estacionamiento. Me sentía como una rata de laboratorio con la que estuvieran experimentando para ver cuántos choques eléctricos podía soportar. Después de recuperarme del último golpe eléctrico y de que terminaran de reírse, mi torturador dijo: "Si colaboras y todo marcha bien, te irás de aquí y volverás a estar con tu familia en un par de días".

Quería desesperadamente creer en esas palabras, porque bien dicen que lo útlimo que se pierde es la esperanza. Necesitaba aferrarme a cualquier esperanza, aunque fuera mínima. No obstante, mi lado racional me dijo que probablemente me matarían de todas maneras después de que consiguieran lo que querían. Primero, necesitaba asegurarme de que mi familia se había marchado. Segundo, tenía que rehusarme a que mi espíritu se quebrase y seguir luchando hasta el final. Mi último deseo era poder decirle adiós a mi familia.

"Bien", dijo. "Tienes una casa, el dinero de la familia de tu esposa que te encargas de invertir, las joyas de tu mujer, tu Rolex, tu anillo, un piso en construcción en Miami Beach, seguros y tus motos acuáticas, ¿correcto?"

Me quedé asombrado y no pude responder. Lo único que faltaba era la cantidad de rollos de papel higiénico que había en el garaje. No pude responder, pero no debería haberme sorprendido, ya que sospechaba de la participación de Delgado. Esto selló mi sospecha, y sin duda sabía que estaba jugando algún papel. Nadie pudo haberles dado una lista tan completa y exacta de mis bienes, excepto Delgado. Supongo que me tomé demasiado tiempo para responder, ya que estaba tratando de digerir lo que estaba pasando y, como resultado, recibí dos golpes en la cabeza. No tenían paciencia.

"Sí", contesté, mientras el terror ahora daba paso a la tristeza. Mi empleado más confiable y leal, a quien siempre había tratado de ayudar, me había vendido. Yo siempre había estado ahí para él, y aquel giro traidor me estaba causando un gran dolor, tanto emocional como físicamente.

"Está bien, dentro de poco, vas a llamar a tu esposa para decirle", ordenó. Luego me dio otra descarga con el arma de choques eléctricos sin darme la oportunidad de responder.

"Bueno", respondí rápidamente, tratando de evitar otro golpe en la cabeza u otro golpe de electricidad. Al parecer, la sesión de tortura y humillación había terminado.

Uno de ellos mostró cierta preocupación y me preguntó si tenía que ir al baño. Le dije que sí, sin saber cuándo sería mi próxima oportunidad. Me llevaron al baño y me colocaron delante de lo que debía haber sido el inodoro. La realización de una tarea tan sencilla con los ojos vendados se convirtió en un gran reto. Tenía que encontrar la manera de bajarme los pantalones. Tenía las dos manos esposadas a la espalda e iba a requerir un poco de esfuerzo. Afortunadamente, los pantalones me quedaban sueltos y fui capaz de deslizarlos hacia abajo. En ese momento, alguien gritó: "Deja de masturbarte, tu tiempo se acabó", y se echó a reír, sabiendo muy bien que yo no había ni siquiera empezado la tarea. Era sólo otra manera de humillarme, y no tenían intención de dejar que fuese al baño. Fue un juego más para ellos. Me subí mis pantalones de nuevo a como pude. Parecía que iba a tener que confiar en el método OSM para ir al baño, más conocido como el método orinarme-sobre-mí mismo.

Me llevaron de nuevo a la caja de cartón donde había estado antes y me colocaron en la misma posición. Empecé a repasar todo lo que se había dicho, junto con el shock y la tristeza que sentí cuando me di cuenta de que Jorge Delgado estaba jugando un papel en todo esto. Yo no sabía qué era peor, el dolor físico o el dolor en mi corazón. Mi mente estaba trabajando horas extras, pero yo estaba agotado, tanto física como mentalmente. Razoné que las cosas, al menos, se habían aclarado y que lo peor parecía haber pasado. Me dije que todo lo que tenía que hacer era esperar y el calvario terminaría. Estaba equivocado.

Capitulo 11 — Tortura 201: Tortura Avanzada

"El mal más grande es el dolor físico"

- San Agustín -

Me acosté en la caja, repasando todos los acontecimientos que acababan de ocurrir. Pensé en mis alternativas, que no eran muchas; de hecho, ninguna. No podía permitirme el lujo de distraerme por la traición de Jorge. Tal vez me habría gustado tener tiempo para eso más tarde. No sabía qué hora era. Parecía que habían pasado días y no horas desde que salí por la puerta del restaurante.

Alguien vino y me dijo: "Si tratas de quitarte la venda de los ojos, o si creemos que estás tratando de echar un vistazo y ver a cualquiera de nosotros, te vamos a matar". Me preguntaba si habían visto cuando traté de mirar antes. No lo creo, pero no podía estar seguro. Mi segundo pensamiento fue que estaban buscando cualquier pretexto para matarme. Los orines en mi ropa se habían secado, lo cual era el único consuelo que podía encontrar. A menudo se dice que la miseria ama la compañía. Tenía la miseria, pero ninguna compañía.

Llegué al punto en que mi mente estaba abrumada por todo lo que había sucedido, o más bien que estaba sucediendo, y mis interruptores mentales colapsaron. Me desmayé por un tiempo. ¿Por cuánto? No estoy seguro, pero en retrospectiva fue un alivio, y mi cuerpo debía de saber que se tenía que apagar un rato o mi cerebro iba a recalentarse. Me desperté bruscamente con un sobresalto cuando le subieron el volumen a la radio a un nivel casi insoportable. Afortunadamente, esta vez cambiaron la estación a una de rock ligero, que no era tan malo como la música anterior.

Volvieron poco después. Como he dicho antes, el tiempo se había vuelto irrelevante. Un hombre dijo: "Vas a llamar a su esposa para decirle lo que te hemos dicho. ¿Entiendes?" Como ofrenda de paz, o mejor aun, para manipularme, me dieron un cigarrillo. Yo fumaba medio paquete al día y, dadas las circunstancias, podría haber fumado un par de paquetes de un sólo tirón, o tal vez más. Estaban tratando de suavizarme de nuevo y sabían que yo quería mi dosis de nicotina. Me quedé solo fumando mi cigarrillo. Pronto me di cuenta que no tenía dónde apagarlo. Usé el suelo junto a mí; si empezaba un incendio, no era culpa mía.

Poco después entraron, me levantaron de la caja de cartón, y me sentaron en una silla en la misma habitación. Había una especie de mesa delante de mí, y pude escuchar cuando trajeron un teléfono y lo conectaron.

"Si dices cualquier cosa para hacerla sospechar o algo que no nos gusta, vamos a tener que traerla a ella y a los niños aquí y encadenarlos a la par tuya", dijo.

Claro, no va a ser sospechoso. Desaparezco y eso es normal. Hasta este momento, siempre había sido la misma persona la que hablaba conmigo y no podía reconocer su voz. Trataba de distorsionarla y en ocasiones se le olvidaba, pero aun así no lo reconocí.

"Haré lo que dices. Déjalos fuera de esto", contesté.

"¿Cuánto tiempo crees que aguante ella encadenada a la pared?", resopló. Yo sabía que se refería a la condición médica de mi esposa. Ella había sufrido de lupus los últimos quince años, y Jorge sabía que tenía sus altas y bajas. No respondí, y tal vez eso fue un error. Probablemente pensaron que habían dado en el clavo y que podían utilizarlo más adelante para obtener más concesiones por mi parte.

"Hazlo rápido y no juegues de inteligente. Estaremos escuchando por otro teléfono", dijo.

Los oí cuando trajeron el teléfono y marcaron el número. Esta era una prueba irrefutable de quién estaba involucrado; ni siquiera habían tenido necesidad de preguntarme el número.

Mi esposa y yo nos llamamos mutuamente China y Chino, sobrenombres que se utilizan cariñosamente de forma común en Colombia, su país natal.

Ella contestó el teléfono y su voz era temblorosa. Después de decirle hola, ella dijo: "Chino, ¿dónde estás? ¿Qué está pasando?" Estaba desesperada, y pensé que sería más prudente que la conversación fuese lo más corta posible.

"Estoy bien, no te preocupes. Tengo que irme de viaje de negocios por un par de días. Te llamaré en dos días. ¿Cómo están los niños?", pregunté. Siempre preguntaba por los niños, y estaba montando un gran espectáculo para mis secuestradores.

Ella empezó a ponerse histérica y a tratar de llegar al fondo del asunto; nada bueno. Dijo: "Dime lo que está pasando y con quién estás".

Me gustaría poder decirte, y aun así no me lo creerías. Respondí: "Estoy solo y tengo que terminar un asunto urgente. Te llamo en un par de días. Te amo", dije, y colgué sin darle la oportunidad de decir nada más. Era mejor así. Si mis secuestradores pensaban que aquello no era sospechoso, eran unos verdaderos tontos, o estaban totalmente cegados por su avaricia y estupidez.

Sorprendentemente, aprobaron la conversación y dijeron: "Eso estuvo muy bien. Esperemos que no haga nada estúpido, o los dos van a pagar las consecuencias".

Respondí: "No lo hará. Deja que ella y los niños se vayan tan pronto como sea posible". Para mí, esa era la prioridad número uno, pero no dependía de mí decidir si podían marcharse y cuándo.

A continuación, me llevaron de vuelta a la caja de cartón y me dieron un cigarrillo. Era como si yo fuera uno de los perros de Pavlov, y recibiese mi recompensa después de haber realizado el truco correctamente y haber sido obediente. Para que pudiese fumar, soltaron las cadenas detrás de mi espalda y las volvieron a atar al frente. Aquello fue un gran alivio. Se estaba haciendo doloroso mantener esa posición durante tanto tiempo. La música seguía sonando a todo volumen. Tratar de pensar en cualquier cosa era difícil. No sabía cómo mi esposa iba a reaccionar, ni tampoco tenía la información suficiente.

¿Cuál era la situación en la casa? Sólo esperaba que ella se mantuviese quieta y esperase a que pasaran un par de días. Para ese momento, con suerte, podrían dejarla salir y ella, apoyada por su familia, podría recuperarse y pensar en alguna manera de ponerse en contacto con las autoridades o alguien que pudiese obtener mi liberación. Tal vez estaba siendo demasiado pesimista, y en unos pocos días no habría necesidad de eso. Ellos me dejarían ir después de que consiguieran lo que querían: dinero. No tenía muchas opciones en este momento, y la posibilidad de escapar parecía remota. Estar esposado y con los ojos vendados no me daba ninguna ventaja para poder darme a la fuga. No sabía cuántos de ellos había. No sabía qué tan bien armados estaban o la ubicación del supuesto almacén. En ese momento, la posibilidad parecía demasiado arriesgada, y el intento de hacerlo podría poner a mi familia en peligro. Rápidamente me deshice de esos pensamientos para esperar y ver qué pasaba. Todo terminaría pronto, pensé. Pero me equivocaba de nuevo.

Me quedé allí por lo que deben haber sido un par de horas, oscilando dentro y fuera de la consciencia. Estaba tan cansado para entonces que no podía ni siquiera pensar. Tenía que ir al baño y tuve que usar el método OSM, así que mis pantalones estaban mojados otra vez. Ellos regresaron, y uno me preguntó si quería un cigarrillo. Me preguntaba qué había hecho para merecer ese premio, pero resultó que la visita no era en son de paz.

Me dijo que iba a encender el cigarrillo por mí y me ordenó que sostuviese la mano para agarrarlo. Lo hice con dificultad, y él entonces me quemó la parte superior de la mano. Podía oír la piel chisporrotear mientras gritaba de dolor. Fui demasiado lento para retirar la mano, y me quemó de nuevo entre el dedo medio y el índice, mientras emitía una risa profunda. Aquello no era divertido. Me estremecí del dolor.

Me levantaron y me llevaron por la fuerza unos pasos más allá hacia una silla dura. Estaba totalmente perplejo. ¿No habíamos llegado a un acuerdo? Por otra parte, cuando haces un pacto con el diablo, no esperas que se cumplan los términos, ¿verdad?

Uno de ellos dijo: "Nos mentiste acerca de tus bienes".

"No", le respondí, sin ningún resultado.

Así que esto era un viaje de pesca para ver si me podían intimidar para que confesara sobre otros bienes que pudiese haber tenido. Por alguna razón, no estaban satisfechos con su lista. Pero prácticamente habían cubierto todo lo que yo tenía, así que era inútil. A continuación, una revelación me golpeó como una tonelada de ladrillos. Reconocí la voz que estaba escuchando. Tenía un acento de Nueva York con un ceceo muy evidente. No había duda de ello: era Danny Lugo, y este era el show de Danny Lugo. Ahora entendía la implicación de Delgado. Ese fue un momento breve de lucidez.

Lo siguiente que oí fue el sonido de un encendedor, y el que estaba en la habitación con Lugo me susurró al oído, con un gemido de loco enfermo: "FUEGO... FUEGO... FUEGO", y procedió a quemarme con la llama la parte superior del brazo cerca del hombro. El olor a carne quemada llenó la habitación, y podía oír el chisporroteo de mi piel mientras la llama penetraba a través de ella.

El dolor era paralizante, y yo gemía, incapaz de reunir la energía para gritar. Lo hizo tres veces, cada vez susurrando con su gemido de loco "FUEGO... FUEGO...FUEGO", lo cual lo hacía peor porque sabía lo que venía.

Después de que me quemaba, comenzaba a reír sin control, y pude escuchar que hacía un pequeño baile. Me di cuenta de que esto era mejor que el sexo para él. Se encontraba en una alegría orgásmica. Este hombre estaba enfermo, y me di cuenta de que esto era para lo que había nacido. Me hubiera gustado encontrarme a este psicópata solo en un callejón oscuro. Mientras la mayoría de los niños crecía haciendo deportes o jugando juegos de video, este tipo probablemente merodeaba el vecinario en busca de animales indefensos para torturar y matar.

La última quemadura fue en mi antebrazo, cerca del codo. Traté de prepararme para cada una de ellas, pero fue inútil. Estaba listo para vomitar por la combinación del olor a carne quemada en la habitación y el inmenso dolor que venía de las heridas abiertas en mis brazos. Entre la segunda y tercera quemaduras, también fui golpeado en la parte posterior de la cabeza con lo que yo pensé sería un bate de béisbol. Aquello dolió, pero el dolor de mi brazo era mucho más intenso y me distrajo del nuevo golpe que acababa de recibir.

Lugo dijo: "¿Tiene una caja fuerte?"

"No", contesté, lo cual era la verdad. Por desgracia, no pareció hacer mayor diferencia.

"¿Dónde guardas tu testamento?", dijo.

"No tengo ninguno", dije, aunque me preguntaba si iba a necesitar uno pronto.

Él se rió y dijo: "Pésimo error", mientras me golpeaba en la parte posterior de la cabeza con lo que pensé era la culata de la pistola. Bueno, parecía que tenía una respuesta a la pregunta que me había hecho sin voz.

Me quemaron una vez más, esta vez con sentimiento y entusiasmo, en caso de que las tres quemaduras anteriores no me hubiesen dolido lo suficiente. Por supuesto, antes de hacerlo, aquel tipo repitió su cántico enfermo "FUEGO... FUEGO... FUEGO...", y se echó a reír como una hiena después.

"Vamos a encontrar todo, y si nos mientes, te vamos a matar", dijo Lugo.

"Bien", contesté. Parece que me van a matar de todos modos, así que ¿qué más da?

Él continuó: "Mañana vas a llamar a su esposa y decirle que se va a ir a Colombia el viernes. Dile que lo deje todo, incluyendo la joyería, y que no se lleve nada, salvo un poco de ropa, ¿me entiendes?"

Qué benevolente de su parte, pensé. Iban a permitir que tomase una muda de ropa para ella y los niños. Estos tipos eran cerdos. Querían todo, y me refiero a todo.

"Sí, entiendo", contesté. Al mismo tiempo, pensaba que estos tipos no ganarían ningún reto intelectual. No querían que mi esposa sospechara, pero me dijeron que le diera una orden que automáticamente la haría sospechar, como si ya no lo hiciera.

"¿Cuánto dinero tienes en la caja fuerte?", preguntó Lugo.

Siempre he mantenido una buena suma de dinero en efectivo en la caja fuerte en caso de que surja una emergencia. Después del huracán Andrew me encontré sin efectivo, por lo que se convirtió en una costumbre. Ahora que pienso en ello, Delgado había mencionado que él hacía lo mismo y que yo debería hacerlo también.

"Cinco mil", dije.

"Vas a decirle a tu esposa que cobre otro cheque por ocho mil. Dile que ponga el dinero en la caja fuerte".

"Está bien", contesté. Este grupo de expertos no quería que nadie sospechase, pero estaban haciendo todo lo necesario para casi poner una señal de neón que dijese *algo está mal*. Muy inteligente.

Yo tenía tal dolor por las quemaduras abiertas que estaba casi incoherente. Realmente no importaba lo que decían o lo absurdo que era. No me podía concentrar. Sin embargo, lo siguiente que dijo realmente atrajo mi interés.

"Una cosa más: vamos a recibir unas cajas en tu casa. Debes decirle a tu esposa que no las abra y que las deje en el garaje, ¿entendido?", enfatizó Lugo.

Estaban usando mi casa como su nueva dirección de correo. Me preguntaba lo que habría en esas cajas: ¿armas de fuego, otras herramientas para matar o torturarme a mí o a alguien más, drogas? Cualquier cosa era posible con esta pandilla de locos.

"Sí", contesté. ¿Qué iba a decir? Bueno, eso depende, ¿qué hay en las cajas?

Me levantaron y me llevaron a la caja de cartón y me hicieron echarme en ella. Me quedé allí con el olor a carne quemada todavía en mis fosas nasales. El dolor de las heridas abiertas era enloquecedor, y ni siquiera podía alcanzarlas y tocarlas a causa de las esposas. Ni siquiera diría que me sentía muy mal en ese momento, sino que era algo más allá de lo que las palabras pueden describir. La única cosa que podía hacer a mi favor era asegurarme de que mi familia estuviese fuera de peligro. Después de eso, nada importaba. Podrían tener lo que querían. Era todo lo que podía hacer.

Después de esta última sesión de tortura, estaba convencido de que probablemente iban a matarme tan pronto consiguieran lo que querían. Pero no podía dejarme caer en un estado de autocompasión y abandonar la esperanza, aunque mi futuro parecía terriblemente sombrío. Tenía que seguir luchando y mantener mi ánimo en alto, por difícil o incluso imposible que pudiese ser. Estaba decidido a morir luchando. Me dije a mí mismo *bien, perras, vamos a seguir adelante.*

Volvieron poco después y me llevaron al baño. Esta vez, realmente me dejaron ir, no porque fueran compasivos, sino porque creo que el olor de los orines que se derramaban por mi pantalón había acabado con ellos. Bueno, yo podía jugar también. Como de costumbre, tomó un tiempo llegar al baño, ya que me daban vueltas en círculos para confundirme, como si lo necesitase.

Me trajeron de vuelta a la caja y me quitaron las esposas de los pies, luego las de las manos, y mientras presionaban una pistola contra mi sien, ataron una de mis manos a lo que parecía ser una silla de cuero pesado. Parecía que habían formado una cadena con los dos pares de esposas, uno amarrado a mí, y el otro a la silla. Sólo tenía un pequeño margen de movimiento, pero el tener un poco más de libertad y el hecho de que las esposas no se estaban presionando contra mi piel fueron bienvenidos. Estaba un poco más cómodo, si se puede llamar así en esas circunstancias. Me dieron un cigarrillo y me senté en la silla a fumarlo. Esta vez, no hubo truco para quemarme las manos. Mientras estaba sentado allí, Lugo entró y dijo: "Estamos preocupados por tu esposa".

"¿Por qué?", pregunté, tratando de hacerme el estúpido, para sintonizarme en su longitud de onda.

"Tenemos sus teléfonos intervenidos, e hizo un par de llamadas anoche que no nos gustaron", dijo.

¿Era eso posible? ¿Me estaba diciendo la verdad? No me podía imaginar que estos payasos pudiesen tener la capacidad de intervenir un teléfono. Pero me decidí a seguir el juego de todos modos. Hacerse el estúpido a veces tiene sus ventajas.

"Yo no estaría tan preocupado de que ella hiciese nada. Deja que se vaya", contesté. La única opción era restarle importancia y minimizar su miedo. No importaba lo que proyectase externamente frente a mí, tenía que estar nervioso y tener sus dudas.

"¿A quién crees que llamó?", preguntó.

"Las únicas personas con las que podría hablar son su madre o su hermana en Colombia. No tiene con quién hablar aquí", dije, lo cual, por desgracia, era la verdad.

"Bueno, espero que no empiece a causar problemas", dijo Lugo.

"No lo hará. Deja que se vaya", dije, casi suplicante. Mi mayor temor era que ellos cambiasen de opinión y no dejaran ir a mi familia, y que en su lugar los mantuviesen prisioneros en la casa o, peor aun, en el almacén donde estaba.

"Está bien, vas a decirle a tu esposa e hijos que van a irse el viernes. Recuerda que debes decirle que deje todo y que ponga el dinero en efectivo en la caja fuerte, y que deje las cajas en el garaje", reiteró Lugo.

"Bien", dije con una sensación de alivio. Por un momento, había pensado que iba a cambiar de opinión.

Me recosté contra la pared y sólo traté de pensar si había algo que yo podría hacer. Nada, en blanco. Mi cerebro no podía llegar a ninguna solución factible. Lo siguiente que hice fue probablemente estúpido, pero al mismo tiempo me dio la información que necesitaba. Pensé que estaba solo en la habitación; no podía oír nada ni a nadie.

Sabía que a corta distancia delante de mí había una especie de mueble. La última vez que me habían dado un cigarrillo, me di cuenta de que los habían colocado en la parte superior de lo que sea que fuese aquello. Me di cuenta por los sonidos que hacían. Necesitaba un cigarrillo y decidí ser valiente y estirarme y tratar de conseguir uno. Encontré los cigarrillos y el encendedor. Tomé un cigarrillo y traté de encenderlo. Antes de que fuera capaz de hacerlo, recibí una tremenda patada en la cabeza que me hizo ver las estrellas. No estaba solo, y alguien estaba vigilándome constantemente. Esa fue una lección dolorosa, pero valiosa.

El que estaba en la habitación me dijo: "¿Puedes ver?", lo cual era una pregunta lógica, ya que no entendía que mis otros sentidos se habían agudizado ante la pérdida de la vista. Le dije que no podía. "Bueno, si puedes, y ves a alguno de nosotros, vamos a tener que matarte", dijo.

Traté de decirle que no había visto a nadie y que no podía ver. Si me creyó o no, no lo supe. No me importaba. Estaba demasiado cansado para eso.

Me senté allí con una sonrisa tonta en la cara. Seguramente, cuando mi mujer se fuera y encontrara un área segura del aeropuerto, iba a llamar a la policía o al FBI, que vendría a rescatarme. Me sentí petulante al saber que mi estancia sería breve y la caballería pronto llegaría para liberarme. Mis secuestradores no recibirían ningún dinero, ni ninguna otra cosa. Así que me convencí de que se habían engañado en su propia perdición. Esto habría tenido mucho sentido en un mundo donde los acontecimientos sucediesen de acuerdo con el plan. Yo no lo sabía, pero había entrado en un agujero negro donde la realidad se había deformado por completo.

Me recosté contra la pared, y el que estaba conmigo me dio el cigarrillo de todos modos. Yo fumaba lentamente, como si fuese el último, lo cual era posible dadas las circunstancias. Ni siquiera podía pensar en ese momento. Mi cerebro se había ejercitado en exceso, y el cansancio mental, junto con el dolor en los brazos, bloqueó mi proceso de pensamiento por completo. Tal vez fue lo mejor. Necesitaba reponerme y encontrar la fortaleza para enfrentar lo que me esperaba hasta que llegase la caballería. Terminé el cigarrillo y me acosté un rato. Me quedé dormido en el único lugar en que pude encontrar consuelo y paz: el sueño.

Capitulo 12 — Sentado al Borde de la Oscuridad

"Es durante nuestros momentos más oscuros que debemos concentrarnos más en ver la luz".

- Taylor Benson -

Alguien me despertó. Me senté, desorientado, y entonces todo se oscureció a mi alrededor. Estaba un poco decepcionado como podrán imaginarse: no estaba en casa y los últimos momentos no habían sido parte de una horrible y vívida pesadilla. Las quemaduras en mi brazo dolían, y me preguntaba si estarían ya infectadas. Pero aparté ese pensamiento sabiendo que tenía que lidiar con un problema mucho más grande: sobrevivir.

Llegué a la conclusión de que era miércoles. Fui secuestrado un martes y estaba seguro de que sólo había pasado un día, aunque había parecido una eternidad. Decidí que de alguna forma, a través de la radio, necesitaba llevar registro de los días y del tiempo, al menos hasta el viernes, que se veía tan lejos, cuando sabía que mi familia abordaría el avión y se iría. Despúes de eso, el día y el tiempo se volverían irrelevantes.

Lugo y su alter ego llegaron a la habitación. Susurraron algo para sí mismos. Nada que yo pudiera oír o entender. Era obvio que Lugo era uno de los que llamaban el "jefe" y estaba a cargo.

Ninguna sorpresa. Liberaron las esposas de la silla con la cual me había casado. Me recogieron de la caja y fui llevado a la misma silla en la que me senté el día antes a llamar a mi esposa y quizás cuando me quemaron. No podía haber pasado más de un día desde esa llamada, aunque así pareciera.

"Vas a llamar a tu esposa y le vas a decir lo que te dijimos", me dijo.

"Está bien", dije. Estaba feliz de decirle que se alejara de mí todo lo que pudiera.

"Estaremos escuchando en el otro teléfono, así que sin trucos. Le enviamos flores a tu esposa, por si menciona algo", dijo.

"Bien", dije. Pensé que las flores probablemente la harían sospechar más, dadas las circunstancias. Siempre daba respuestas cortas; no tenía sentido discutir nada con ellos.

"Que sea corto, y si te pregunta por qué debe irse a Colombia, dile que te irás a vivir allá y que te reunirás con ella cuando vendas todo", dijo Lugo muy seguro. ¿Pensaban estos matones que de verdad mi esposa creería la historia que estaban tramando? Esto sobrepasaba lo ridículo. ¿De verdad pensaban que ella era tan ingenua que creería algo tan descabellado? Obviamente, lo creían, o no estarían dando esas órdenes.

Los escuché en el momento que conectaron el cable a la pared y me dieron el auricular. Marcaron el número, y escuché como alguien levantaba una de las extensiones en algún otro lugar del almacén. Mi esposa levantó el teléfono. Necesitaba decirle qué hacer sin responder ninguna pregunta.

"Hola, China, ¿como están tú y los niños?", dije.

"Chino, ¿dónde estás? ¿Con quién estás?", respondió. *No me lo creerías si te lo dijera.*

"Estoy bien, estoy solo", respondí. *Los mafiosos de pie a mi lado, apuntando su arma a mi cabeza, son invisibles*, pensé. "Escucha. Empaca algo de ropa para ti y los niños y ve a casa de tu mamá el viernes".

"Yo no me voy si no vamos juntos", respondió. Esa no era la respuesta que estaba esperando.

Presionaron el arma contra mi cabeza. Supongo que mi esposa estaba poniendo más resistencia de la que esperaban y estaban poniéndose nerviosos. ¿Creían de verdad que ella iba a convencerse tan fácilmente?

"China, escucha y haz lo que te digo. Llama a Liliana y consigue unos boletos para el viernes. Estaré contigo en un par de días, tan pronto termine de arreglar todo por aquí. Deja todo, ve al banco y retira ocho mil dólares y déjalos en la caja fuerte", le indiqué. "Llamaré a Lilliana para confirmar que conseguiste los boletos".

Noté cómo ella logró guardar la compostura de alguna manera y estaba más calmada de lo que estuvo durante la última llamada telefónica. No necesitaba que esto fuera mas difícil de lo que era.

"¿Qué son estas flores y de quién vienen?", reclamó. El asunto de las flores fue bastante estúpido, pero ¿que podía esperar?

"Te las envié por que te vas", respondí, tratando de no reírme.

Enviar flores no era mi estilo, a menos que fuera nuestro aniversario o algún cumpleaños. Algo debía haber pasado con la tarjeta de las flores, si hubieran sido mías, ella no hubiera dudado.

"¿Qué va a pasar con el negocio? ¿Quién se hará cargo de él?", preguntó ella. Buena pregunta. ¿No encontrarían los empleados del negocio extraño que no hubiese ido, ni siquiera llamado?

"Yo me haré cargo", le dije. "China, vas a recibir unas cuantas cajas para mí. No las abras, sólo déjalas en la cochera".

"¿Cajas?", preguntó. Podía escuchar la incredulidad en su voz.

"Sí, cajas. Sólo déjalas en el garaje por mí," dije. No tenía otro argumento más que saber que o bien yo había tocado fondo, o que estaba siendo forzado a decir esas cosas. Afortunadamente lo aceptó y no discutió o preguntó nada más.

"¿Cuando te reunirás con nosotros?", preguntó.

Lugo estaba poniéndose nervioso y susurró a mi oído que terminara la conversación.

"Pronto. Dile a los niños que los amo, y dales un beso de mi parte. Ya debo irme. Te amo", dije mientras sostenía el telefono para que ellos lo colgaran. Yo sólo esperaba que ella hiciera lo que le pedía y saliera el viernes. Si no, las cosas se iban a poner muy complicadas rápidamente.

No hicieron ningún comentario sobre la llamada. Parecía ser que estaban satisfechos y sentían que había armado un buen show.

Fue por la seguridad de mi familia y para evitar que lograran cumplir sus objetivos. Me empujaron hacia la caja de cartón y me tropecé en el borde, lo cual los hizo reír. Entré y me acosté, y me esposaron a mi amiga, la silla.

Me senté ahí, perdido en mis pensamientos. Me preguntaba si esa había sido la última vez que hablaría con mi esposa. Ahora era un juego de esperar. El viernes estaba a dos días y había muchas cosas que podrían salir mal entre ese momento y entonces, cosas que afectarían la partida de mi familia. Había demasiadas variables, ninguna que yo pudiera controlar desde la posición en la que me encontraba.

Sólo podía esperar que todo saldría bien y que se irían como habíamos hablado. Luego, con eso resuelto, me podría concentrar en sus demandas y conseguir mi liberación, si es que eso era posible. Mejor aun, quizás la caballería llegaría a salvarme.

Los siguientes dos días iban a ser mentalmente tortuosos, y el dolor que sentía en los brazos era secundario. Por momentos, ni siquiera parecía que existía. Mi rostro empezaba a picar por la cinta, y me estaba volviendo loco.

Estaba ahí sumido en la desesperación. Seguía esperando que mi esposa no llamara a la policía hasta que estuviera alejada del peligro. Así que me senté ahí esperando, escuchando la ruidosa radio, que sonaba ininterrumpidamente. Lugo entró y puso otra tira de cinta en mi cara. Probablemente me veía como una versión en gris de una momia.

Dijo: "Vas a llamar a tu agente de viajes y asegurarte de que tu esposa haya comprado los boletos". Era una orden que estaba más que feliz de cumplir.

No había comida. No había comido en veinticuatro horas, pero no creo que hubiera podido de todas maneras. Me trajeron un vaso de agua tibia (al menos eso creo que era) y un cigarrillo. Supongo que dije lo que querían que dijera y esa era mi recompensa. El vaso de se convirtió en mi urinal, era mejor que orinarme encima. Si se llenaba lo botaba en la alfombra y lo usaba de nuevo. No sentía vergüenza. Era un animal encadenado que tenía sus necesidades.

Pusieron el aire acondicionado muy frío. Sin ninguna camiseta encima y en mi deteriorado estado físico, temblaba. Me tumbé en posición fetal para conseguir un poco de calor. Sólo podía acostarme de un lado porque la cadena no era muy larga.

La música irrumpió de nuevo, y por primera vez pude notar que reproducían la misma canción una y otra vez al punto de que me daba náuseas escucharla, a pesar de que este era sólo el principio. Luego de un rato sentía como si un taladro perforara mi cráneo. Me gustaba escuchar música, pero después de esta experiencia me prometí no escuchar nada por un buen tiempo.

Pensaba en mis captores, no se veía que estuvieran muy ubicados. Por el limitado contacto con ellos me daba la sensación de que ninguno era muy listo intelectualmente; claro, habían tomado muchas drogas. Las dos cosas me preocupaban, porque sentía que podían tomar decisiones a la ligera y resolver cualquier situación basándose en la fuerza y no en la lógica.

No me considero una persona religiosa, ni tampoco seguidor

de alguna filosofía en particular, pero tengo mucha fe. Reconozco que mucha gente bajo estas circunstancias empezaría a rezar. Eso está bien, y lo respeto. Tengo mi propia manera de creer en Dios y mi comunión con Él.

Nunca sentí que Dios me abandonara. Yo sé que Él estaba ahí conmigo todo el tiempo, dándome el coraje para sobrevivir y continuar luchando hasta el final.

Siempre sentí que la gente buscaba a Dios sólo en sus momentos de necesidad y se sentían desilusionados si no recibían lo que pedían. Veían el punto negro en la hoja blanca, y fallaban en ver que algunas veces es mejor no recibir lo que deseamos en una mayor escala de las cosas. Supe que Él siempre estaba ahí para mí y que Su luz me elevaría de la oscuridad.

Lugo entró esa tarde para informarme que era tiempo de llamar a mi agente de viajes para asegurarme de que mi esposa había reservado el vuelo y que estaría partiendo. Así que fue el mismo ritual: me llevaron de la caja a la silla. Me preguntaron el número telefónico, y marcaron mientras que alguien más escuchaba por otra extensión. La conversación fue breve, y confirmamos que mi esposa había reservado en el primer vuelo del viernes. Me preguntaba si la persona al otro lado estaba atenta a mi conversación o si sonaría extraño. Probablemente no. Sólo eran mis pensamientos deseando que el equipo SWAT irrumpiera por la puerta. Me llevaron de vuelta a la caja y me ataron a la silla. Era un alivio enterarme de que mi esposa e hijos se irían. Sería una espera hasta el viernes.

Me acostaba en la caja, me sentaba en la caja, me acostaba en la caja, me sentaba en la caja y así seguía, cambiando posiciones cuando ya no podía mantener en la que estaba. Las cadenas no me daban mucha libertad de movimiento, por ello, las posiciones que podía asumir eran limitadas. No sentía ningún agrado por aquellos que se quejaban de esperar quince minutos, treinta minutos o incluso una hora por algo o hacer fila por un servicio. No tienen idea de lo que es en realidad tener que esperar.

Con la música sonando al fondo, traté de irme a dormir para que así el tiempo pasara. No funcionó. No tenía escape de la música o de la realidad que enfrentaba. Esa noche conocí a mi guardia, que se veía menos amenazante o peligroso que los demás por los pocos comentarios que escuché. Probablemente él era sólo una niñera pagada y nada más, pero con los ojos vendados no podía saberlo.

Me dijo: "Tengo un arma apuntándote, así que no trates nada gracioso". Sentí que este maleante estaba asustado y sólo quería hacer su turno sin problemas. Quería asegurarse de que yo no era una amenaza.

"No te preocupes, no estoy de ánimo", le respondí, tratando de encontrar algo de humor bajo las difíciles circunstancias.

"Sólo dales lo que quieren y podrás salir de aquí y estar de regreso con tu familia en un par de días", me dijo.

"Quisiera poder creer eso. Ellos pueden tener lo que quieran. Sólo dejen que mi familia se vaya", respondí, sabiendo que probablemente pasaría el mensaje.

Me dio un par de cigarrillos y se sentó al lado la mayoría de la noche sin decir mucho. No había mucho qué decir, y estaba seguro de que no le permitían hablarme. Me dio algo de agua para tomar, bebí un par de vasos que ayudaron a aliviarme.

Tenía un baño completo con tres posibles tazones. Qué felicidad, las cosas estaban mejorando.

"Se irán mañana. Sólo no hagas problemas hasta entonces", me dijo.

"No te preocupes, lo sé".

"Mira" me dijo, "estos muchachos son buenos. Tienen todo cubierto. Incluso tienen testigos que dirán que te vieron durante estos días".

"¿Ah, en serio?", respondí. Trataba de sonar sorprendido e impactado, sin embargo, no lo estaba. Esa no era la impresión que tenía, pero las migajas de información que recibía eran interesantes. Estos rufianes eran diferentes, y eso los hacía tan peligrosos.

"Créeme", continuó. "Si le dices a alguien sobre esto, nadie te va a creer". En ese momento, creía que era ridículo, pero probaría ser cierto. No respondí nada, pensando en lo que me dijo.

"¿Quieres un refresco y un cigarrillo?"

Vaya, un refresco. "Claro, gracias", respondí. Necesitaba llevarme bien con este tipo, y tal vez podría conseguir alguna información.

"Tendrás que fumar de mi marca. No tenemos de los tuyos", dijo, con alivio.

Los que ruegan no pueden elegir. "Bien".

Me dio un cigarrillo de mentol, podría ser Kool o Newport.

Me recosté y fumé mientras pensaba en todo lo que me habían dicho.

Esa noche no pude dormir. Traté, pero no resultó. No encontraba una forma de poner a dormir mi mente torturada. Remolinos de pensamientos seguían revolviéndose en mi cabeza. Delgado, Lugo y el porqué me pasaba esto daban vueltas en mi mente. No encontraba respuestas.

La mañana del jueves pasó, y el jefe y su querida banda de locos regresaron. Nunca podré decir cuántos eran, pero sabía que había varios. Sólo les sería útil hasta que consiguieran lo que querían, pero no podían correr el riesgo de que me pasara algo antes de eso.

Así que el jueves pasó sin eventos, y prácticamente me dejaron solo todo el día. No me torturaron; parecía ilógico que me mataran de hambre, pero de nuevo, ¿qué tenía sentido aquí? Sin embargo, no había comida, y sólo pude obtener un par de vasos de lo que parecía ser agua. Continúe orinando en los vasos en vista de que no se veían preocupados acerca de mis necesidades y no me habían ofrecido ir al baño. Mi cara, ahora cubierta con dos rollos de cinta de plomería, picaba tanto que estaba intentado arrancármelo.

Me senté ahí y más que todo medité cómo Delgado se había involucrado en algo sospechoso. Era reservado, hablaba poco, y el sentimiento que tuve cuando lo conocí era que no mataba una mosca. Supongo que subestimé el poder de persuasión de Lugo, pero hay un límite en lo que a las personas les dicen. Eso era algo que creo que él nunca contempló. Aunque había evidencia del involucramiento de Delgado, aún estaba renuente a creerlo.

No éramos los mejores amigos, pero habíamos desarrollado un fuerte lazo durante años, y nos habíamos ayudado mutuamente durante ese tiempo. Aprendí que todo es posible y que cualquiera podría hacer cualquier cosa si la mezcla correcta de influencias se presentaba.

A este punto, no había considerado confrontarlos. Primero, tenía que pensar en mi familia, no quería ponerlos en peligro. Segundo, iba en contra de mi personalidad. Soy una persona pasiva y que evita los enfrentamientos. Creía que enfrentarlos complicaría la situación.

Aún quería creer que si ellos obtenían lo que querían, me liberarían pronto. Si me les oponía, no les daría otra opción más que matarme.

El error que cometí fue el pensar en mis propios términos y en el marco de mi propio pensamiento racional. Necesitaba tratar de pensar como ellos lo hacían. Parecía una tarea imposible.

El representante de la cámara de directores de los Locos S.A. se fue, y el guarda nocturno llegó. De esta forma yo lograba distinguir entre la noche y el día. Conversó un poco, me dio algunos cigarrillos y una gaseosa. Tampoco dormí esa noche. A pesar de que ni podía empezar a describir lo que sentía.

Llegó la mañana del viernes y mi cuarto día de cautiverio transcurrió. Lugo y sus socios entraron al cuarto. Para este momento estaba seguro de que el olor en la habitación era de todo menos agradable. No me había bañado o cepillado los dientes en cuatro días, había vasos de orina junto a mí, muchos de las cuales se habían derramado en la alfombra, y aún vestía con las mismas prendas, que también estaban empapadas en orines. Me lanzó algo que me golpeó en la cabeza y dijo: "Toma, come esto. Como eres judío, seguramente te gustará". Toqué el empaque, era redondo. Se sentía como una especie de pan; desconfiaba de lo que me daban, pero tenía que comer algo. Le di un mordisco y sabía que era un panecillo de uvas pasas con queso crema. No me gustaban las pasas, pero comida era comida, no era que tuviese más opciones. Me dieron un vaso de agua tibia. Traté de comer el panecillo, pero no lo bajaba. No era porque no me gustaba, simplemente estaba muy ansioso sobre la partida de mi familia ese día. Me las arreglé para comer algo. No importaba. Ya había pasado el punto de sentir hambre de todas formas. Necesitaba algún combustible que me diera energía. Comí tanto que sentí que lo devolvía.

Sentí que alguien estaba junto a mí. Era Lugo. "Come, no queremos que te enfermes, al menos no todavía", se rió. De nuevo, sentía que a su rutinaria comedia le faltaba algo.

Puse la comida a un lado, y me dieron un cigarrillo. Lugo me dijo: "Tu esposa se va hoy. Vamos a seguirla al aeropuerto y asegurarnos de que lo haga". No respondí.

Justo después de eso, me trajeron un regalo. Estaban llenos de sorpresas. Se llevaron la silla y la reemplazaron con una especie de riel de metal que parecía pesar una tonelada. El tamaño de la caja también era grande. Imagino que consideraron la posibilidad de que yo pudiera escapar del almacén con la silla a cuestas. Me ataron al nuevo aparato, quitándome todas las posibilidades de hacerlo.

Uno de ellos dijo: "Esto te dará un poco más de libertad y comodidad". *¡Claro! Estoy seguro de que mi comodidad es una de tus principales preocupaciones*, pensé. Sabía que la verdadera razón era que querían asegurarse de que no iría a ninguna parte.

Me trajeron una cerveza para el almuerzo. No bebo cerveza, y si había tomado más de una en mi vida, no lo podía recordar. La puse al lado de mis recipientes llenos de orina.

Esa tarde, me sorprendieron y vinieron para llevarme al baño a orinar. Pero pronto descubrí que esa no era la verdadera razón. Al principio pensé que los orines en la alfombra ya los habían logrado molestar, pero me equivocaba. Me soltaron las esposas y me ayudaron a ponerme de pie. ¡Hombre, me sentía mareado! Caminaba como si hubiera bebido cientos de cervezas. Luego comenzamos a dar vueltas, que me marearon aun más. Me llevaron directo y me soltaron. Caminé hacia una pared. Me devolvieron unos cuantos pasos y lo intentamos de nuevo con el mismo resultado. Cada vez había un coro de risas. Los muchachos necesitaban algún entretenimiento gratis, y era este. Después de hacer esto cinco veces, me llevaron finalmente al baño, donde hice mis necesidades. El punto del ejercicio, asumo, era comprobar si yo podía ver algo en absoluto. La conclusión de su experimento era que no podía. Ya de vuelta, hicimos el baile del círculo y finalmente me colocaron en la caja, donde tuve que acostarme debido al mareo y el cansancio de mi pequeña aventura.

Mi esposa me comentó después que cuando se fue ese viernes

recibió varias llamadas telefónicas extrañas. Quien llamó le preguntó por qué no se había ido aún, que qué estaba esperando, y luego colgaba. Me contó que había recibido tres o cuatro llamadas esa tarde, y para cuando se había ido, estaba en total estado de pánico. Tuvo un miedo abrumador de que ella o los niños estuvieran en peligro si no salía inmediatamente. Estaba también segura de que la casa estaba vigilada.

Estaba tan asustada que durante tres días no salió ni para recoger el periódico o el correo. Descubrió que seguramente tendrían mi control para abrir el garaje y que podrían ingresar a la casa sin invitación en cualquier momento. No era un pensamiento agradable. Sus llamadas repetidas me parecían estúpidas y sin sentido. Supongo que no podían esperar a poner sus garras en todo lo que había en la casa.

En algún momento en esa tarde, cerca de las cinco en punto, me acosté. Lugo entró a la habitación. Estaba jovial como si hubiera ganado la lotería. Dijo: "Tu esposa e hijos se fueron. Los seguimos al aeropuerto". No dije nada. Ese fue el único momento durante mi cautiverio que sentí alivio y un ligero momento de felicidad. Se habían ido, lo que significaba que no podían ser utilizados como una ficha y que estaban fuera de peligro. Ese fue un gran peso que me quité de mis hombros, pero no podía confiar completamente. No me sentiría completamente tranquilo hasta que hablara con mi esposa y confirmara que ella y los niños, de hecho, se habían ido. Entonces por ahora era un alivio mezclado con anticipación y ansiedad hasta que pudiera hablar con ella.

Lugo dijo: "Vamos a ir a tu casa. ¿Cuál es el código de la alarma entonces?". No podían esperar ni un poco para ir a revolcar mis cosas. Eran como niños a los que les prometieron ir a la tienda de dulces y que no podían esperar más.

"Tres, cero, cero, dos", le dije. No tenía oportunidad de guardar información con ellos. No podía ganar nada.

"¿Cuál es el código del portón?", preguntó Lugo.

"Uno, cuatro, nueve, nueve", le dije.

"¿Dónde guardas los papeles de la casa y de los fondos que tienes?"

"En el estudio, en el armario de archivos", respondí. Era obvio que su intención era dejarme limpio.

"¿Dónde guardas la caja fuerte?"

"Arriba en la habitación principal, en el suelo al lado derecho del clóset", le dije. Pensé que estas preguntas eran innecesarias porque ya debían de conocer las respuestas, en vista de que Delgado estaba involucrado. Tal vez era su tonto intento de hacerme creer que él no lo estaba, o tal vez olvidaron lo que me dijeron el primer día que me secuestraron.

"¿Cual es la combinación?", fue la siguiente pregunta.

"Cuarenta y uno, tres veces a la izquierda; setenta y dos, dos veces a la derecha; y cincuenta y tres, uno a la izquierda" le dije, pensando que debí decirles que le preguntaran a Delgado, lo que hubiera sido mas fácil. Quizás me estaban probando, y Delgado estaba probablemente parado en la habitación aún cuando yo daba las respuestas.

Probablemente Delgado estuvo presente la mayoría del tiempo, pero obviamente no podía decir nada, porque así reconocería su voz. Lugo pensó que la suya no la reconocería, pero era imposible no hacerlo. Se distinguía.

"Cuarenta y uno, tres veces a la izquierda; setenta y dos, dos veces a la derecha; y cincuenta y tres, una vez a la izquierda", repitió.

"Correcto", respondí.

"¿Te llevas con tus vecinos?", preguntó.

"Sólo les hablo ocasionalmente, cuando nos topamos afuera, nada rutinario" dije, lo cual era verdad. Casi todo me lo guardaba para mí. Luego dije algo más. En retrospectiva, me pregunté por qué lo hacía.

"¿Podrías dejarme el anillo de matrimonio y las fotos familiares?", le dije. Nunca llevaba el anillo al restaurante, porque la comida podría meterse debajo y no sería muy higiénico. Supongo que dije eso por que sentí que iban a tomar absolutamente todo. Estaba en lo cierto, pero me asombré cuando aceptaron mi petición.

"Puedes dejártelos, y enviaremos tus muebles a Colombia. No los queremos", dijo.

Sí, claro.

"Dénle un cigarrillo", le gritó a uno de sus compañeros. Supongo que hice mis trucos bien y me dieron una recompensa, buen chico.

Se fueron a saquear mi casa y mis objetos personales. La carroña financiera había comenzado. Me senté ahí completamente deprimido, y por primera vez, salieron lágrimas de mis ojos. Me sentía violado, ultrajado y desnudo. El santuario que era mi hogar, el único espacio en el mundo que era mío y de nadie más, se había ido. Me sentía miserable y no podía hacer nada al respecto. Había perdido mi privacidad, dignidad e identidad.

Una cosa es llegar a casa y que te hayan robado. Es un acto fortuito, y no sabes quién está involucrado en la mayoría de los casos. Lamentas tus pérdidas pero continúas. En este caso, yo conocía a las personas que estaban haciéndolo y les había entregado las llaves.

Me senté, imaginando cómo iban de habitación en habitación, a través de los juguetes y la ropa de mis hijos, y eso sólo me daba más tristeza. Me los imaginaba escudriñando los objetos personales de mi esposa y míos y haciendo bromas sobre las cosas. Estarían comiéndose mi comida y sentándose a la mesa de mi cocina. Sólo Dios sabía qué más pensaban hacer ahí. Pero, ¿qué podía hacer? Sabía que no podría regresar a esa casa si era que sobrevivía. Estaba molesto, y quería ir por mis captores, pero sabía que eso no iba a ocurrir.

Estando ahí sentado, me dije a mí mismo que necesitaba controlar mis emociones y concentrarme en salir de ese almacén vivo. No podía perder energía en algo que ya estaba hecho y sobre lo que no podía hacer nada al respecto. Me las arreglé para mantenerme, pero la tristeza no se iba. Mi familia estaba a salvo ahora; al menos eso quería creer, lo que significaba también que ahora estaba completamente solo.

El guardia nocturno ingresó y dijo: "Oye Marc, ¿cómo vas?"

"Bien", mentí. Grandioso, ¿no ves que estoy pasando el mejor momento de mi vida y no hay otro lugar en que quiera estar más que encadenado a esta barandilla?

"¿Quieres un refresco y un cigarrillo?". Intentaba ser amable, no sabía por qué. Probablemente quería alguna información.

"Está bien", respondí.

"Oye, escuché lo del incidente con el cigarrillo, estaban preocupados por eso. ¿Entiendes?", me preguntó mientras me acercaba la cena, el cigarrillo y el refresco. Entonces de eso se trataba todo eso, esto y el asunto de caminar hacia la pared.

"No, no puedo ver. Sabía por el sonido dónde los estaban poniendo. Estaba teniendo un acondicionamiento de nicotina, según recuerdo", le aseguré.

"Si tienes algún problema con la venda, me lo dices. Estos tipos están asustados a muerte con que los llegues a ver. Y eso no es bueno para ti", me dijo. Sonaba preocupado.

Para mí, "estos tipos" y "muerte" sonaban a buena combinación.

Mi problema con la venda es tenerla puesta, la picazón me está volviendo loco.

"Me equivoqué. No pasará de nuevo. Soy ciego como un murciélago, así que no te preocupes" le dije, tratando de convencerlo. Además, no estaba de ánimo para hablarle.

"Bien, sólo siéntate y relájate. Volveré a verte pronto", me dijo alegremente. Era fácil para él decirlo. No podía imaginarme relajándome mientras saqueaban mi casa y ni sabía si mi familia había salido del país a salvo.

Unas horas después, Lugo irrumpió en la habitación, y supe que algo andaba mal.

"¡Siéntate!", gritó con ira. *La mierda está por estallar de nuevo*. Esta era la primera vez que lo oía tan molesto.

"Tenemos un problema", continuó. Sentí una súbita sensación de miedo a través de mí. Este tipo estaba asustado, diciendo poco. No sabía qué esperar.

"¿Y eso por qué?", pregunté inocentemente.

"¿Dónde están las motos acuáticas?", reprochó.

"Las envié a Colombia para venderlas", mentí. No tenía idea dónde estaban a menos que mi esposa hubiese hecho algo con ellas.

"La zorra se llevó toda la joyería y tu Rolex de oro", dijo. Sonaba muy desilusionado.

Chica lista, pensé, *buena jugada*. "No entiendo. Le dije que dejara todo", le dije obedientemente. Sabían que era cierto y cualquier cosa que ella hubiese hecho quedaba fuera de mi control, pero yo disfrutaba el momento.

"Supongo que no te escucha, o no le importas una mierda, esa perra" dijo, tratando de molestarme. De ninguna manera eso iba a pasar. Eran muy estúpidos si creían que ella se iba a creer la historia y pensar que todo estaba bien. Obviamente sabía que no era así y actuó adecuadamente.

"Supongo que no", dije, tratando de escucharme triste, pero sosteniendo una sonrisa.

"También dejó menos dinero del que le dijiste en la caja de seguridad", dijo. ¡Por supuesto, ella sabía que si todo estaba bien, yo podría regresar al banco!

De alguna forma se calmó, pero seguía molesto.

"Debió haberme malinterpretado", le dije, sabiendo completamente que eso no era cierto. No podía creer que pensaran que su historia era tan a prueba de tontos que nada podría salir mal.

"¿Cómo es que tus vecinos sabían que tu esposa iba para Colombia?", quiso saber. Pensé que era mentira. Ella nunca hablaba con los vecinos, y de hacerlo sería algo bastante inusual, sobre todo en esas circunstancias. Por qué me decía eso, no tengo idea.

"¿En serio?", dije, tratando de sonar extrañado. "Tal vez uno de ellos la vio poniendo el equipaje en el auto y le preguntó hacia dónde iba". Dudaba mucho eso.

"Mantienes registros muy ordenados, una suerte para nosotros", dijo, mientras yo pensaba que tan desafortunado era eso.

"El lunes empezarás a llamar a todos los bancos y vas a transferir el dinero a D.J. y Asociados", me dijo. D.J. y Asociados era mi compañía de contaduría y consultoría.

"Bien", respondí. Te ayudaré a que me violes financieramente ¿Pero tengo que disfrutarlo?

Me dio un cigarrillo sin quemarme como recompensa a mi buen comportamiento. Me senté y pensé sobre lo que había pasado. Ahora estaba razonablemente seguro de que mi esposa e hijos se habían ido, lo que era muy bueno. Traté de dormir un poco. No quería pensar más, pero no lograba dormir. El guardia nocturno llegó, pero no habló mucho. Me senté y permanecí ahí, pero no podía encontrar una forma de estar cómodo por más de unos minutos. El viernes continuó hasta el sábado, mi primera semana en cautiverio. El jefe y alguno matones llegaron y de nuevo me lanzaron algo de comida. Un *bagel* de pasas otra vez, y esta vez me dijo explícitamente que tenía que comerlo. Logré hacer pasar cada bocado con un poco de agua tibia y me las arreglé para comer casi todo sin sentir náuseas. A este punto, no me sentía hambriento, ni tenía energía para comer. Todo había sido gastado en el miedo, la ansiedad y la desesperación que había aguantado los días previos.

Más tarde esa mañana llegaron y me soltaron. Me levantaron y de nuevo me hicieron dar círculos. Pensé que me llevarían al baño. Tenía razón y estaba equivocado. Me llevaron al baño, pero no para el propósito que yo creía. Tenían una silla y me pidieron que me sentara, lo cual hice. Parecía que iban a mantenerme allí, no sabía por cuánto tiempo. No había aire acondicionado, el aire era caliente, estaba denso y húmedo. Empecé a sudar inmediatamente. No tenía agua para beber.

Para el inicio de la tarde, estaba casi inconsciente y muy incoherente. Alguien vino y vio el estado en que estaba y se preocupó, tanto que inmediatamente me llevaron a otro cuarto y me dejaron tirado sobre la alfombra. Permanecí ahí, sin poder moverme, en un estado casi comatoso.

Su preocupación era tan obvia, puesto que si desfallecía, no iban a poder poner sus avaras garras sobre mi dinero y pertenencias. Pensé que ese día se acabaría todo. Me sentía terriblemente enfermo y no veía que podría durar mucho así. Al anochecer, ya me sentía mejor y me regresaron a la caja. Podría apostar a que respiraron aliviados, sabiendo que no iba a morir y que quizás aún podrían ir tras lo que querían.

Esa noche, cuando el guardia nocturno vino, me tenía una sorpresa: una lata de ravioles Chef Boyardee. Servidos fríos. No me importó. No me dieron cubiertos, así que tuve que comerlos con las manos sucias. Mi servilleta eran mis pantalones orinados. Mientras comía, sentía cómo había sido reducido al nivel de un animal o un cavernícola. Ese día estaba hambriento, y comí a pesar de lo que sentía. Me sabía a un plato gourmet. De hecho, pregunté al guarda si sobraba un poco más. Me desilusioné cuando dijo que no, pero no tenía otra opción. Supongo que el estado físico que había presentado más temprano los había preocupado, al menos temporalmente.

Esa preocupación extra sería momentánea. El guardia nocturno entró y luego de mi cena, preguntó si quería que me leyera. Cortésmente decliné su oferta y me las arreglé para desmayarme después de un rato con el fin de escapar de mi realidad hacia el seguro y dulce mundo de los sueños. Desperté en lo que debió haber sido medianoche. Sabía que no había dormido muy bien. Pensé que al menos las torturas habían terminado. Como de costumbre, me equivocaba. Mis heridas aún dolían, y por ahora suponía que estarían infectadas. Así que me senté ahí toda la noche. Sentado al borde de la oscuridad.

Capitulo 13 — La Conversacion

"El carácter de un hombre puede conocerse por los adjetivos que usa habitualmente en una conversación".

- Mark Twain -

Llegó el domingo, y para mi sorpresa me dieron una taza de café y una manzana. Supongo que pensaron que me enfermé un día antes por el bagel y decidieron cambiar el menú. Yo no podía creer que estaba bebiendo una taza de café. Como ya he dicho, soy un animal de costumbres, y el café era uno de los puntos que no perdía. Siempre he tomado café por la mañana y otra taza puntualmente entre las dos y las tres de la tarde. Después de que terminé mi desayuno, entraron, y fuimos de nuevo al baño. Me sentaron en la misma silla y me encadenaron a algún objeto desconocido. Me dieron una botella de agua tibia, probablemente sucia; el agua para el día. Supongo que el susto de ayer no había sido suficiente para ellos como para evitasen que se repitiese hoy. Era posible que hubiesen descubierto que la única razón había sido la falta de agua. El hecho de que estaba infernalmente caliente en esa habitación no cruzó sus mentes como una posibilidad. Su concentración estaba en poner sus sucias manos en mis bienes.

"Tuvimos que hacer nuevos arreglos y ponerte aquí para que

pudiéramos hacerle espacio a otro huésped", dijo Lugo. ¿Otro invitado?, pensé. ¿Estaban estos criminales dirigiendo una fábrica de secuestro y extorsión? ¿Era este el Hotel Infierno, donde sus huéspedes se registraban, pero nunca salían, al menos no con vida? ¿Quiénes eran estos locos fuera de control? Cualquier cosa y todo lo que mi mente podía imaginar era posible. No respondí a lo que me dijo, sobre todo porque sus palabras me dejaron sin habla.

Él continuó: "No te preocupes. Una vez que tengamos todo organizado, vamos a llevarte de vuelta a tu habitación".

Nunca supe si alguien más se encontraba allí contra de su voluntad. Nunca oí nada que me llevase a esta conclusión, lo más probable fuese que dijeran aquello para confundirme o para que pensara que eran una organización profesional, de alto nivel.

Comprobó que la cinta en la cara estaba bien puesta, la cual tenía ahora desde la frente hasta al labio superior. Añadió un poco más por si acaso y se fue. Me senté en el baño la mayor parte del día en el calor sofocante. La temperatura tenía que ser de más de treinta y ocho grados. Permanecí sentado y miré hacia la oscuridad. Mi mente estaba adormecida por el calor, el cansancio y la deshidratación; no era un buen día en Miami para mí.

Me senté allí, pensando en que había aprendido el verdadero significado de las palabras "humillación" y "soledad". Aunque los diccionarios tratan de dar descripciones precisas de su significado, no se acercan. Ahora conocía esas palabras bien, muy bien. No sólo fui humillado constantemente, sino que había sido deshumanizado. Las personas no deben tratar a los animales de aquella forma, mucho menos a otros seres humanos.

Pensé que sabía dónde estaba la puerta principal y contemplaba seriamente tratar de escapar. No oía a nadie, pero como había aprendido antes, eso no quería decir nada. Traté con las esposas para ver si había alguna manera de abrirlas. Entonces la realidad se hizo evidente: yo no sabía si había alguien observándome, probablemente tendría que arrancarme la mano o romperme la muñeca para conseguir librarme de las esposas, y no sabía dónde se encontraba el almacén. Me senté de nuevo, mientras me daba cuenta de que la fuga no era posible. Me preguntaba si alguien me estaba buscando y por qué nadie había llegado a la bodega para salvarme. Supongo que la desesperación se estaba imponiendo y esto sólo era el comienzo de mi estadía. Mi única esperanza, pensé, era que habían conseguido lo que querían y me dejarían ir pronto.

Un poco más tarde y aún en la desesperación, escuché atentamente para ver si podía oír algo: pues no, nada, sólo la radio a la distancia. Audazmente, aflojé la cinta con el fin de frotar mi cara, que me picaba sin control. Mientras estaba en eso, di un buen vistazo al baño a través de la brecha que había hecho entre la cara y la cinta. El baño era pequeño y tenía un piso de cemento pintado. Habían puesto la radio justo afuera. Esta observación fue una cuestión de segundos, y no quise estirar mi suerte al espiar por mucho tiempo.

Justo cuando terminé, oí a alguien subir y decir: "¿Qué estás haciendo?"

Por supuesto, respondí: "Nada, me molestan los ojos". Escuché mi corazón latir con fuerza mientras lo decía. Otro incidente del que escapaba por los pelos, y pensé que, dadas las circunstancias, tratar de escapar era demasiado riesgoso. No sabía si había alguien allí o cuántos eran. La persona que había entrado en la habitación no respondió, y simplemente se fue. Me senté y me pregunté si esto había ocasionado mayor incertidumbre entre mis secuestradores, y si sería perjudicial para mí. No podía preocuparme por eso. No había nada que pudiera hacer para cambiar las cosas. Para cuando llegaron a buscarme, yo era apenas un bulto inerte en la silla. Me llevaron de vuelta a la caja y me diero un cigarrillo.

Lugo llegó esa noche y me dijo: "Vas a llamar a tu esposa y decirle que todo va bien, que estás liquidando todos tus activos y que pronto te reunirás con ella en Colombia. Hazlo corto, y no hagas nada extraño. Estaremos escuchando por el otro teléfono".

En realidad esperaban que le dijese a mi esposa que simplemente, de la nada, había decidido vender todo, y se suponía que ella debía pensar que todo estaba bien. Lo menos que podía pensar era que yo había sucumbido a un grave caso de enfermedad mental. Me levantaron y me llevaron a la silla desde la cual había hecho las últimas llamadas telefónicas. Llamaron, y mi esposa tomó el teléfono.

"Hola, China", le dije lo mejor que pude. Estas llamadas eran cada vez más difícil para mí.

"Chino, ¿cómo estás? ¿Qué estás haciendo?", preguntó.

Ah, estoy sentado aquí con un par de delincuentes, discutiendo los acontecimientos mundiales. "Estoy bien. ¿Cómo están los niños, David y Stephanie?", dije. Sin darle la oportunidad de responder, continué: "Escucha, China, estoy en el proceso de venta de la casa y el restaurante, y tan pronto como termine todo, me reuniré con ustedes en Colombia". *Si crees que no estoy siendo coaccionado al decir esto, entonces tengo también un puente para venderte.*

"Chino, no entiendo. ¿Quién está contigo? ¿Por qué haces esto?"

La locura hubiera sido la única respuesta lógica. Ella me dijo más tarde que había oído la respiración y otros ruidos que venían de la extensión por la que estaban escuchando. Parecía que también eran unos ineptos para eso: atemorizantes y estúpidos.

"Estoy solo", dije. Sólo el hombre que sostiene el arma contra mi cabeza está conmigo. Continué: "Siempre quisiste vivir en Colombia, cerca de tu familia. Finalmente vamos a hacerlo". Puedo llegar en un ataúd, pero eso es un detalle técnico.

"Chino, dime la verdad. ¿Qué está pasando?", dijo.

Es mejor que no lo sepas, pero estoy seguro de que puedes averiguarlo por ti misma. "Todo está bien. Te llamaré pronto. Dale abrazos y besos a los niños y diles que los quiero. Te amo". Pensé que estas llamadas eran tan estúpidas. Les di el teléfono.

Lugo dijo: "Estoy preocupado de que tu esposa vaya a empezar a causar problemas".

Espero que desate un infierno. "Yo no me preocuparía por

eso".

"Eso espero, por tu bien", respondió. Pensé que no importaba de todos modos.

Lugo habló como si fuera un duro y brillante jefe, un tipo que siempre tenía cada situación bajo control. No sé si era sólo para acariciar su ego o impresionar a sus compañeros en el crimen. Encontré su actitud patética, pero definitivamente tenía la ventaja. Lugo tenía un regalo para mí esa noche. Me pusieron bolas de cera en los oídos para reducir la cantidad de lo que era capaz de oír. Simplemente genial. Yo había perdido la vista y ahora también el oído, así que estaba empeorando. Las bolas eran muy incómodas, y la cera comenzó a gotear de mis oídos casi de inmediato. Me pusieron en la caja, y Lugo y su compañero me dejaron disfrutar de mi nueva miseria.

Me senté y me pregunté lo que mi esposa estaba pensando. Yo estaba hablando con ella como si fuera un lunático. Me oponía a vivir en Colombia y ella lo sabía. Además, cualquier decisión tomada sobre ese tema habría sido de mutuo acuerdo. Tenía que saber que algo estaba mal y que probablemente estaba siendo retenido contra mi voluntad. ¿Iba a llamar a las autoridades o a contratar a un detective privado para investigar? Razoné que si ella no sabía qué hacer, iba a llamar a mi hermana, que pronto tendría una unidad de infantería derribando las puertas. Ella no descansaría hasta que me encontraran.

Cada mañana, me despertaba con la esperanza de que ese sería el día en que la caballería se presentaría para liberarme. Como no era así, entraba en un profundo estado de depresión y desesperación. Yo era consciente de que el reloj seguía corriendo, y conforme más pasaba el tiempo, mi oportunidad de sobrevivir disminuía.

Más tarde me enteré de que mi esposa envió a alguien esa tarde. Al llegar al aeropuerto, rechazaron su pasaporte porque había caducado. Después de eso, no hubo más intentos. Parecía que la diferencia de opinión entre ella y su familia provocó una pausa que dio lugar a la falta de acción. Menos mal que yo no sabía lo que estaba pasando, o podría haberles pedido que me disparasen. Sé que parece una locura, pero hay momentos de desesperación que son muy difíciles de manejar. Afortunadamente, yo no sabía nada de esto y todavía no había perdido la esperanza de que iba a ser rescatado, aunque las probabilidades disminuían con cada día que pasaba.

Esa noche, tuve dos guardias nocturnos. Entraron y se encontraban en un estado de ánimo bastante jovial. Se podría decir por la forma en que estaban actuando que se sentían satisfechos y llenos de confianza en sí mismos. Cada día que pasaba su superioridad parecía aumentar. El nuevo, que no había estado allí las noches anteriores, dijo: "Estás tomando esto muy bien. Otras personas en tu posición no lo han manejado tan bien".

Le dije: "¿En serio?" Lo que me preguntaba era si estaba tratando de decirme que no era el primero, sino uno entre muchos más de una cadena. ¿Era este su negocio, el secuestro, tortura y extorsión de víctimas inocentes?

"Sí", continuó, "algunos se echan a llorar porque no quieren renunciar a su dinero y pertenencias".

"Bueno, yo no me preocupo por eso. Todo lo que quiero es conseguir reunirme con mi familia". No pude determinar si lo que me decía era para ver cuál sería mi respuesta o si tan siquiera era cierto. Pensé que era mejor ir a lo seguro y decirle lo que quería oír.

"Coopera y estarás de regreso con ellos en un momento", dijo. Tuve dificultades en creer que esto iba a ser tan rápido y fácil como me decían.

"Eso espero", dije, pero mis pensamientos me indicaban que estaban repitiendo aquello con demasiada frecuencia, probablemente para que yo les diese lo que querían y no me opusiese a ellos. No me habría hecho ningún bien de todas formas, y probablemente me hubiese ganado unos cuantos golpes.

Me puse un poco atrevido, ya que esta conversación me estaba frustrando, y pregunté: "¿Quién diablos son ustedes y por qué me están haciendo esto?" No tenía nada qué perder a estas alturas haciendo la pregunta, y pensé que la manera en que había planteado la cuestión era mesurada.

La respuesta fue tan ridícula y absurda que quise echarme a reír. Tuve que usar toda mi fuerza de voluntad para resistirme. Estos tipos estaban fuera de sí, y yo estaba en problemas, en serios problemas.

"Somos el FBI y te estamos investigando", respondió con confianza y tranquilidad.

"¿El FBI?", le pregunté. *Me imagino que ahora el FBI*

secuestra, tortura y extorsiona a las personas que está investigando. Yo sabía que la agencia había cambiado después de Hoover, pero ciertamente no a este nivel. Esto era una locura, y la siguiente respuesta fue aun mejor.

"Sí, el FBI", dijo, de hecho. "Yo solía trabajar para la CIA durante el gobierno de Reagan. Me echaron porque no me gustaba el presidente y hablaba en contra de él. Entonces conseguí mi trabajo actual en el FBI".

Yo no podía aguantarlo y tuve que hacer la siguiente pregunta, sólo para escuchar la respuesta: "Si eres del FBI, ¿qué pasó con el debido proceso de la ley, o es esta la forma en que el gobierno se encarga de todas las investigaciones?" Bueno, parece que toqué un punto sensible, o él pensaba que yo me estaba burlando.

"Yo no haría demasiadas preguntas si fuera tú. Te podrías meter en un montón de problemas. Podría matarte y echarte en los Everglades. He hecho eso antes, y hacerlo de nuevo no me inmutaría ni un poco", dijo. Parecía nervioso.

Bueno, parecía que si alguien cuestionaba su historia de mierda, simplemente amenazaría con matarlo. Que había matado antes y que no le molestaría hacerlo otra vez, no me sorprendió, y era lo único que creía que era cierto.

"Entiendo", dije. Mi entendimiento consistía en que este individuo era un demente total, con un temperamento violento e impredecible.

Quería seguir intimidándome y continuó: "Y además, si

tuviéramos que hacerlo, ¿a quién le importaría? ¿A la policía? No me hagas reír. ¿Crees que les importas una mierda? ¿O que harían algún alboroto después de que te encontraran? Serías una estadística más, sin preguntas".

Después de su pequeño discurso, me preguntaba si ese era el destino que me aguardaba. ¿Qué podría hacer para cambiarlo, en todo caso?

Se calmó y me dijo: "Sabes que diste una buena pelea cuando te atrapamos". ¿Se suponía que eso me hiciera sentir mejor?

"Pensé que había sido pan comido", dije, refiriéndome a lo que había oído en la camioneta.

"No, nos diste una buena pelea. Fue pan comido después de que te atrapamos y nadie intervino", dijo. Aun así, yo todavía no me sentía mejor.

"Por lo general, alguien del restaurante me acompaña al auto. Lo que pasa es que nadie lo hizo ese día. ¿Qué hubiera pasado si alguien hubiera salido conmigo?", pregunté. Este era el caso muy a menudo: uno de los empleados me acompañaba hasta el coche para hablar conmigo.

"Hubiéramos tenido que atraparlo y llevarlo con nosotros", dijo. Cierto, es más fácil decirlo que hacerlo.

"¿Qué habrían hecho con él?", pregunté.

"Probablemente lo hubiésemos tenido que dejar tirado en algún lugar por el camino", dijo con confianza. *Cierto, dejarlo ir y tener un testigo dando vueltas por ahí.* "Ya veo", dije, sabiendo muy bien que las respuestas eran absurdas y que habían hecho planes de contingencia.

El matón salió de la habitación y un poco más tarde el vigilante que había estado allí la noche anterior entró.

"¿Quieres que te lea?", me preguntó.

"No, gracias", le dije. No estoy listo todavía para mi cuento de las buenas noches.

"El jueves es Día de Acción de Gracias. Tal vez pueda hablar con ellos para quitarte la venda de los ojos durante unas horas y que así puedas ver la televisión o leer el periódico", dijo con sinceridad.

Le respondí: "Eso estaría bien". Tienes una gran probabilidad de que te permitan eso, y es posible que pierdas tu trabajo o peor aun si les preguntas.

Menos mal que yo estaba sentado en el piso, porque lo siguiente que me dijo me habría hecho caer de la silla.

"Oye, no lo tomes como algo personal. Creo que eres un buen tipo, y tal vez en unos pocos años podríamos incluso ser amigos".

¿Ser amigo de las personas que me secuestraron y me torturaron? ¿Era este hombre de verdad? Jugué con él porque quería tener un poco de diversión y le dije: "Uno nunca sabe. El mundo es un lugar extraño". Ser amigo de él sería lo último que haría nunca, y aún así, no lo haría, me dije a mí mismo.

El otro guardia nocturno, el señor FBI, entró en la habitación y me dio un cigarrillo y una gaseosa. Preguntó: "¿Quieres pastillas para dormir?"

Le dije que sí. Después de todo, no sería malo, y si en realidad tenía que pasar tiempo en otra dimensión, sería un lugar mucho mejor que este. La tortura mental de tener que sentarme allí, encadenado a la barandilla, era suficiente para volver loco a cualquiera. Un indulto era bienvenido. Si me iban a matar, entonces quería abandonarme y no tener que pasar por la angustia que le precedería, pero dudaba de que iba a ocurrir antes de que me despojasen de todo.

Me dieron un par de pastillas que me tragué con lo que quedaba del refresco. Me fumé el cigarrillo y luego me acosté a dormir. Antes de que me quedase dormido, pensé en esas extrañas conversaciones con el señor FBI y mi futuro amigo. Estas personas iban mucho más allá de perturbados mentales, lo cual no era bueno para mí. El señor FBI estaba jugando a una fantasía de que era policía y que formaba parte de una misión secreta. El problema era que probablemente se lo creía. Cuando yo había tratado de convencerlo de lo contrario, su reacción me demostró que le faltaban unos tornillos. Dejó en claro que no tenía ningún reparo en matarme y lanzarme a los cocodrilos en los Everglades. Por supuesto, todo iba a ser realizado bajo el auspicio y la bendición de la agencia federal que lo empleaba.

El señor Amistoso quería ser mi amigo en pocos años si no me mataban primero. No veía nada malo en el hecho de que me habían atado en ese almacén contra mi voluntad y me habían torturado. En su pensamiento, esto pasaría y podríamos sentarnos algún día y ver un partido de fútbol y tomarnos algunas cervezas. Yo nunca había oído hablar de algo más extraño. Lugo había contratado a unos enanos intelectuales que tenían menos inteligencia que él, sin duda, una tarea difícil. Esto tenía sentido, ya que así podían ser manipulados y engatusados para hacer su voluntad con facilidad.

Pero había otros involucrados, como el tipo que disfrutaba de infligir dolor mientras susurraba enfermizamente "fuego". ¿Dónde estaba Delgado? Sospechaba que no podía estar demasiado lejos y quizás, a veces, incluso justo en frente de mí. Me quedé dormido y lejos de la locura que me rodeaba.

Capitulo 14 — Liquidacion

"Sólo tienes poder sobre las personas mientras no les quites todo. Pero cuando le has robado todo a un hombre, ya no está más en tu poder. Es libre de nuevo".

- Aleksander Solzhenitsyn -

El lunes por la mañana marcó una nueva semana de cautiverio. Lugo irrumpió en la habitación, pateó la caja y gritó: "¡Levántate, pedazo de mierda!"

Vaya, buenos días a ti también. ¿Tuviste una mala noche?

"Hemos desviado todas las llamadas de tu casa hacia aquí. Así que cuando recibamos una llamada, contesta como si estuvieras en tu casa. Si dices algo estúpido, estás muerto. ¿Entiendes?", ladró.

Genial, ahora tengo que responder a las llamadas telefónicas también. No me gustó ni un poquito, en vista de que sería muy fácil cometer un error estando bajo presión. Le gustaba decirme una y otra vez que me iba a matar si no obedecía. Funcionó. Yo no creía que sus amenazas fueran en vano. Habían limitado sus opciones al arrinconarse ellos mismos en una curva cerrada.

"Sí", respondí humildemente, sabiendo que era lo que le gustaba. Y le gustaba una respuesta inmediata.

"Hoy vas a empezar a llamar a los bancos y comenzar a

transferir dinero a la cuenta de la compañía", exigió.

"Bien", contesté. Quería creer que cuanto más rápida fuera la transferencia, más rápido me iban a liberar. Pero algo se mantenía en el fondo de mi mente y me decía que no importaba lo que hiciera, yo no saldría vivo del almacén. ¿Qué otra cosa podía hacer? No cooperar significaba una muerte segura, mientras que si les daba todo tenía aunque fuese un pequeño atisbo de esperanza de poder vivir. Sabía muy bien que no me garantizaba nada, pero yo no quería pensar en el hecho de que probablemente me matarían de todos modos, tenía que aferrarme a la ilusión, al menos por el momento.

"¿A nombre de quién está la escritura de tu casa?", preguntó Lugo.

" A nombre de mi esposa y mío, respondí. Aquello me preocupó porque no iban solamente detrás del dinero, sino de la casa, lo cual era totalmente una locura y significaba que tenía que desaparecer.

"¿No es propiedad de la empresa?" Sonaba escéptico. Parecía que le habían dado una información equivocada.

Yo simplemente respondí: "No".

"Entonces tenemos un problema", dijo. "Queremos tu casa, y con el fin de transferirla, necesitamos a tu esposa para que firme. Así que tendrá que volver, y de paso puede traer tu reloj y el anillo", dijo con indiferencia. Este tipo era un idiota, o su ego estaba más allá de cualquier comprensión. En realidad pensaba que mi esposa iba a subirse a un avión y volver y cederle la casa, y al mismo tiempo esperaba que le trajese el reloj y el anillo.

Tenía que trazar el límite en alguna parte, y era este. Yo no podía creer la increíble avaricia y la estupidez de la que hacían gala, querían todo, absolutamente todo. Obviamente, estaban tan confiados que nunca medían los riesgos de sus acciones. Eso era bueno para mí. Iba a ponerles una trampa, de modo que, incluso muerto, pudieran ser atrapados. Habían abierto la puerta, y yo iba a aprovechar la oportunidad. Sin embargo, esto iba más allá de mi comprensión.

"Bueno, ya lo veremos", dijo. "Vas a llamar al gerente del restaurante y decirle que despida a todos los empleados y que cierre definitivamente el viernes".

Eso era sorprendente: no sólo me querían dejar en la calle, sino a todas las personas que trabajaban para mí y dependían de mí. ¿No iba a parecerle extraño al administrador que yo desapareciera un día y luego lo llamara una semana más tarde para decirle que cerrara el restaurante? Podía ser que no. Tal vez el mundo estaba más loco de lo que pensaba, y la gente hacía cosas así todo el tiempo. Estos matones eran unos descarados y no mostraban temor por ser descubiertos o cometer un error.

"¿Cómo va a pagarles a los empleados?", pregunté. Esta era probablemente una pregunta tonta, pero soy el señor Responsable y pensaba que si trabajaban, merecían que se les pagase. Yo era el único que firmaba cheques. Bueno, ustedes podrían decir "este tipo está enfrentándose a una muerte segura, y lo único que puede pensar es en el pago de sus empleados". Pero ese soy yo. Creo en el manejo de mis responsabilidades. Para mí, era un gran problema.

"Dile que les pague de lo que tenga de las ventas", dijo. Bueno, no esperaba que hubiese efectivo suficiente de las ventas. Tal vez el restaurante ya estaba cerrado, en vista de que el gerente ni siquiera podía hacer lo más mínimo sin ayuda.

"Bien", contesté. Yo no iba a ganar nada, salvo un par de golpes en la cabeza con el argumento.

"¿Quién es el agente de tu póliza de seguro de vida?", quería saber Lugo. Tenía dos pólizas de vida por un millón de dólares cada una. Una ya se había cancelado por completo, y la otra se estaba pagando.

Le dije el nombre.

"Queremos pedir prestados quinientos mil sobre tu póliza", dijo con confianza.

"Está bien", dije. Yo sabía que no era posible y el valor en efectivo era una quinta parte de lo que quería. Me sentía demasiado derrotado como para discutir. ¿A dónde podría llevarme? La única manera de conseguir esa cantidad de dinero de la póliza era cambiando los beneficiarios antes de mi muerte. Habría repercusiones más tarde, estaba seguro, después de que se enteraran de que no podrían hacer ciertas cosas, pero en ese momento no me importaba.

Ordenó que el matón que estaba con él me diera dos cigarrillos. Supongo que estaba fantaseando acerca de todo ese dinero en su cabeza y se dejó llevar. Él y su compañero se fueron, y volvió la música a su volumen enloquecedor. Parecía que tenían cosas qué discutir y no querían que yo los escuchase.

Me senté allí, a fumar uno de los cigarrillos y preguntaba dónde estaría la caballería que, estaba seguro, vendría a salvarme. Por la mañana estaba desesperado y tuve que retomar conscientemente el control. Querían todo, incluyendo mi ropa interior, y yo tenía que tomar una decisión: luchar y resistir, o cooperar con la esperanza de que después de limpiarme me dejarían ir. No fue una decisión fácil, pero decidí darles todo porque quería creer que los equipos de rescate llegarían antes de que terminasen de arrebatármelo. Aún tenía esperanzas, incluso por pequeñas que éstas parecieran con cada día que pasaba. No podía perder la fe. Me negaba a eso.

Alrededor de una hora más tarde, Lugo y uno o más de sus compañeros vinieron de nuevo, y sentí que estaban de pie justo enfrente de la caja. Lugo era el que siempre me hablaba. Supongo que Delgado no podía, y al otro simplemente le gustaba infligir dolor. No hubo comida por la mañana, y yo estaba orinando en los vasos que me habían dado con agua.

"Levántate", gruñó Lugo. Tenía una dificultad entendiendo que era casi imposible hacerlo por mí mismo.

Quitaron las esposas de la barandilla, más o menos me levantaron, me llevaron a la mesa de costumbre y me pusieron el teléfono en la mano.

"No hagas nada extraño", me dijo Lugo. Una vez más, me pusieron la pistola en la cabeza, su procedimiento habitual mientras hablaba por teléfono.

El primer representante del banco pensó que mi llamada era bastante inusual, y no dejaba de hacerme preguntas que no podía responder. Esto lo hizo sentirse más incómodo, y no se rendía y seguía insistiendo. Por supuesto, esto tenía que resultarle extraño a la persona con la que estaba hablando. Yo lo había conocido personalmente hacía menos de un mes, y le había dicho que mis objetivos eran lo contrario de lo que le estaba diciendo ahora.

Lugo y sus amigos parecieron ponerse inquietos y nerviosos, y alguien tiró del percutor de la pistola, y oí claramente un clic. En ese momento, yo estaba tratando de conseguir una transferencia bancaria o una bala en la cabeza. No sabía qué era mejor. El funcionario del banco finalmente se rindió y tomó la información que Lugo me susurró para que yo pudiera dársela. Esto debió haber sonado muy extraño por el comienzo y las pausas que hubo. Sabía que el representante no estaba satisfecho cuando colgué. Si pudiera haberle enviado un mensaje de SOS mental a través de las líneas telefónicas, lo habría hecho con gusto.

Todo lo que dijo Lugo fue: "Bueno, ahora que vas a llamar al segundo". El segundo banco no me dio ningún tipo de problema.

A continuación, tenía que llamar a Freddy, el gerente del restaurante, para decirle que cerrara definitivamente el viernes. Ellos marcaron y Freddy contestó.

"Freddy, es Marc. ¿Cómo va todo?", dije, tratando de sonar lo más normal posible.

"Hombre, ¿dónde has estado? Necesitamos tu ayuda. Estoy teniendo muchos problemas aquí. El negocio va mal". Freddy sonaba agitado. El bueno de Freddy, pensé. Siempre puedo contar con él para hacerse cargo de los problemas. *¿Acaso no te contraté para hacerte cargo de esas cosas, para no tener que hacerlo yo?* No importaba, desaparecer durante casi una semana sin llamar ya era lo suficientemente extraño.

"Mira, Freddy, estoy fuera de la ciudad. Vas a tener que hacerte cargo de los problemas, ya que no voy a estar de vuelta por un tiempo", le dije. Quería añadir que nunca podría estar de regreso del todo.

"¿Qué hago con los pagos de hoy? ¿No puedes venir, o tu esposa? ¿Qué voy a hacer? Los empleados quieren su dinero", dijo con desesperación.

No, Freddy, no puedo ir porque estoy liado, muy liado. "Freddy, págales a los empleados de las ventas. Diles que el viernes es el último día, y pon un cartel en la ventana que a partir del viernes estamos cerrados", le dije.

"¿Quieres que les diga a todos que están despedidos y que cerraremos el viernes?", respondió en un tono incrédulo. Sabía cómo debía haberle sonado esto. Yo no había aparecido por una semana, ni siquiera llamado, y ahora le estaba ordenando cerrar el restaurante y despedir a todos. Probablemente pensó que debía haber tocado fondo, si no algo peor.

"Sí, Freddy. Haz lo que digo y cierra el viernes, y despide a todos los empleados. Si necesitas algo, puedes ponerte en contacto conmigo a través de mi localizador", le dije, sabiendo que si me necesitaba, estaba con la mierda hasta el cuello y sin remos.

"¿Y yo qué?", dijo. Freddy estaba en shock; era comprensible. La persona que había conocido como un pilar de estabilidad y confianza había empezado de repente a hablar como un loco.

"Hablaremos de eso más tarde", dije, pensando que probablemente no lo haría. Resultó ser que Freddy ya tenía sus propios planes, y también tuvo la oportunidad de robarme. No fue una gran cantidad, pero le añadió sal a la herida. Supongo que mis bienes estaban a disposición de quien fuera lo suficientemente rápido como para poner sus manos sobre ellos.

Me llevaron de vuelta a la caja y me volvieron a encadenar a la barandilla. Estaba deprimido y desesperado. Los matones me estaban acabando económicamente, y yo estaba dejando que lo hicieran. ¿Cómo me había metido en esta situación? ¿Por qué yo? Me hice estas preguntas un millón de veces y no encontré respuestas. Ese día empecé en serio a sumirme en la desesperación. Me preguntaba por la casa. Si tenían alguna idea de liberarme, entonces hacerse con la casa no tenía ningún sentido. ¿Cómo iban a explicar eso? Se hacía cada vez más evidente que no tenían planes de dejarme libre. Fue el principio de una montaña rusa emocional aun más grande, con pináculos de esperanza a abismos oscuros de desesperación. La tortura psicológica era a veces peor que la física. Fue un infierno en la tierra, con todas las salidas selladas.

Lo que estaba seguro era que mi esposa no iba a volver a firmar los papeles de la casa. Si eso significaba que me mataran, entonces que así fuera. Una víctima era mejor que dos, y habría un punto en el que dejaría de cooperar. No iban a obligarme a traerla de regreso, sin importar las consecuencias. Pero yo tenía un plan, y sería proporcionar pruebas claras de sus actividades delictivas. Tenía la esperanza de que caerían en la trampa y tratarían de conseguir la casa. No eran demasiado inteligentes, o de lo contrario no habrían ido tras ella en primer lugar.

Físicamente, me sentía miserable, lo que se sumaba a mi estado de ánimo deprimido. No me había duchado, afeitado o cepillado los dientes durante una semana y debo haber tenido un aspecto interesante. Sabía que tenía un mal olor que salía de mi cuerpo, pero parecía molestarles a ellos más que a mí. Mis pantalones, saturados de orines secos, se sumaban a la mezcla de olores que emitía. No era una flor en primavera. Lo sabía, pero no parecían preocupados por mi higiene, y resistían el olor por los periodos breves que estaban a mi lado. La cinta alrededor de mis ojos picaba y me hacía daño, en vista de que me carcomía la piel. No me sentía más como un humano, era como si hubiera descendido en la escala evolutiva, y estaba más cerca de un estado primordial. Lo único que quedaba de mí era mi espíritu, y no podía dejar que lo aplastaran, a pesar de que me enfrentaba a la muerte.

Llegaron un poco más tarde, me liberaron de la barandilla y me llevaron de nuevo hasta el teléfono. Me dijeron que tenía una llamada telefónica y que actuase con naturalidad, lo cual era más fácil decirlo que hacerlo. Era un cliente de contabilidad que necesitaba un consejo. Pareció casi ridículo cuando le dije que estaba liado y no podía hablar con él. Si tan sólo hubiera sabido realmente lo liado que estaba. Le dije que iba a salir de la ciudad por una semana y lo llamaría cuando regresara, lo cual significaba nunca, y colgué.

De vuelta a la caja, me senté allí en un estado de estupor. No podía pensar en nada más. Un poco más tarde, Lugo entró y me dijo que quería que firmara algunos documentos. La firma de documentos con los ojos vendados es un verdadero reto. Me puso la mano en el lugar donde quería que yo firmase, y firmé. Me propuse echarlo a perder, pero no tenía que esforzarme mucho en esas circunstancias. No me dijeron nada, ni tampoco tenía idea de lo que estaba firmando. Pudo haber sido mi sentencia de muerte. De hecho, esa llegaría a ser la verdad en el futuro. Me dio un cigarrillo como recompensa.

Esa noche, el guardia nocturno, el señor Amistoso, que siempre estaba conmigo, entró cuando el señor FBI no estaba por ahí. Lo primero que hizo fue revisar la cinta para ver que estaba bien sujeta. Determinó que estaba floja y añadió un poco más por si acaso. Tenía tanta cinta que casi no podía levantar la cabeza por el peso.

Él dijo: "En primer lugar, te he traído un poco de pollo y frijoles, y en segundo lugar, parece que te vas a casa el viernes". Yo estaba contento con la comida. Al poco tiempo, me iba a ver como un sobreviviente de un campo de concentración, y necesitaba un poco de energía. Quería creer la segunda noticia, pero no pude. Sentí que era una estratagema para mantenerme de buen ánimo y que pudiesen cumplir con su misión de codicia. Pasé deprimido la mayor parte de ese día, y tal vez se dieron cuenta de mi estado de ánimo y contrataron a este matón para que me dijese una mentira feliz.

"Gracias por la comida", dije. No le dije nada sobre la otra noticia que me había dado.

"¿Quieres que te traiga huevos para el desayuno mañana?", dijo alegremente. Esta nueva muestra de bondad no duraría mucho tiempo.

"Eso sería bueno", dije.

"¿Salchicha o jamón?", preguntó.

"Salchicha", dije, sin mostrar emoción.

"¿Café?"

"Un café estaría muy bien", dije. Luego tuve dudas al respecto: el café me estimularía los intestinos, y no había defecado desde hacía una semana. Si tenía que ir, los vasos que estaba usando no serían suficientes, y eso podría ser un verdadero problema.

"Está bien", dijo. "Mañana te voy a traer café, huevos y salchichas".

Me dejó solo para que pudiera comerme lo que me había traído. No había cubiertos, así que utilicé las manos sucias. Me sentía como un hombre de las cavernas que come su presa después de una cacería, excepto que en este caso yo era su presa y me habían cazado. Tenía tanta hambre. Pensé en comerme los huesos pero, después de dudarlo, decidí no hacerlo. Si me atragantaba, no sería capaz de recuperar mi dinero u otros bienes. Esa fue una de las mejores comidas que tuve durante mi estadía en el Hotel Infierno.

Regresó una vez que terminé y dijo: "¿Estaba bueno?"

"Sí, gracias", respondí.

"¿Cigarrillo?"

"Claro", le dije. No tuve que hacer ningún truco esta vez. Increíble.

Me dio un cigarrillo, que era cada vez más difícil de poner en la boca debido a la cantidad de cinta, y me dijo: "El jefe dijo que una vez que el dinero sea transferido, así como la escritura de la casa, y algunas otras cosas se resuelvan, podrás irte a casa con tu esposa y tus hijos".

El jefe era Lugo, y él era un mentiroso psicópata, por lo que probablemente estaba mintiéndoles a sus secuaces.

"¿Cuándo será eso?", pregunté, sólo para ver lo que iba a decir.

"Hicieron las reservaciones para el viernes. Vi los boletos. Piensan que todo debería estar arreglado para entonces", dijo. Bueno, había algunos problemas en esta historia. ¿Cómo iban a llevarme al aeropuerto con esa pinta? ¿Creían que podían subirme a un avión con la camisa desgarrada y los pantalones llenos de orines, sin haber tomado una ducha o lavado los dientes durante dos semanas? En segundo lugar, ¿cómo iban a dejarme en el aeropuerto sin ser vistos? No podían quitarme la cinta hasta que me dejaran allí, lo cual, por supuesto, habría sido absurdo con tantos policías presentes.

En tercer lugar, ¿cómo podían garantizar que llegaría al vuelo y no buscaría a un policía en el aeropuerto para denunciarlos? La historia era muy buena, pero no tenía sentido. No había manera práctica de que lo hiciesen. Yo quería creerle con todas mis ganas, pero me di cuenta de que hacerlo sería temerario.

"Bueno, me alegro", dije, tratando de sonar convincente, a pesar de que sólo había llegado a la conclusión de que mi liberación habría sido una tarea casi imposible. Más tarde, me enteré de que realmente habían hecho reservaciones. De hecho, habían usado mi tarjeta de crédito. Supongo que cambiaron de idea al darse cuenta de lo imposible que era el plan.

Entonces hizo algo que me sorprendió. Soltó las esposas de la barandilla, me levantó y me hizo caminar. En el camino, me clavó la pistola en la espalda y me dijo que si hacía algo estúpido, me dispararía. Me llevó al baño.

Dijo: "Te voy a esposar aquí para que puedas ir al baño con privacidad. Sólo dime cuando hayas terminado".

"Está bien", contesté. Me encontraba agradecido de que en realidad estaba dejando que fuera. Era la primera vez que podía defecar en una semana, y fue una experiencia dolorosa.

Después de terminar, me di cuenta de que no tenía papel higiénico. Encontré un pequeño trozo de plástico que usé en su lugar. Con lo sucio que ya me sentía, no importaba ni hacía mucha diferencia. Esto era típico de la humillación y degradación que tuve que soportar durante mi cautiverio.

Le grité que ya había terminado, y volvió y me llevó de regreso a la caja. No jugamos el juego del círculo esta vez. Supongo que no estaba de humor.

Mientras estaba allí, el segundo vigilante entró, el señor FBI. Me dio una lata de refresco y un cigarrillo. Vaya, todos estos matones estaban dándome regalos. Se sentía casi como Navidad.

Dijo: "Todos estamos impresionados por la forma en que te preocupas por tu familia". Cualquier ser humano normal los habría puesto fuera de peligro, pensé, pero estas personas no eran normales.

"¿Qué más hay en la vida?", dije, sin saber de qué otra manera responder.

"Sí, tengo una hija. Es una estudiante de honor en la escuela secundaria. Estoy separado de mi esposa", dijo.

Bueno, eso era una sorpresa. ¡Figúrate que te haya dejado! Tu hija tendría que cuidar de su madre. "Ah, debes estar muy orgulloso de ella", respondí. Este hombre tenía tantas historias que me preguntaba si alguna de ellas era cierta.

"Sí, me casé cuando estaba en el servicio", continuó.

"¿En cuál rama?", pregunté.

"Cuerpo de marines. Sé cómo te sientes acerca de fumar. Cuando estaba en la marina, tenía que salir a hurtadillas detrás de los cuarteles y fumarme uno", dijo, recordando.

"¿No te dejan fumar en el ejército?", pregunté.

"No, no te dejan".

"¿Cuánto tiempo estuviste en la marina?", pregunté.

"Cuatro años. Quería hacer una carrera, pero tuve problemas con las medidas".

"¿Medidas?", inquirí, preguntándome si no había sido algo más bien relacionado con múltiples personalidades o algún otro trastorno psicótico profundo.

"Consumo excesivo de alcohol. El alcohol es probablemente la razón por la cual no lo logré en la marina", confió.

"Es una lástima. Probablemente habría sido una buena carrera". Pensé que ya que no podía con el ejército, el ser un criminal de carrera fue su segunda mejor opción. Al menos tenía una carrera.

"Así es la vida", suspiró.

Luego comenzó a hablarme acerca de la religión y lo buen cristiano que era.

"No golpearás, torturarás y secuestrarás a tu prójimo" no era uno de los diez mandamientos que había leído. Debía de tener su propio conjunto de reglas por seguir, razoné. También hizo referencia a cómo trataban injustamente a los afroamericanos en el país, de modo que no era demasiado difícil llegar a la conclusión de que pertenecía a esa raza. Durante la conversación, me quedé pensando que este tipo se estaba inventando todo aquello, o que no era muy inteligente. Me dio mucha información sobre sí mismo que podría haber sido utilizada para hacer un perfil de él si salía. Supongo que nunca pensó que era una posibilidad, o ¿por qué habría ofrecido tanta información? Quizá le faltaban unos tornillos y ni siquiera se daba cuenta de lo que estaba haciendo.

Me dio un cigarrillo y se fue. Me quedé pensando. Al día siguiente se cumpliría una semana completa desde que había sido secuestrado. No veía ninguna luz de esperanza de ser rescatado; su historia de liberarme el viernes era agradable, pero poco realista. No quería pensar en que iban a matarme. No quería pensar en nada. Me quedé allí durante horas, al parecer. El sueño no vino. Perdí la noción del tiempo, y mi reloj interno funcionaba mal a causa de la ceguera y la desorientación. Me quedé allí durante lo que pareció una eternidad. No habría ningún escape del Hotel Infierno esa noche.

Capitulo 15 — Perdiendo la Esperenza

"""Debemos aceptar la decepción finita, pero nunca perder la esperanza infinita".
- Dr.Martin Luther King Jr. –

Pasaron los días, de la misma manera en que los anteriores lo habían hecho. Martes por la mañana, dos semanas de cautiverio, sin un final a la vista y sin dormir para combatir el cansancio. El lunes por la noche no había dormido de nuevo, lo cual me negó el único lugar donde podía encontrar una salida. Estaba empezando a perder la esperanza de que sería liberado pronto, pero no me podía permitir eso. Dicen que la esperanza es lo último que se pierde. Obstinadamente, yo estaba tratando de aferrarme a ella. Cuando entraron, traían el desayuno que habían prometido: huevos, salchichas, tostadas y café. Por decir lo menos, yo estaba en shock. Comí con mis manos, como de costumbre, y los huevos nunca habían sabido tan bien, y me comí hasta la última migaja. Me dieron un cigarrillo y se sentaron a fumar mientras me bebía lo que quedaba del café. Mi cenicero era los mismos vasos que había utilizado para orinar. Nunca había sabido que estos vasos de plástico eran tan versátiles y que tenían tantos usos. Me pregunté por qué me habían dado un trato tan relativamente bueno y cuánto tiempo iba a durar. Muy pronto comprobaría que iba a ser de corta duración, muy corta. Su comportamiento era inconsistente y basado en el estado de ánimo del jefe, Lugo.

Llegaron durante lo que parecía ser media mañana y me dijeron que tenía una llamada telefónica. Me soltaron de la barandilla y me llevaron a la mesa con el teléfono. Me dieron el auricular y contesté. Como de costumbre, me pusieron el arma en la cabeza. Me pregunté si estaba cargada. Sólo había una manera de averiguarlo, y no pensé que era una buena idea. Era mi hermana, y, aparte de la llamada de mi esposa, esta fue la más difícil de manejar. Michelle tenía una personalidad muy decidida y preparada. Sabía cuál era su lugar y no aceptaba mierda de nadie. La admiraba por eso y siempre había deseado ser más como ella. Teníamos una relación muy estrecha, y contábamos el uno con el otro, no importaba cuáles fueran las circunstancias. Si había una persona en quien confiaba para que pudiera poner en movimiento las fuerzas de mi liberación, esa era absolutamente Michelle.

Por desgracia, no había manera de que le diese una idea de lo que estaba pasando, ninguna, si no quería correr el riesgo de tener una bala en la cabeza. Le dije que tenía que hacer unos mandados y que no podía hablar con ella. Esto era muy inusual, ya que siempre la había puesto de primera, sin importar qué. Trató de hacerme algunas preguntas y hablar conmigo, pero me la quité de encima. Esta persona con la que estaba hablando no era Marc. Más tarde me enteré de que la razón por la que me había llamado era que, el día en que me secuestraron, se había enterado de que tenía cáncer de mama. Había tratado de llamarme varias veces, y nunca le contestaba el teléfono. Llamó a pedirme mi apoyo, y yo no podía dárselo. Sabía que algo estaba mal, era muy astuta, pero ¿quién podría haber imaginado las condiciones o la situación en que me encontraba? Con la gente que había hablado por teléfono, trataba de no ser coherente y dar la pista de que había algún problema. No tuve éxito con nadie, y mis esperanzas de una rápida resolución disminuyeron. Me llevaron de vuelta a la caja y me volvieron a encadenar.

Lugo dijo: "¿Quién era?"

"Mi hermana", respondí con tristeza.

"¿Qué es lo que quería?", preguntó.

¿No es normal que tu hermana te llame para hablar contigo? "Ella me llama de vez en cuando para ver cómo va todo", dije.

"¿Va a ser un problema?"

Si había alguien que podía hacer que estos matones pagaran y al mismo tiempo hacerles la vida imposible, era ella. Pero no sabía lo que estaba pasando. No tenía forma de saberlo, o de lo contrario estaría en un avión dirigiendo la operación de rescate, no hay duda al respecto.

"No, ella no podría dar una mierda por mí. Yo no estaría preocupado", le contesté. Era la mentira más grande que se me pudo haber ocurrido. Si ella quería darles problemas, no encontrarían ningún lugar seguro dónde esconderse. Tendrían que retorcerse por misericordia.

"¿Qué hay de tu hermano?", preguntó.

"Ni siquiera sé dónde está", mentí. Alex haría cualquier cosa por mí, pero a diferencia de Michelle, no querría hacerse cargo de la situación. Pero siempre podía contar con él. Tenía la esperanza de que al no contarle a Lugo sobre su paradero, lo iban a dejar en paz.

"¿Habla con tu hermana?", preguntó.

Supongo que él provenía de una familia disfuncional. Por supuesto que hablaba con mi hermana. Quizás Lugo percibió, correctamente, que mi hermana era un tornado al cuál temer.

"No hemos hablado desde junio. Yo no creo que tampoco le importe mucho. Pero no sé si él habla con mi hermana o no", mentí. Sólo quería mantener a mi hermana y a mi hermano fuera de peligro.

"Si empieza a causar problemas, vamos a tener que emitir una orden de búsqueda y capturarlo", dijo con aire de suficiencia.

¿Una orden de búsqueda? Me quería mear en los pantalones, a pesar de que ya lo había hecho más de una vez. Estos payasos querían que yo creyese que eran agentes de la ley. Habían estado viendo demasiada televisión. Esto iba más allá del ridículo. Si no fuera por mis circunstancias, me habría reído en su cara. Había una parte positiva en todo esto. En realidad todavía pensaban que yo no sabía quiénes eran.

"Realmente no lo creo", le dije, mientras trataba de no echarme a reír.

"Bueno, él es otro idiota, y ya lo atraparemos después de que hayamos terminado contigo", dijo. Genial. No sólo tenía que preocuparme por mis circunstancias, sino que ahora mi hermano estaba también en peligro y no había manera de advertirle. La diferencia era que mi hermano no les daría nada a estos matones. Él preferiría que lo matasen. Delgado apenas conocía a mi hermano, así que esto no tenía sentido. Tal vez era una demostración de bravuconería para mantenerme centrado y en raya. No entendía nada. *Buena suerte tratando de encontrarlo. No voy a decirte dónde está y no tienes idea.*

Regresé de vuelta a la caja. Sentí que tal vez se estaban preocupando, en vista de que había pasado tanto tiempo. Mi hermana estaba llamando, mi esposa andaba por ahí al igual que mi hermano, y no sabían quién más se estaría preguntando acerca de mi desaparición. Ellos estaban tan concentrados en sí mismos y emanaban tanto exceso de confianza, que parecían hacer caso omiso de esos posibles riesgos. Tal vez me dejarían ir el viernes puesto que, con el paso del tiempo, el riesgo aumentaba.

Hacia el mediodía, vinieron a llevarme al baño. Estaba por pasar otro día bajo un calor sofocante, sentado en una silla incómoda que no me dejaba mucho espacio para cambiar de posición. Así fue exactamente como sucedió, y me quedé allí hasta la tarde. Ya me sentía entumecido y deshidratado cuando el vigilante nocturno, el señor Amistoso, entró.

"¿Cómo estás?", preguntó.

Todo color de rosa. De hecho, nunca he estado mejor. Imbécil.

Tenía la garganta tan seca, y mi lengua se sentía como si

estuviera hecha de cuero, pero de alguna manera me las arreglé para mentir y croar: "Estoy bien".

"Sabes que a los otros chicos no les gustaría que te sacara de aquí", dijo.

"¿Cuánto tiempo esperan que permanezca sentado aquí, sin agua y en este calor?", le pregunté, asegurándome de que se diera cuenta de que estaba loco, por más bueno que se hiciera pasar.

"Lo sé, pero...", respondió.

¿Pero qué?

Así que me llevó a la otra habitación y me puso en la caja de cartón. En realidad, se sentía como el cielo en comparación con el cuarto de baño. Yo estaba empezando a perder la razón si pensaba que me gustaba la caja de cartón, pero el baño era una tortura, y aquí al menos podía acostarme y cambiar de posición de vez en cuando. Él me trajo algo de comida rápida: hamburguesas, papas fritas y coca-cola para la cena. Me pregunté por cuánto tiempo iban a seguir llevándome comida, así que pensé que sería mejor disfrutarlo mientras podía. Terminé y me dio un cigarrillo.

Dijo: "El jueves es Acción de Gracias. ¿Quieres algo especial?"

Para empezar, pensé, ¿qué tal dejarme ir a casa, o por lo menos a algún lugar lejos de aquí?

"Sí, ir a casa", dije.

"Pronto te irás a casa. Pronto".

"Espero que sí"", contesté, sabiendo muy bien que todo era una mierda.

"Están esperando a liquidar los fondos y luego te habrás ido", dijo. Los fondos deberían haberse liquidado ese día, así que era una mentira, y la forma en que dijo "te habrás ido" no me sonó demasiado atractiva.

"Eso debería estar para mañana. ¿Viernes a más tardar?", le dije, en busca de una respuesta.

"Ya veremos. Eso es lo que me dijeron. Quieren dos millones de dólares, y cuando los tengan, estarás fuera de aquí", dijo. Pensé que significaba que no me iría.

"No tengo dos millones", respondí.

"Ellos piensan que sí", dijo. Este iba a ser un tema difícil. No eran tan brillantes, simplemente codiciosos.

"Si suman todo, no se acercan a eso. ¿Qué pasa con el restaurante?", le pregunté.

"Dijeron que podrías quedarte con él", dijo. Genial, habían cerrado el restaurante y despedido a todos los empleados, y yo heredaría el lío que quedaba. Qué bueno de su parte.

"Lo puedes volver a abrir", dijo. Bueno, yo sabía que no estaba hablando con Albert Einstein. Sí, claro, iban a dejarme ir y abrir el restaurante como si nada hubiera pasado.

"Sí, podría hacer eso. Ya veremos", le contesté, pero el primer tema en cuestión era sobrevivir y salir de ese almacén. ¿Quién se preocupaba por el restaurante a estas alturas?

"Escucha, una vez que te suelten, debes cargar lo más que puedas tus tarjetas de crédito. Nunca podrás regresar, así que, ¿quién podría hacer algo al respecto?", dijo con orgullo. Pensaba como un criminal y no tenía un punto de referencia entre el bien y el mal. Así era como funcionaba su mente. El fraude con tarjetas de crédito estaba bien según sus estándares, y no veía nada malo en ello.

"Buena idea", dije, como si eso fuera lo primero que iba a hacer si me dejaban ir.

Se fue por un tiempo, y yo permanecí sentado allí, pensando en lo que este genio me había dicho. Era evidente que todo lo que me decía se había originado en su mente retorcida o había sido enviado a decirme cosas específicas para ver cuál sería mi reacción. También parecía que Lugo y sus principales secuaces le habían mentido al señor Amistoso para mantenerlo a raya. Había sido contratado para vigilarme, y no había ninguna necesidad de mantenerlo al tanto o actualizado acerca de sus decisiones. Yo no podía confiar ni creer en nada de lo que me decía, porque era un engranaje sin importancia en la maquinaria y sus empleadores lo trataban así. Lo estaban usando. Mi conversación con él servía como mero entretenimiento y diversión.

No iba a ser capaz de obtener ninguna información muy útil de él. El señor Amistoso era un criminal, pero no poseía el mismo grado de violencia que los otros. Eso era evidente. Él era el único que se había molestado en traerme comida, un refresco y un cigarrillo. Sentía que no albergaba odio hacia mí y a veces, incluso, se compadecía de mi condición. Su perfil era uno que se parecía al de Delgado. Era fácil de manipular, y era en eso en lo que Lugo destacaba. Así que no sabía si iban a dejarme ir el viernes o nunca.

Tuve que lidiar con eso, y la única forma de luchar contra ellos iba ser hacerles la vida difícil, como echar a perder mi firma en todos los documentos que pudiese. Tenía otro truco bajo la manga. Tenía la esperanza de que sería capaz de usarlo.

No dormí esa noche y alterné entre sentarme y acostarme, repitiendo lo mismo cientos de veces. A menudo tenía que ir al baño en la noche, y no había nadie que me llevara, aunque no es que lo harían de todos modos. Así que seguí con el método de orinar en el vaso, el cual había perfeccionado tan bien. No era tan fácil como parecía. Tenía vendados los ojos, lo que suponía un reto. Muchas veces tuve varios vasos de orina a mi alrededor. Debió haber sido un hermoso espectáculo para ellos. No creo que les importara.

Como no podía dormir, pensé en muchas cosas. Uno de esos pensamientos recurrentes era sobre las personas que habían pasado años en cautiverio o como prisioneros de guerra. Creo que la parte más difícil es el comienzo. Luego, poco a poco, la aceptación de que no se puede cambiar la situación se desarrolla, y haces lo posible para adaptarte a tu entorno para poder sobrevivir. Admiraba la fortaleza que habían tenido esas personas y el espíritu que los había guiado a través de sus días oscuros.

Llegó la mañana del miércoles, y yo no había pegado ojo en toda la noche. Esta era mi segunda semana en cautiverio, y estaba agotado tanto física como mentalmente.

En algún momento de la mañana, Lugo entró con uno de sus amigos.

"¡Levántate!" Lugo era muy retorcido, y me di cuenta de que disfrutaba de su poder. No había nada bueno acerca de su comportamiento. Nunca había tratado de ocultarlo. Además, tenía que mostrarles a los chicos quién estaba a cargo.

"¿De quién es el número 592-0105?", preguntó, casi gritando.

"Es del restaurante", le dije sin interés, disimulando que su comportamiento no me afectaba, aunque a menudo me asustase.

"Bueno, trataron de contactarte, así que tienes que llamar de nuevo", ordenó. Quería decirle que llamara él y les dijera que yo estaba ocupado o, mejor aun, liado por el momento.

"Está bien", le dije. No tenía sentido discutir con el loco.

Así que pasamos por el procedimiento habitual, y me llevaron a la mesa donde estaba acostumbrando a hacer lo que me pedían. Llamaron, y mi gerente estrella, Freddy, respondió.

"Sí, Freddy, ¿qué pasa?", pregunté.

"No vas a creer lo que pasó. Envié a Ricardo al banco, y puse el dinero en algún lugar cerca de la máquina de café, y uno de los empleados se lo robó", dijo, casi llorando. El bueno de Freddy, siempre se podía contar con él. Bueno, el hecho de que uno de los empleados había robado el dinero no me sorprendía. Habían robado jamones enteros y otros fiambres antes, y podría haber sido incluso Freddy quien había tomado el dinero. Vaya, el restaurante había sido una gran idea.

"Freddy, estoy fuera de la ciudad. Tendrás que hacerte cargo del problema", le dije.

"Ahora no voy a tener dinero para pagarles a los empleados", dijo. ¿Por qué se fue a depositar el dinero de todos modos, cuando yo le había dicho que le pagase a los empleados de ahí?, me pregunté. No tenía ningún sentido. Para mí, sonaba como si Freddy se había embolsado algo y estaba inventándose todo eso. Eso no me habría sorprendido. Los criminales me rodeaban por todos lados, y todos estaban tratando de trasquilarme. Era irreal.

"Toma el dinero que falta de la caja fuerte", le dije. *Si es que no te lo has puesto ya en tu bolsillo.* Yo mantenía cuatrocientos dólares y tal vez un poco más en la caja de seguridad en caso de emergencia.

"Está bien, lo haré. ¿Cuándo van a volver Diana o tú?", preguntó.

Nunca era la respuesta correcta, pero no podía decir eso. De hecho, nunca más volví al restaurante.

"No sé, Freddy. Estamos fuera de la ciudad. Tendrás que hacerte cargo de todo lo que salga de aquí al viernes. Bien, Freddy, me tengo que ir", le dije. *Porque el tipo que tiene el arma contra mi cabeza se está poniendo inquieto.*

Le di el teléfono a Lugo y colgó.

"Vaya administrador y empleados confiables que tienes". Se rió mientras lo decía. Por desgracia, tuve que estar de acuerdo con él en eso.

"¿Qué tipo de comida te gusta?", preguntó Lugo.

"Me gusta todo. Italiana, pizza, todo", respondí.

"¿Te gustan los bistecs?", preguntó.

"Sí, prácticamente como de todo", le contesté.

"Vamos a ver lo que podemos conseguir para ti esta noche", dijo.

Bueno, eso significaba que no recibiría ningún desayuno o almuerzo, pero podría cenar. En momentos como estos, pensaba que Lugo era un verdadero esquizofrénico y me dejaba perplejo. En un momento estaba ladrándome, y después parecía genuinamente preocupado por la comida que me gustaba. Eso no quería decir que estuviese dándome nada, pero era una criatura extraña. La mayor parte del tiempo, me ladraba, y mostrar alguna preocupación por mi bienestar era un evento raro y poco frecuente.

Lugo estaba confundido en cuanto a la forma en que se iba a robar mi casa. ¿Cómo iba a transferirle la casa a su organización criminal y sin la presencia de mi esposa? Con lo buena gente que era yo, le dije que lo ayudaría con esa situación. Lo que le sugerí fue que yo podía firmar en nombre de mi esposa una simple escritura de renuncia. Ese día, trajo un documento para transferir mi casa a una empresa de su propiedad. Firmé con nuestros nombres donde colocó la mano. Estoy seguro de que las firmas ni se parecían a las verdaderas. Me dijo que tenía a alguien para certificarlas, pero necesitaría alguna identificación de mi esposa. Le dije que no era un problema: había una copia de su licencia de conducir en mis archivos. Ustedes pueden preguntarse por qué lo hice. Simple: era una manera de atraparlos. Si realmente querían registrar eso, tendrían que responder a algunas preguntas, como por ejemplo: ¿cómo podrían haber conseguido supuestamente la firma de mi esposa en el documento si en su pasaporte estaba estampado con claridad que estaba fuera del país? Se fueron con eso, y era todo lo que me importaba. Su codicia los cegó ante la estupidez obvia de este plan. Sí, tal vez pensaron que estaría muerto y mi esposa no volvería a desafiarlos. Pero era un riesgo innecesario que, tontamente, decidieron correr de todos modos. Era, en efecto, la firma de una confesión de que habían hecho algo mal y no se daban cuenta. Me estaban poniendo las cosas en orden en caso de que sobreviviese.

En vez de llevarme a mi caja, me llevaron al baño. A estas alturas, por una u otra razón, ya habían renunciado al juego del círculo. Yo estaba por enfrentarme a otro día en ese baño turco, sentado en una posición incómoda durante siete u ocho horas, así que supongo que no estaban demasiado preocupados por mi estado. Me dieron una botella de agua caliente y un cigarrillo y me dejaron en mi propia miseria. Por lo menos la radio no se oía tan fuerte desde ahí y fue una especie de alivio temporal.

Ese día algo cambió y, como todo lo demás, no lo entendí. Cuando el matón vino a llevarme al baño, me di cuenta de que, por primera vez, la persona que me agarró usaba guantes. Era un poco tarde para pensar en no dejar huellas dactilares, reflexioné. Pero el hecho de que los llevara me preocupó. El comportamiento de estos criminales siempre había sido tan impredecible que eran capaces de hacer cualquier cosa. Tal vez habían visto una película la noche anterior y los delincuentes llevaban guantes, por lo que pensaron que era una buena idea. De ahí probablemente sacaban todas sus ideas, de ver películas. No eran capaces de diferenciar entre la fantasía y la realidad. Estaba convencido de eso.

Así que ahí estaba yo. No había nada que hacer sino sentarse. No quería pensar. Sentí que se había convertido en algo inútil, no podría resolver nada. Cuando estaba en el baño, en realidad extrañaba mi caja. Allí, a pesar de mis movimientos limitados, podía acostarme o sentarme. En este caso, no había otra opción.

Allí, en esa silla, sentía que estaba solo en ese almacén. Sin embargo, la única vez que había tratado de averiguar si era cierto, me enteré de que no estaba completamente solo, sino que me vigilaban en silencio. Más tarde, se confirmó que, efectivamente, había estado solo varias veces mientras estaba en el baño. Pero estar con los ojos vendados y con las bolas de cera en los oídos no me daba una buena idea de lo que me rodeaba. Aunque pudiera determinar que estaba solo, habría sido difícil, sino imposible, soltarme de las cadenas que me ataban.

Unas seis o siete horas más tarde, el guardia nocturno, el señor Amistoso, vino y me dio un cigarrillo y me preguntó si estaba bien. Yo no sabía qué más responder a esa pregunta, era imposible que pudiese haber estado bien.

Me sentó en una silla diferente, que yo sabía que estaba en la misma habitación que mi caja de cartón, y me dio una lata de refresco y un cigarrillo. Él dijo que iba a limpiar alrededor de la caja. Tenía la esperanza de que me iba a dejar los vasos. Eran mi cuarto de baño después de todo. Los bistecs para la cena, o lo que fuera con que me iban a alimentar, no llegaron. De hecho, no había nada en absoluto. Lo que el señor Amistoso me dijo a continuación fue divertido.

"Tienes que dejar de orinar en estos vasos. No es saludable tenerlos así a la par tuya".

De acuerdo, pero ¿qué se supone que debía hacer? ¿Utilizar el método OSM y seguir mojándome los pantalones por completo, o mejor aun, reventarme la vejiga? Hablar acerca de lo que no era saludable. Estar atado no era considerado saludable, por no hablar de la comida esporádica o del agua que me dieron. No le gustaba el hecho de que tenía que limpiar. Lo siento, no era mi problema.

"Bueno, voy a hablar con el otro chico", respondió. Yo sabía que se refería a Lugo, a quien no le importaba de ninguna manera.

Me senté en la otra silla mientras el señor Amistoso estaba haciendo las tareas de limpieza alrededor de la caja. El dolor y la picazón alrededor de mis ojos se hicieron incontrolables. No podía soportarlo más. No me importaba una mierda lo que iban a hacer conmigo. No podía soportarlo más. Me picaba tanto porque la cinta estaba carcomiéndome la piel. Me estaba volviendo loco. Era insoportable. Así que empecé haciendo palanca con la cinta floja y, con los dedos, comencé a masajearme el área alrededor de los ojos. En realidad no ayudaba, pero no podía parar.

El señor Amistoso entró en pánico, es decir, pánico total, y gritó: "¿Qué estás haciendo?" Creyó que me estaba quitando la cinta de los ojos. En realidad, estaba cavando un túnel por debajo de ella para llegar a los ojos.

"No puedo más con esta maldita picazón. Es doloroso", escupí como respuesta.

El señor Amistoso se encontraba en pánico absoluto y dijo: "¡No puedes hacer eso!"

¿En serio? Mírame. Lo siguiente que dije probablemente le sorprendió e hizo temblar el suelo bajo sus pies: "Anda y dispárame. Es mejor que tener que soportar la picazón. Adelante. ¿Qué estás esperando?"

Lo siguiente que dijo fue totalmente ilógico, pero otra cosa no se podría haber esperado de este enano mental. "No me importa si me ves. ¿Qué vas a hacer? Pero a los otros chicos no les va a gustar".

No le presté atención y continué hurgando y frotando.

Finalmente dijo: "Un momento. Tengo una idea", y salió de la habitación.

Cuando regresó, se puso detrás de mí y comenzó a sacar los rollos de cinta que tenía alrededor de los ojos. Dijo: "Esto te va a ayudar".

Después de quitar toda la cinta, me puso una toalla sanitaria en los ojos y me envolvió de nuevo la cara con entusiasmo.

"¿Mejor?", preguntó, y de hecho alivió un poco la comezón y el dolor.

Después de esta conmoción en toda regla, las cosas se calmaron, y me llevó de vuelta a mi caja limpia en el suelo. El señor Amistoso recuperó la compostura y actuó como si nada hubiera ocurrido.

"Te vas a ir a casa pronto. Acabo de llegar de la oficina y se están haciendo los preparativos para tu puesta en libertad. Tienen tus reservaciones. De hecho, creo que vi tu boleto", me dijo. La otra noche, me había dicho que vio mi boleto, pero ahora sólo pensaba que lo había visto. Me pareció como si mi billete tuviese un solo sentido y fuera el final, pero no hacia Colombia. La oficina, ¿qué oficina? Ah, correcto: el FBI me mantenía ahí como parte de su nuevo departamento de Secuestro y Extorsión a Ciudadanos de Estados Unidos.

"He oído eso antes". Ya no tenía miedo de demostrar mi incredulidad.

"Aguanta un poco más y todo habrá terminado", prometió. Eso fue exactamente lo que me temía: más.

Yo me sentía molesto, algo muy raro para mí. Siempre me había conocido por mi temple, siempre bajo control. Pero había tenido suficiente de esta farsa.

El señor FBI entró en la habitación en ese momento y dijo: "Te dije que somos el FBI. Como te dije antes, yo no haría demasiadas preguntas si sabes lo que es bueno para ti. Todo se va a terminar pronto". Me gustó todavía menos la forma en que sonaba.

Sentí que estaba irritado por mis preguntas y me di cuenta de que estaba perdiendo el tiempo. Yo no iba a obtener una respuesta sincera de ninguno de ellos. No es que lo esperara, pero no tenía nada más qué perder.

Me devolvieron a mi caja y me senté allí mirando hacia la nada. Entonces, para mi sorpresa, Lugo entró. Ahora entendía por qué los niñeros no me estaban hablando y habían sido tan bruscos. Estaban aterrorizados de él y con buena razón. Un poco más tarde,

Lugo regresó y me dijo que tenía una llamada telefónica de mi esposa. Yo no sabía si le habían hablado de mi pequeño ataque de nervios y que no era un campista feliz. No lo mencionó. La llamada telefónica no era algo que esperaba con interés, ya que tenía que medir cada palabra que decía. Me llevaron a la silla y me dieron el teléfono, con la pistola en la cabeza, como de costumbre.

"Hola, China. ¿Cómo estás tú, DJ y Stephie?", le pregunté, siempre tratando de sonar tan normal como me fuera posible.

"Bien, Chino. ¿Cómo te va?", preguntó. Parecía tranquila.

"Estoy bien. Estoy terminando aquí para poder reunirme contigo y los niños".

"Chino, dime la verdad. ¿Con quién estás? ¿Qué está pasando?" Sus preguntas me preocupaban porque me di cuenta de que tal vez aún no se había percatado de lo que estaba sucediendo. ¿Era posible que ella todavía no tuviese ni idea?

"Estoy solo, China, y casi tengo todo listo", le dije.

"Chino, tu cuñado quiere ir a Miami y contratar a un detective privado", dijo. *Ah, me hubiera gustado que no hubieras dicho eso.* Se pusieron muy nerviosos. Mi esposa, obviamente, no sabía cómo manejar la situación y parecía perdida. Cuando me hablaba, no se daba cuenta de que alguien podía escuchar la conversación. Además, siempre había acudido a mí en busca de orientación en una situación difícil, pero esto era diferente.

"No, China, dile que no venga". Quería decirle que debería haberlo hecho ya y preguntarle por qué había esperado tanto tiempo. Le respondí con la única cosa que no quería decir.

"Espera un minuto", dijo.

D. J., mi hijo, se puso al teléfono.

"Hola, papá", dijo alegremente.

"D. J., ¿cómo estás? ¿Te estás portando bien?" Siempre le preguntaba si se estaba comportando. Él era un niño tranquilo que rara vez causaba problemas.

"Sí. Estoy siendo bueno y escuchando a mamá. Adiós, papá. Te quiero".

"Te quiero también. Adiós, D. J.".

Esta era una típica conversación con D.J. No le gustaba hablar por teléfono mucho o decir más de dos frases. En este caso particular, me alegré de ello. Diana, mi esposa, volvió a ponerse al teléfono. Lugo dijo al oído que cortara la llamada.

"Escucha, China, tengo que irme. El tipo que corta el césped está aquí y quiero pagarle. Te quiero". Les di el teléfono y colgué. Pensé que ella podría darse cuenta de que lo que había dicho era ridículo. El tipo que corta el césped nunca llegaba tan tarde, por supuesto, ya que es especialmente difícil cortarlo cuando está oscuro afuera. Yo no sé si lo notaría. Me llevaron de vuelta a la caja y me encadenaron a la barandilla.

Lugo dijo: "Si tu cuñado viene, vamos a tener que matarlo y a quien sea que contrate".

Mi esposa, sin darse cuenta, acababa de poner a estos matones nerviosos y tal vez había hecho las cosas más difíciles para mí. Sabía que nadie iba a venir, pero yo ni siquiera podía empezar a convencer a estos criminales al respecto. No fue una sorpresa para mí que irían a matarlo y a quien fuera que contratase.

"No vendrá", le respondí, pero dudaba de que me creyeran.

"Bueno, si lo hace, es carne muerta. No dejará vivo el aeropuerto", dijo Lugo. Sabía que estaba haciendo su acto de tipo duro y era un poco de muestra de bravuconería. Era bastante pobre. Me dijo que lo iban a matar en el aeropuerto, pero también me demostró que estaban realmente preocupados ante la posibilidad. Las cosas se habían vuelto mucho más complicadas, y el propio Lugo había empezado a dudar de dejarme ir.

Lugo dijo: "Tenemos un problema".

"¿Y cuál es?", le pregunté.

"Si te dejamos ir, ¿cómo sabemos que no vas a volver al país?".

"No lo haré. Todo lo que quiero es irme y estar con mi familia". Traté de tranquilizarlo, sabiendo que era inútil.

"No es así de simple. Tenemos que culparte por algún delito, como la evasión fiscal o el fraude al seguro médico, para que no pienses en volver".

Una vez más, me entraron ganas de reír. Si las circunstancias no hubiesen sido tan graves, lo habría hecho. Me imaginé que salía humo de su cerebro como resultado del esfuerzo que había hecho para llegar a esa joya de idea.

"No voy a volver", le dije. ¿Cuál era el punto? Era como hablar con una pared de ladrillo.

"Vamos a tener que revisar tus declaraciones de impuestos y ver lo que podemos encontrar. Si no, vamos a tener que hacer que firmes algunas confesiones", dijo, tratando de sonar intelectual. Casi me orino en mis pantalones. ¿Revisar mi declaración de impuestos? Dudaba mucho de que Lugo supiera leer, mucho menos ser capaz de analizar una declaración de impuestos. Quería decirle que estaba perdiendo el tiempo, pero no lo hice. ¿Querían una confesión bajo coacción? Claro, les firmaría unas docenas si querían que lo hiciera. Era evidente que esta empresa criminal carecía de capacidad intelectual. No le respondí. Quería esperar y ver qué pasaba. Su declaración fue tan estúpida que no merecía una respuesta.

Entendía sus intenciones un poco mejor ahora. En realidad me iban a enviar a Colombia y esperaban que nunca volviese. Eso era absurdo, un plan ridículo insostenible, y que deberían haberlo sabido desde el principio. Así que ahora habían salido con la gran idea de culparme por algo para que así me diese miedo volver. Estaba claro que no tenían un plan real e iban improvisando sobre la marcha. Mal teatro. Su único objetivo era limpiarme, pero lamentablemente se habían olvidado de planificar o incluso pensar en el resto de los detalles, incluyendo lo que iban a hacer conmigo después de conseguir su botín.

El vigilante nocturno, el señor Amistoso, vino y me dio un cigarrillo. Yo estaba triste y deprimido y estaba contento de que no se quedara a hablar conmigo. Comprobó cómo estaba la cinta e increíblemente añadió un poco más. La cinta alrededor de mis ojos estaba empezando a carcomerme la piel, a pesar de la toalla sanitaria, y me comenzaron a sangrar las áreas alrededor de los ojos y de las orejas. Las bolas de cera en los oídos se hacían cada vez más incómodas, y la cera seguía goteando.

Estaba devastado. Por primera vez, me di cuenta de que la caballería no iba a venir, y lo que el destino me aguardaba estaba en las manos de estos delincuentes. Sabía que una vez que le había dicho a mi esposa que no enviara a nadie, había cerrado toda posibilidad de que alguien viniera a rescatarme. No habría ningún equipo SWAT reventando las puertas y que detuviera a estos criminales. La conversación con Lugo me había hecho darme cuenta de que ahora tenían dudas acerca de mi liberación. Por último, les había quedado claro que no había manera infalible de garantizar que yo no iba a volver y acudir a las autoridades. Así que la única alternativa era matarme. Nadie me estaba buscando, y tal vez tenían razón. Me podían matar y tirar mi cuerpo en algún lugar y nadie se enteraría. A nadie le importaría. Me acosté a dormir y me di cuenta de que por primera vez, desde que fui secuestrado, toda esperanza parecía perdida.

Capitulo 16 — Aceptaciom

"Cada jugador debe aceptar las cartas que la vida le da. Pero una vez que están en la mano, sólo él o ella debe decidir cómo jugarlas para ganar el juego".

- Voltaire -

"Cómo una persona domina su destino es más importante que su destino en sí".

- Karl Wilhem Von Humbolt -

Era jueves, y ese día era Acción de Gracias, uno que nunca olvidaré. Acción de Gracias es un momento para recordar los buenos momentos con la familia, por lo general alrededor de un banquete delicioso. Los pocos afortunados de tener esas cosas suelen tomarlas por sentado y creen equivocadamente que no hay muchos allá afuera que no las tienen. No habría ningún desfile de Macy's, partidos de fútbol, o la oportunidad de estar sentado por ahí con los amigos y la familia y disfrutar de una conversación. No habría nada de eso. Fue un momento de tristeza y de aceptar el destino que la vida me había dado.

Recibí una taza de café y un cigarrillo para el desayuno ese día. Tenía la esperanza de que no me encadenaran en el baño por ser un día festivo. Ya era bastante deprimente. No quería sentarme incómodo en el calor. No se cumplió mi deseo. Me llevaron al baño y ni siquiera me dieron un poco de agua sucia para beber. Permanecí ahí sentado en un estupor. Me imaginaba cómo me veía. Hacía semanas que no había sido capaz de afeitarme y ducharme o cepillarme los dientes. El olor de mi cuerpo debe haber sido pútrido, pero por sorprendente que parezca ya no lo podía detectar. Me imaginé que olía a algo parecido al queso roquefort a estas alturas. Todavía estaba con la misma ropa que llevaba aquel día en el restaurante. En realidad, sólo quedaban jirones de la camisa. Podría haber sido fácilmente confundido con un indigente o un vagabundo sin hogar, si no algo peor. La higiene personal, así como la forma en que me presentaba, siempre habían sido importantes para mí. Obviamente, estas cosas ahora eran de poca importancia.

Sin embargo, además de mi estado mugriento, añadido a mi sentimiento de miseria, tenía que lidiar con las quemaduras supurantes. Me imaginaba que debían estar gravemente infectadas, pero el dolor había pasado a ser leve. El problema era la zona alrededor de los ojos. Los rollos de cinta en la cara habían seguido carcomiendo la piel, y mi rostro, especialmente alrededor de los ojos, continuaba sangrado. Podía sentir el líquido pegajoso que comenzaba a asentarse en las bolsas que se hacían en la cinta. Mis oídos estaban goteando cera y empecé a tener un ligero dolor en ellos. Yo había sufrido de infecciones de oído cuando era un niño y esta era la receta perfecta para un problema grave. Los pantalones me quedaban flojos cuando llegué al almacén, pero ahora tenía dificultades para mantenerlos puestos. El pequeño alivio que había sido otorgado por la compresa higiénica que el señor Amistoso había puesto sobre mis ojos se había ido. Se había desintegrado, y la picazón y el dolor eran tan malos como lo habían sido antes. No hubo almuerzo ese día, ni siquiera un vaso de agua o un cigarrillo. Me imaginé que estaban disfrutando alegremente las festividades del día, comiendo y viendo los partidos por televisión al mismo tiempo que celebraban su conquista y la destrucción total de su presa. El vigilante nocturno, el señor Amistoso, vino a buscarme antes de lo habitual ese día.

Me llevó a la caja de cartón, de lo cual nunca pensé que estaría tan agradecido, y me dijo: "¿Te gustaría escuchar el partido de fútbol?"

"Claro", le contesté. Sería romper la monotonía en que estaba inmerso y proporcionar cierta información sensorial que no fuera la música terrible que sonaba durante todo el día todos los días.

Trajo la televisión y sintonizó el juego. Ni siquiera estaba seguro de quiénes estaban jugando. Pensé que eran los Vaqueros y alguien más. No es que me importara, sólo quería otro tipo de ruido.

El señor Amistoso dijo: "Estamos trayéndote una comida casera. Estará aquí en poco tiempo".

"Gracias". Yo estaba pensando que una última buena comida era lo que le daban a los que esperaban a ser ejecutados. ¿Sería ese mi caso?

El señor FBI vino a reunirse con el señor Amistoso y se sentaron conmigo. Hablamos sobre todo de fútbol, de los Dolphins en particular. Vieron el juego mientras yo escuchaba. Me pareció interesante que se tuvieran que quedar conmigo en el almacén ese día. O bien no tenían familia, o el pago por cuidar niños era muy bueno. De todos modos, no me podía imaginar a estos matones como tipos de familia. Parecían encontrarse de un estado de ánimo jovial y trataban constantemente de hacer bromas. Tal vez percibían mi estado sombrío y estaban intentando animarme. Si fue así, no funcionó.

Mientras hablábamos, el señor FBI me dijo que quería retirarse de su trabajo actual y comenzar una nueva carrera. Supuestamente, yo tenía que pensar que trabajaba para el FBI, la CIA o algo por el estilo. Me pareció que se refería a su carrera como delincuente de poca monta. Tal vez se debía a que era Acción de Gracias y estaba teniendo dudas sobre una vida dedicada al crimen. Las vacaciones a veces pueden hacer eso, pero apostaba a que mañana no habría ni siquiera un rastro de esos pensamientos en su mente. Me dieron refresco y un cigarrillo y estaban más atentos de lo que nunca habían estado o estarían.

Decidí ir al grano. "¿Voy a salir mañana?", probé.

"No lo sé. No me han dicho nada", dijo el señor FBI, como si yo lo hubiese tomado con la guardia baja.

"¿Podrías averiguarlo por mí?", presioné.

"Lo último que supe es que estaban teniendo problemas con una de las transferencias bancarias y el traspaso de la casa", dijo, casi en tono de disculpa.

"Ah, pensé que estaba listo ya". Yo sabía que era una

mentira, pero quería ver lo que decían. Habían cambiado de opinión después de la última conversación con mi esposa. Básicamente, habían llegado a la conclusión de que no había manera de ponerme en libertad sin que volviese a morderlos. Era lo que esperaba, y a pesar de que era deprimente, estaba preparado para ello.

El señor FBI me dejó a solas con el señor Amistoso, quien dijo casi con tristeza: "No me dejaron quitarte la venda de los ojos durante unas horas. ¿Quieres que te lea?". Apuesto a que se había ganado algunos puntos al sugerir eso.

"Me gustaría escuchar las noticias", le dije.

Él se rió y dijo: "¿Por qué? ¿Crees que tu historia llegó a los periódicos o a la televisión?"

Cuando se lo pedí ni siquiera me había pasado por la cabeza. Al parecer, nadie me extrañaba.

"No, me gusta mantenerme al día con los acontecimientos actuales", le contesté, lo cual era cierto en ese momento.

Él no me hizo caso y sólo dijo: "Volveré cuando llegue la comida".

¿Por qué me preguntaba qué quería, si no tenía intención de dármelo? Más tarde esa noche, Lugo apareció, y trajo a su perro consigo. No me pregunten por qué, pero cuando oí la correa y el ladrido, me dio un ataque de pánico. Estaba indefenso, y si el perro quería morderme alguna parte del cuerpo, lo habría tenido fácil. El perro se acercó y me lamió la cara varias veces. Fue el único que mostró un poco de compasión por mí. Los perros tienen un gran instinto, y sentí que él percibió mi condición. Esto simplemente demuestra que algunos seres humanos están más abajo en el tótem que los animales. Los seres humanos que me habían secuestrado podrían haber aprendido algunas cosas de ese perro.

Más tarde, los dos guardias nocturnos vinieron y me trajeron comida. Era pavo, relleno, papas y un refresco. Al menos a eso era a lo que sabía; sin verificación visual, todo se reducía a las papilas gustativas. Esa fue la última buena comida que recibí y comí como si supiera que no habría más.

El señor Amistoso me preguntó si estaba bueno, a lo que respondí que bastante. Estaba muerto de hambre y, por una vez, recibí una verdadera comida. Me dio un cigarrillo y se sentó a mi lado.

"¿Qué vas a hacer cuando salgas de aquí?", me preguntó. Al ver que Lugo había estado en el almacén, sentí que le habían dicho que me hiciera la pregunta.

"No lo sé. No puedo conseguir un trabajo en América del Sur", le contesté. No había demasiadas empresas dispuestas a contratar a expatriados en Colombia debido a la situación política. Existía la posibilidad de ir a otro país en el continente, pero el pensar en esas cosas era prematuro.

"¿Por qué no empiezas tu propio negocio? Pareces muy inteligente y sería fácil para ti", dijo. Sentí que si yo fuera tan inteligente, no habría estado en la posición en que me encontraba.

"Me dejaron limpio, ¿recuerdas? No tengo nada con qué comenzar un negocio". Tenía que recordarme a mí mismo que estaba teniendo una conversación con un gigante mental.

"Bueno, puedes vender lo que se llevó tu esposa y usar eso", dijo.

"No es mucho, y además, si lo vendo, será para alimentar a mi familia", le contesté. Me estaba molestando, pero me acordé de que tal vez la conversación daría algunas pistas.

"Te voy a decir algo", dijo. "Puedes volver a trabajar a los Estados Unidos, siempre y cuando sea en el oeste", dijo, como si estuviera divulgando un gran secreto.

"¿Qué quieres decir con el oeste?", le dije. Esto se estaba poniendo más interesante.

"De Arizona hacia el oeste, así", dijo.

"¿Por qué?", fue mi respuesta.

"Porque nadie te estaría buscando ahí. Al llegar al este, estás muerto".

Esto era interesante. Ahora estaban cediendo los estado de la costa oeste por si quisiera volver. ¿De verdad pensaban que, si volvía, no importaba a cuál lugar, yo no iría a las autoridades? ¿Podrían posiblemente ser tan estúpidos? ¿De verdad pensaban que fingiría que no había pasado nada? Era imposible pensar bajo su línea, pero me soprendió que considerasen tan siquiera tomar ese riesgo.

"Bueno, es algo en qué pensar", le dije.

"No le menciones a nadie que te dije esto, o los dos estaremos en problemas", dijo en voz baja. Así que estas grandes ideas pertenecían al señor Amistoso, no a la jerarquía de esta organización criminal. Él era diferente y, por una u otra razón, se compadecía de mí o me quería ayudar. Por desgracia para mí, no tomaba las decisiones, y lo que los otros matones eligieran para mi destino era de máxima importancia.

Yo no estaba seguro acerca del señor Amistoso. Tal vez había sido enviado a decirme estas cosas para ver mi reacción y saber lo que iba a responder. Yo tendría que haber sido bastante estúpido como para poner en peligro cualquier posibilidad de salir con vida de ese almacén. Por otra parte, no debían pensar mucho en mí; después de todo, estaba encadenado en la bodega. Sin embargo, no podía creer realmente que fuesen lo suficientemente idiotas como para correr el riesgo de dejarme ir, pero sucedían cosas extrañas, y tenía que mantener mis esperanzas y fortaleza mental hasta incluso en el momento más oscuro. No estaba completamente dispuesto a tirar la toalla.

El resto de la noche, los dos guardias nocturnos se sentaron a hablar conmigo. Sobre todo acerca de deportes y otros asuntos insignificantes. El señor FBI me dijo que me había crecido bastante barba y que se me veía bien. ¿Qué se supone que debían decir? ¿Que me parecía a algo que hubiese traído el gato o peor? Era este tipo de comentarios los que realmente me hacían pensar acerca de ellos. Unas horas más tarde, me acosté a dormir. Negociar el sueño se había hecho difícil, y parecía que cada noche dormía cada vez menos. Lo atribuí a la inactividad y al hecho de que mi reloj interno se había vuelto loco. La mayor parte de la noche me sentaba y me acostaba, y no había nada que yo desease más que ser capaz de dormir unas pocas horas para escapar de lo que me rodeaba.

Llegó el viernes por la mañana, y Lugo y uno de sus compinches vinieron a la caja. Tenían unos papeles para que firmara. Yo no sabía lo que eran y no me molesté en preguntar. Probablemente no me haría ningún bien. Me pusieron la mano en el lugar donde querían que firmara, y traté de echar a perder la firma tanto como me fuese posible sin ser obvio. Me senté durante una hora o más y vinieron a llevarme al baño, donde me encadenaron nuevamente.

Era evidente que no me marcharía hoy y que todo el asunto había sido una gran mentira. Estaba deprimido y un poco asustado porque me di cuenta de que la posibilidad de caminar fuera de ese almacén vivo disminuía con cada día que pasaba. Sabía que nadie me estaba buscando, y que no podía esperar a que alguien viniera por asalto a través de las puertas para salvarme. Sólo tenía que esperar y ver qué cartas me daba el destino. Tuve que mantener mi autocontrol y el ánimo alto, incluso cuando la situación se volvía cada vez más difícil. Tenía fe de que no estaba solo, y Dios o el ser supremo no me abandonaría.

Ese día, para aumentar mi miseria, se convirtió en el más largo en que tuve que permanecer sentado en el baño, sin agua ni comida, ni siquiera un cigarrillo. Era tarde cuando los guardias nocturnos fueron por mí; su actitud había cambiado de ser alegre y comunicativa para convertirse en malhumorada y taciturna. Supuse que habían sido regañados por el jefe o recibido una severa advertencia. No importaba. Tampoco quería hablar con ellos. No me ofrecían información útil o válida, y yo no quería oír mentiras sólo para hacerme ilusiones. Era mejor así.

No pude dormir en toda la noche, preguntándome si había hablado con mi esposa e hijo por última vez. No quería pensar y estaba agotado por el viaje en esa montaña rusa emocional. Me dije que debía dejar de pensar, pero era imposible. Dadas las circunstancias, no había nada más que hacer que pensar. Sabía que toda la historia de dejarme ir ese día había sido una estupidez. Sin embargo, esperaba que me hubiese equivocado y que habría una sorpresa positiva. Me acosté y me quedé despierto toda la noche con la música que sonaba en la radio, hasta que llegó el sábado por la mañana y mi segundo fin de semana en cautiverio. El hecho de que ya no podía dormir por mucho tiempo se había convertido en una tortura en sí mismo.

Me trajeron una taza de café y una manzana para el desayuno. Me senté allí por más tiempo de lo común antes de que me llevaran al baño a pasar un día glorioso en el sofocante calor, deshidratado y sin agua.

Durante este segundo fin de semana, algo interesante comenzó a suceder. No sé si era una forma de alucinaciones o sueños diurnos, o cualquier otra cosa de la cual yo no había oído hablar antes. Me di cuenta de que la mente es una máquina perfecta y que te dará rutas de escape para que no te vuelvas loco. Puede que se apague con el fin de protegerse a sí misma y a ti cuando el estímulo (o la falta de él) se hagan casi insoportables. Tal vez estaba explorando algún rincón profundo de mi mente que yo no sabía que existía. En cualquier caso, era extraño y al mismo tiempo fascinante para mí. Voy a tratar de explicarlo, pero las pocas veces que se lo he dicho a la gente he recibido miradas extrañas, como si pensasen que tenía momentos de locura. Pero lejos de eso, nunca sentí que perdí el control o que estuviese loco.

Bueno, una vez más, ¿quién está loco y dispuesto a reconocerlo? Tal vez yo estaba al borde de la locura, pero me gusta pensar que mi mente me abrió puertas a lugares que yo no sabía que existían para que, al menos temporalmente, pudiera encontrar un refugio de lo que me rodeaba. Esto no ocurría sólo en el baño, donde uno puede teorizar que, debido al calor, mis interruptores se apagaron. La experiencia era frecuente, tanto en el baño como en la caja de cartón.

Voy a tratar de explicarlo, aunque poner la experiencia en palabras y hacerla comprensible es difícil. Ustedes son libres de emitir cualquier juicio sobre mi estado mental en el momento que deseen.

Mientras permanecía sentado en el baño o en la caja, me quedaba dormido en una realidad diferente. En mi mente, el baño había desaparecido totalmente y yo estaba en otra parte. Había tres temas comunes que se repetían. Uno de ellos era una especie de casa, por la que me gustaba caminar. Al parecer, a partir de mi entorno podía deducir que era cuando estaba a punto de comenzar el siglo XX, y mi lugar favorito era un porche donde podía sentarme y contemplar las estrellas. Estaba en verdad ahí: podía oler el aire, casi tocar las paredes, y todo era vívidamente claro. Una de las veces, me llevaron al cuarto de baño mientras yo estaba caminando por ahí en vez de estar en el almacén. Más bien, estaba caminando por la casa y vi las habitaciones, las paredes, todo con perfecta claridad.

El segundo lugar al que iba daba miedo. Me recordaba a Nueva York, con los trenes elevados y edificios de apartamentos viejos, pero todo completamente oscuro y negro, sin ningún signo de vida en ningún lugar. Sólo caminaba por las calles, sin saber a dónde me dirigía y por qué. El tercero era probablemente el más divertido. Yo era un hombre de las cavernas, y estaba en mi cueva con alguien que debía de ser mi esposa o pareja. Una vez más, la claridad y los detalles de estos lugares eran increíbles. Eran en tres dimensiones y sentía mi presencia allí. No visité estos sitios una única vez, sino casi todos los días a partir del segundo fin de semana. Me pasé una cantidad considerable de tiempo allí, y no había ningún incidente en particular que los motivase. Podía estar ahí sentado y me iba. Era extraño, pero al mismo tiempo maravilloso, y no voy a tratar de explicar, psicológicamente o de otra manera, lo que eran. Para mí, eran reales.

Sé que un psicólogo trataría de encontrar una manera de explicar que, en vista de que estaba siendo retenido por la fuerza, mi mente inventó esos lugares para escapar. Tal vez, tal vez no. Aunque lo intentemos, no podemos explicar todo a través de la ciencia, a pesar de que nos gusta pensar que podemos ponerle a todo una etiqueta o un significado. Hay más de lo que parece y más de lo que somos conscientes. No estaba seguro de si escribir sobre esto o no, pero sentí que algunas personas apreciarían el mensaje, mientras que otros se burlarían de él y lo atribuirían a la locura o alguna otra anormalidad mental como resultado de mi cautiverio. Que cada lector haga sus propias apreciaciones y saque sus propias conclusiones.

Llegó la noche con los vigilantes y me informaron que debía limpiarme. Supongo que llegué al punto en que ya no podían soportar el olor. Al menos, podría cambiarme la ropa sucia y tal vez lavarme un poco. Me dieron una hamburguesa, papas fritas y refresco para la cena, mi única comida del día. Yo estaba muerto de hambre. Parecía que tenían un menú muy limitado, pero ¿quién era yo para quejarme? Cuando terminé, me dieron un cigarro y esperé a que me llevaran al baño, lo que hicieron unos pocos minutos más tarde. Me levantaron, y uno de ellos me agarró por el brazo mientras el otro me guió. Ya que no estábamos jugando más al juego del círculo, la distancia era mucho más corta. El señor FBI me pidió la mano y la puso en el cañón de la pistola. Luego me la clavó en la espalda y me dijo que si hacía algún movimiento inusual, me mataría. Pensé que le encantaría dispararme. Creía que no dudaría ni mostraría ningún remordimiento.

Cuando llegamos al baño, el señor FBI dijo: "Tienes que mirar hacia el frente en la dirección en que te dejamos. Si te das la vuelta, estás muerto, ¿entiendes?" Le gustaba acentuar el "estás muerto". Me sentía como que había escuchado esa frase cincuenta millones de veces en las últimas dos semanas.

"Sí", le contesté.

"No hay espejo en el baño, por lo que no serás capaz de

mirarte o ver detrás de ti", enfatizó. Yo no tenía ganas de verme. El impacto sería probablemente demasiado grande.

"Bien", le contesté.

"Hay un cubo de agua allí con un poco de jabón, un cepillo de dientes, dentífrico, una toalla y una muda de ropa", me dijo el señor FBI.

"Está bien", le dije, con la esperanza de que pudiera seguir estas instrucciones tan complejas.

Comenzaron a desprender los kilómetros de cinta que me cubrían los ojos y la cara, y por un momento me pregunté si, cuando finalmente la quitaran del todo, sería capaz de ver o no. No había visto nada desde hacía más de dos semanas y estaba casi acostumbrado a un mundo oscuro. Las últimas capas fueron dolorosas. La cinta había empezado a carcomer la piel, y estaba en carne viva y sensible. No fueron para nada delicados al quitarla. Con el tirón final, me arrancaron un trozo de pelo, que ahora estaba recubierto con grasa por no haberlo lavado. Cuando terminaron, uno de ellos puso la mano frente a mí y vi que era negro. Como había sospechado, uno de mis vigilantes nocturnos, o ambos, eran afroamericanos. No representó ninguna diferencia para mí. Podrían haber sido cualquiera. Recuerdo que una de las personas que me había agarrado en el estacionamiento era un hombre grande afroamericano.

Una vez que me quitaron la cinta, dijo: "Anda y lávate. Lávate bien todo, la cara, los brazos y las bolas". Acentuó "bolas" por alguna razón.

Cerraron la puerta y me quedé solo en el baño. Pasé un rato difícil ajustando la vista, puesto que mis ojos estaban casi cerrados por los restos de pegamento de la cinta. En un primer momento la luz, a pesar de que era tenue, me lastimaba los ojos. Me encontraba en un pequeño cuarto de baño que medía aproximadamente un metro cuadrado. Tenía un lavabo, un inodoro, paredes de yeso blanco y un suelo de hormigón gris. Este era el cuarto de baño en que había pasado la mayor parte de mis días. Tenía una barra para discapacitados, a la cual imaginé que me habían encadenado. Estaba sucio y no se veía como si hubiera sido limpiado alguna vez. Delante de mí había un pequeño balde con agua sucia que probablemente tenía más mugre que yo. Había una barra de jabón, una toalla, un cepillo de dientes y dentífrico. Obviamente, habían estado hurgando en mis armarios, puesto que también habían traído un cambio de ropa.

La ropa que había usado hasta entonces estaba más allá de lo mugriento. La camisa estaba hecha jirones, y era imposible creer que alguna vez había sido blanca. Miré mis brazos. Las quemaduras eran ampollas de color negro. Se veían infectadas y dolían al tacto. Había una infección obviamente, pero no había nada que pudiera hacer al respecto.

Me toqué la nariz y las orejas y me di cuenta de que estaban sangrando. La cinta había desprendido capas de piel. Al mirar en el cubo de agua sucia, me percaté de que era la misma agua que me daban de beber mientras estaba en el baño. Ergo, la botella que me dieron también estaba junto al lavabo. Resultaba sorprendente que no me hubiera puesto enfermo con ella. Me lavé lo mejor que pude y probablemente me ensucié aun más con el agua. Traté de lavarme el pelo un poco con el pequeño trozo de jabón. No podía afeitarme y ahora tenía una barba cerrada. Cepillarse los dientes tampoco fue fácil. Hice lo mejor que pude, y la limpieza fue bienvenida, incluso con los objetos limitados y el agua sucia. Me cambié los pantalones orinados y la camisa por la ropa que me llevaron y me di cuenta de la cantidad de peso que había perdido. Los pantalones se me caían y tenía que sostenerlos para mantenerlos arriba. No me dieron cinturón, tal vez pensando que podría utilizarlo como un arma, o, peor aún, que podría colgarme antes de que consiguieran su botín. De hecho me sentí un poco mejor, a pesar de que, en todos los sentidos, todavía estaba sucio.

Los llamé cuando terminé y me di la vuelta cuando abrieron la puerta. De inmediato comenzaron a envolver cinta adhesiva alrededor de mis ojos y mi cara. Deben haber usado tres rollos, y una vez que se convencieron de que me parecía a la versión de una pobre momia, se detuvieron. Tenían otra sorpresa para mí. Me pusieron una capucha en la cara, que me llegaba hasta casi cerca de la clavícula. Hizo que la respiración fuera más difícil y era algo más a lo que tenía que adaptarme. Pensé que no comería más, ya que alimentarme con la capucha era imposible. Olía como una de las bolsas bancarias que se utilizan para llevar monedas. Afortunadamente, no pusieron más bolas de cera en mis oídos. Tal vez se olvidaron, pero estaba agradecido, porque me dolían los oídos y temía que se infectaran.

El señor FBI preguntó: "¿Te sientes mejor?"

"Sí", le contesté. *Simplemente maravilloso.* En realidad, me sentía un poco mejor.

Me llevaron de vuelta a la caja de cartón y me ofrecieron un danés. Había dos tipos y me preguntaron cuál variedad quería. Les dije que no importaba, pero insistieron, así que elegí una. Tuve que levantarme la capucha para poder comer, ya que mi boca ahora estaba cubierta. No dijeron nada cuando lo hice, así que supongo que eso era lo que esperaban de mí. Me dieron un refresco y un cigarrillo, y después de que terminé, me quedé allí sentado tratando de acostumbrarme a la nueva capucha que me adornaba la cabeza. Parecían bastante obsesionados con el hecho de que yo podría ser capaz de verlos. Tal vez eso era una buena señal, tal vez no.

El señor FBI me informó que estaban cansados de contestar las llamadas de mi casa y que ya no iban a hacerlo. En cambio, estaban instalando una contestadora automática, y yo tendría que regresar las llamadas telefónicas que considerasen importantes. Eso era bueno para mí: no me gustaba contestar llamadas ahí, y cuanto menos tuviera que hacerlo, mejor. Una palabra equivocada o un lapsus podrían haberme metido en problemas. Por otra parte, era difícil imaginar más problemas de los que ya tenía.

Me acosté y traté de relajarme un poco. La pequeña pileta había ayudado. No había nada que pudiera hacer, nada que pudiera cambiar. Los equipos de rescate no venían, y estos criminales mentalmente inestables decidirían mi destino en última instancia. No me di cuenta entonces, sino hasta más tarde, que mi destino no estaba en sus manos. Me acosté y me quedé dormido en un sueño inquieto, sabiendo que era ahora un juego de espera.

Capitulo 17 — El Juego de la Espera

"Cuánto de la vida humana se pierde esperando".
- Ralph Waldo Emerson -

Me desperté la mañana del domingo y todo lo que tenía que esperar era mi tercera semana en cautiverio, una perspectiva nada alentadora. Se estaban cansando de tener que cuidarme. Me di cuenta sobre todo por la actitud cambiante del señor Amistoso y el señor FBI. Querían que esta cosa se acabara tanto como yo. No lo decían explícitamente, pero me di cuenta de que estaban perdiendo interés en estar atrapados en el almacén conmigo todas las noches. Su actitud alegre de antes había desaparecido, y había sido sustituida por el disgusto y el hartazgo. Por lo que supuse era menos incentivo financiero que los otros, la novedad de la situación se había desgastado.

Me llevaron al baño antes de lo habitual y me dieron una botella de agua. Permanecí allí más tiempo que cualquier otro día. Para mí, esto era una claro indicio de que mis suposiciones sobre ellos eran ciertas. Vinieron tarde por la noche y me llevaron de nuevo a la caja. Se me informó rápidamente que nadie me había traído algo de comer. Otro día sin probar bocado era una prueba mas de que estaban cansados de mí. Las cosas se estaban deteriorando entre las filas y probablemente empeorarían.

Esa noche, el señor Amistoso vino a decirme que me iban a liberar pronto. Eso podría significar mañana o dentro de seis meses, o cualquier momento en el medio. El nuevo plan era dejarme frente al restaurante, y a partir de ahí estaría por mi cuenta. Planeaban hacerlo en las primeras horas de la mañana para que nadie sospechara del juego sucio. Dijo que me dejarían con los ojos vendados en el estacionamiento, y una vez que se fueran, podría quitarme la venda. O bien no tenían miedo de que acudiría a las autoridades o no pensaban en ello. Más tarde, se comprobaría que esto no debería haber representado una preocupación para ellos.

Quería creer que este plan era verdad, pero sabía que poner fin a todo este fiasco significaba un reto para ellos. Me preguntaba si podrían correr el riesgo de dejarme suelto por las calles de Miami. Parecía absurdo y muy sencillo, pero, de nuevo, tenían mucha confianza en sí mismos. Sin embargo, era un gran riesgo, y aunque parecían tontos, ¿podrían ser tan estúpidos? Tenía la esperanza de que la respuesta fuese sí, pero debía mantener la cabeza fría y no albergar esperanzas poco realistas. Probablemente era una historia que le habían dado al señor Amistoso y al señor FBI porque percibían que se estaban cansando de ser mis niñeros y que aquello no tenía nada que ver con sus verdaderos planes. Esa era una explicación más lógica y sonaba más plausible. Además, tenían que mantener mis esperanzas con el fin de seguir desangrando los bienes que me quedaban. Tal vez yo era el estúpido.

La tercera semana de cautiverio fue la más tranquila. Pasé los días atado en el baño y me quedé allí hasta bien entrada la noche. Luego el señor Amistoso o el señor FBI me devolvían a la caja de cartón. La conversación entre nosotros se redujo a un goteo. Estaban cansados y yo también Era agotador para todos y no había nada más qué decir. Sus jefes les habían mentido a ellos y a mí.

Recibí comidas esporádicas esa semana, que consistían sobre todo en hamburguesas. Algunos días no recibía nada en absoluto, y un día en particular me dieron una hamburguesa para el almuerzo y otra para la cena. No había creatividad para nada en sus menús. Los guardias nocturnos dejaron de darme gaseosas. Alimentarme y suministrarme una bebida dependía de si querían molestarse o no. La mayoría de las veces no lo hicieron. Para ellos, yo era una carga y un lastre completamente sin valor con el cual lidiar todos los días.

Al final de la semana, las cosas comenzaron a ponerse aun más extrañas, si eso era posible. Me llevaron al baño por la mañana. Por la tarde, me llevaron a mi coche y me hicieron sentarme allí durante horas.

La primera vez, Lugo dijo: "¿Te acuerdas de tu auto? Bueno, vas a familiarizarte con él otra vez".

Para meterme en el coche, me apuntaron por detrás. En vista de que me vendaron los ojos, me parecía que no podía entrar en el coche. La forma en que me estaban apuntando simplemente no estaba funcionando. Esto debió haber durado unos diez minutos. No podía encontrar la manera de entrar. Ellos se dieron cuenta y se echaron a reír descontroladamente. Me estaban usando como entretenimiento otra vez y querían humillarme un poco más. Cuando terminaron de divertirse lo suficiente por mi cuenta, me empujaron en el coche de la manera correcta. Me alegré de haberles proporcionado algo de diversión. Me sentaron en el asiento delantero y me esposaron al volante. Luego me aseguraron en el asiento trasero. Y lo más extraño de todo: me hicieron acostarme en el maletero. Pasé muchas horas en cada lugar. ¿Cuál fue su razonamiento para eso? ¿Por qué el coche? ¿Por qué el asiento delantero o el trasero, o el maletero? Yo estaba perplejo, lo único que podía pensar era que querían esparcir mis huellas dactilares por todo el coche. Esto debía haber sido parte de su solución final. Era demasiado difícil para mí comprender sus motivos.

Durante un par de sesiones de sentarme en el auto, Lugo me sacó y me hizo sostener objetos en la parte delantera y trasera del coche. ¡Estaba posando para las fotos! Para qué, no lo sé. Ni siquiera podía empezar a adivinar. Algunos artículos eran botellas, otros objetos eran imposibles de identificar. Por qué hicieron esto sigue siendo un misterio, su comportamiento siempre fue extraño, pero esto superó todo. Me obligaron a hacer esto varias veces sin ninguna explicación de qué sostenía o por qué. No me molesté en preguntar, porque si me decían, lo más probable es que fuera una mentira. Todavía me pregunto qué fue todo aquello.

El coche se encontraba probablemente en la entrada del almacén. No era mucho mejor que el cuarto de baño. El aire estaba cargado y caliente, y para el momento en que llegaban a sacarme, yo estaba desplomado sobre el volante, casi inconsciente. Sin agua, me sentía como si hubiera caminado por el desierto.

Me llevaron a la mesa esa semana y me hicieron firmar unos papeles. No me dijeron lo que eran, ni yo tampoco pregunté. Sin embargo, hubo una vez que fue diferente y que se destacó.

"Este documento es importante. No lo arruines", amenazó Lugo. Sin permitir que dijera una palabra, continuó: "Esta es tu sentencia de muerte". Se rió como un loco. Qué gran manera de conseguir que cooperase: firma esto y estás muerto.

Así que parecía que habíamos llegado al final del camino y ya no ocultaban el hecho de que me iban a matar. No fue un shock. Yo ya estaba paralizado y vacío de emociones.

Lugo me agarró la mano y con cuidado la colocó en el documento.

Repitió con firmeza: "No lo arruines".

Pensé: *El juego ha comenzado. Vamos a jugar.* Torcí la mano a propósito y firmé el documento verticalmente.

Lugo se puso furioso y dijo: "Hijo de puta, lo estropeaste. ¡Ese era el único que tenía! ¿Qué voy a hacer? Debería matarte ahora mismo".

Yo estaba tratando de controlar la risa. Tenía también que tener un poco de diversión. Su perorata duró un rato. Hubiera querido quitarme la cinta de los ojos para ver cómo se volvía loco.

Lugo estaba angustiado, y sé que le hubiera gustado molerme a palos en ese mismo momento, pero no lo hizo, y yo realmente no tenía ni idea de por qué no. Tal vez no encajaba en sus brillantes planes.

¿Qué pensaba? ¿Que iba a decirme que estaba firmando mi sentencia de muerte y yo no iba a ofrecer ninguna resistencia? Supongo que sí. Realmente pensaba mucho en sí mismo y que nadie lo desafiaría.

Me alegré de haber arruinado sus formularios, y si pudiera hacerlo de nuevo, lo haría. Mi firma se degeneraba cada vez más, y algunas de ellas debieron de parecer muy extrañas, especialmente la vertical.

Se jactaron de que la casa ya había sido transferida a su nombre, a lo que pensé: *Bueno, tonto.*

Lugo me dijo que eran los documentos para obtener un préstamo sobre mi póliza de seguro, lo que yo sabía que no podía hacerse. De hecho, era un formulario de cambio para poner la póliza a nombre de uno de sus cómplices.

Al final de la semana, Lugo trajo mi correo y me hizo preguntas sobre él. No sólo me secuestraron, torturaron, robaron y extorsionaron todos mis bienes, sino que ahora también estaban adueñándose de mi propia identidad y tratando de vivir mi vida. Yo estaba indignado con mi debilidad y el hecho de que los había dejado. Era un completo robo de identidad y me sentí violado. Ahora estaba totalmente deprimido. Aunque yo consiguiera salir con vida, todo había cambiado. Mi existencia estaba puesta en duda. Ni siquiera podía ser quien había sido antes de pasar por las puertas del almacén. Me habían robado hasta eso.

Me hablaron de las llamadas que había recibido y los mensajes en la contestadora automática. Afortunadamente, no había demasiadas llamadas. Mi madre había llamado un par de veces y me dijeron incorrectamente que había sido mi suegra. Mi hermano también había llamado varias veces, pero nunca me dijeron que lo había hecho. Ahora sabían que les había mentido acerca de que no hablaba con mi hermano, quien realmente se preocupaba por mí. Mi única preocupación era que no dejase información de contacto para que no pudieran localizarlo como me habían amenazado.

Durante esa semana, Lugo parecía estar en la cima del mundo. Pasaba cantando y tarareando mientras se dedicaba a sus actividades. ¿Por qué no? Me habían trasquilado por completo y nadie había interferido con el plan. Nadie había planteado ningún obstáculo.

Fue también durante esa semana que me convencí de que me estaban filmando mientras estaba sentado en el baño. De hecho, estaba casi seguro debido al parpadeo que percibía a través de la capucha. ¿Por que harían algo así? Quién sabe. Nada de lo que hicieron durante esa semana tenía sentido. Tal vez querían tener una buena película para ver después de que me mataran. Sería un recuerdo y un testimonio duradero de su valentía, destreza, audacia y capacidad intelectual, que podrían ver una y otra vez mientras comían palomitas. Yo no lo entendía, pero estaba seguro de que no era del todo para un buen propósito. No estaba en manos de los niños del coro. Tal vez estaban haciendo una película de entrenamiento para su próximo crimen audaz.

La forma en que me vigilaban también cambió. Lugo y su compañero estaban siempre allí en la mañana. Parecía que su actividad había aumentado y estábamos llegando a final. Al parecer, mis percepciones eran correctas. Lugo había perdido la confianza en los guardias nocturnos, o bien se habían estado quejando demasiado. El señor FBI y el señor Amistoso ya no llegaban juntos. El señor FBI llegaba temprano en la noche, y unas cuatro o cinco horas más tarde, el señor Amistoso llegaba y entonces el otro se iba.

Prestaban menos atención a mis necesidades fundamentales, por lo que volví a utilizar los vasos como mi baño con más frecuencia. Me dejaron de hablar por completo. El señor Amistoso tenía un hábito muy extraño o tal vez paranoia. Ya no se sentaba en la habitacion conmigo todas las noches. En cambio, irrumpía ruidosamente cada media hora. ¿Pensaba que me iba a agarrar portándome mal? Tal vez sólo había tocado fondo también. Tal vez estaba tratando de pillarme mirando por debajo de la capucha. Supongo que olvidó que tenía cinco kilos de cinta debajo. Me divertía y tenía que reírme para mis adentros cada vez que lo hacía. A esas alturas, no dudarían en matarme, por lo que darles una excusa habría sido simplemente estúpido.

Me dejaron cambiarme de ropa de nuevo esa semana, pero no hubo pileta. No pude ni siquiera lavarme los dientes.

Lugo me dijo: "Me fui de compras a una tienda fina para caballeros", y se echó a reír.

"¿En serio?", le respondí, sabiendo muy bien que tenía un sentido del humor enfermo y que la ropa, obviamente, había venido de mi casa.

"Adivina dónde", preguntó, y apenas me podía imaginar la

enorme sonrisa en su rostro.

"No lo sé", le dije, jugando de estúpido.

"7641 suroeste, explanda 148. ¿Has oído hablar de ahí?"

Esa era la dirección de mi casa. Qué sorpresa. Qué tipo inteligente.

"Sí", le contesté, aburrido con su pequeño juego idiota. No era más que un sádico y quería hacerme sufrir, típico de Lugo.

Lugo me pidio el código del portón principal de nuevo. Habían estado hurgando, saqueando y Dios sabe qué más estaban haciendo en mi casa, así que ¿por qué me pedía el código de nuevo? Me dijo que iba a enviar algunas de mis cosas a Colombia, incluyendo el mobiliario, y que por eso quería el código de la puerta. Eso era ridículo. ¿De verdad creían que yo era tan crédulo que podrían calmarme con sus mentiras idiotas? Obviamente, él no creía mucho en mi inteligencia. Tal vez pensaba que él era un genio. Sus cambios de humor daban miedo, por decir lo menos. A veces parecía como si estuviera tratando de ser compasivo, y al minuto siguiente se desempeñaba como el mejor amigo del diablo.

Lugo vio que no le estaba prestando ninguna atención y se quedó en la habitación. Empezó a tocar los discos que tenía en el coche. Me dijo que no le gustaba mi gusto en cuanto a música. Nunca le respondí, lo que probablemente lo enojó más, sobre todo porque no podía importarme menos si estaba de acuerdo con mi gusto musical. Como un niño que busca atención, comenzó a lanzar los discos contra la pared gritando: "¡Mierda, mierda!" Pobre Lugo: necesitaba atención y estaba haciendo una rabieta para que yo respondiera o mostrara miedo. No funcionó y seguí ignorándolo. No obtuvo la respuesta que buscaba y, finalmente, tuvo suficiente.

Antes de irse, me dijo solemnemente: "Puedo ser muchas cosas y he cometido varios delitos, pero no soy un asesino".

Recuerdo tan bien ese comentario. Para mí, eso significaba que los chicos habían decidido matarme y que no quería eso en su conciencia. ¿Tenía una conciencia? En cualquier caso, el estallido de rabia que sentía estaba relacionado con el hecho de que estaban deliberando mi resultado final, y él no quería sangre en sus manos. A juzgar por la observacion, parecía que había sido vencido en la votación.

Tuve la clara sensación de que se estaban cayendo a pedazos y estaban cada vez más desorganizados. Parecía haber desacuerdo entre las filas en cuanto a lo que iban a hacer conmigo. El cambio de actitud por parte de los vigilantes nocturnos, y ahora la pequeña rabieta de Lugo, indicaban que las cosas estaban llegando a un punto crítico e iba a haber una resolución, buena o mala, más temprano que tarde. Parecía que los que querían mi muerte estaban a cargo ahora.

El jueves, el señor FBI me preguntó si quería el mismo desayuno de huevos y salchichas que me habían traído alguna vez. No tuve que pensarlo ni un nanosegundo. Apenas había tenido nada qué comer esa semana, y mi boca se hacía agua al pensar en los huevos y el café. A la mañana siguiente me trajeron el desayuno o lo que yo pensaba que era. El cómplice de Lugo se puso justo encima de mí, de pie en la caja, a caballo con las piernas a ambos lados de mí. Se agachó para darme el plato, el cual tomé con entusiasmo. El plato parecía ligero, pero los huevos no podían pesar mucho. Toqué todo lo que estaba en el plato: nada de huevos, nada de salchichas, pero sí, una papa (sí, una) y la mitad de un trozo de pan tostado masticado. Al parecer, alguien se había comido mi desayuno antes de mí. No había café tampoco.

Se reían incontrolablemente y sentí que una multitud se había reunido a ver el espectáculo. Me sentí como un animal de laboratorio bajo observación. Estaba humillado y furioso. Me encontraba enojado conmigo mismo por estar en esta situación. No estaba contento por mi falta de precaución. No les dije nada. No había nada qué decir. Además, eso era lo que ellos esperaban que hiciera. Lo atribuí a otro de los juegos humillantes que tanto disfrutaban. Tampoco sería el último.

Durante aquella tercera y extraña semana las cosas continuaron desentrañándose. Al final de la semana, mientras estaba sentado en lo que cariñosamente llamaba mi caja, empecé a oír golpes fuertes y supe instintivamente que venían de la entrada donde guardaba el coche. Era escandaloso. Sonaba como si estuvieran golpeando a lo lejos algún objeto de metal pesado. El ruido era lo suficientemente fuerte como para ahogar la música a todo volumen de la radio que estaba cerca de mí. No sé por qué, pero se me ocurrió que tenía algo que ver con mi coche. Los golpes duraron unas dos horas y casi me volvieron loco. Cuando finalmente se detuvieron, se volvió aun más extraño. Oí varios disparos procedentes de la misma dirección que los golpes. Me pregunté si estaban tomando prácticas de tiro para que cuando llegara el momento de disparar a un blanco vivo, yo, estuviesen listos.

Todo esto me asustó, y me puso muy nervioso. Me preguntaba cómo estos matones podían hacer tanto escándalo y no levantar ninguna sospecha. El almacén debía haber estado en una zona bastante aislada, con poco o nada de tráfico. Por momentos sonaba como un tiroteo. Pensé que tal vez se estaban matando entre sí. Sólo una ilusión de mi parte, pero era una idea feliz.

Otra curiosidad que se desarrolló esa semana implicó un cambio en el modo de llevarme al baño. Normalmente, cuando venían a buscarme, el matón de turno me decía que levantara o sostuviera la mano para que pudiera encadenar las esposas a la barandilla. Sin embargo, durante toda esa semana el que me llevó nunca dijo una palabra. Era obvio que se trataba de alguien cuya voz hubiera reconocido. Yo sabía sin dudas que no era otro que Jorge Delgado.

Pocas veces recuerdo lo que sueño la noche anterior al despertar por la mañana. Hubo, sin embargo, un sueño durante esa semana que pareció tan real que me desperté en un estado de confusión total. Soñé que todo lo que me estaba pasando era sólo eso, un sueño. En realidad, yo estaba en casa en la cama, y todo lo que había sucedido era sólo una pesadilla. Cuando me desperté, estaba seguro de que estaba en mi cama, en mi propia casa, y que todo era normal. Fue una decepción monumental. Me desperté y fui a frotarme los ojos. No podía a causa de las cadenas que me ataban, y cuando los abrí, mi mundo era oscuro. Me quedé en estado de shock, negándome a aceptar que se trataba de un sueño, y que estaba realmente en el almacén, encadenado a una pared.

Así pasó una semana, y yo todavía estaba en la misma situación. Otro fin de semana transcurrió, y tanto mi voluntad como mi esperanza disminuyeron. Se estaba haciendo más y más difícil ser optimista y mantener mis emociones bajo control. Mi nivel de energía descendía más y más, y se hizo más difícil concentrarse y pensar con claridad sobre las posibles soluciones y analizar lo que estaba pasando a mi alrededor.

Y sin embargo, yo estaba obstinadamente dispuesto a no renunciar tan fácilmente, a pesar de que parecía una batalla inútil. Seguía recordándome a mí mismo que tenía que cavar profundo dentro de mí y encontrar los recursos internos y fuerza de voluntad que no sabía que existían, o pensaba que nunca llegaría a utilizar. A veces, me daba cuenta de que la situacion era tan desesperada que me hubiera gustado que acabaran por matarme y poner fin a la tortura. Pero me sacudía esos pensamientos tan pronto como llegaban. Me di cuenta de que cualquier posibilidad de supervivencia dependía de mí, y que no podía permitirme el lujo de pensar en esos términos. Me preguntaba cómo la gente que estaba en cautiverio por años lo soportaba. Yo había estado allí sólo tres semanas y me estaba volviendo loco. Tal vez uno llega a un punto sin regreso, en el que se pierde toda esperanza y sólo se existe. Dejas de luchar y olvidas tus circunstancias. Yo no estaba allí todavía.

Desde el inicio de la prueba, nunca había contemplado realmente la posibilidad de estar en esa posición después de tres semanas. Pensaba que una vez que consiguieran el dinero y todas las demás pertenencias de mi casa, me iban a liberar. Como mucho, pensé que una semana sería lo maximo. Y ahí estaba yo, a punto de empezar mi cuarta semana, y no había señales de que esto estuviese llegando a su fin. Los guardias nocturnos no hacían más mención sobre mi inminente liberación, y sentí que el plan sobre mi último destino había cambiado. Tal vez estaba siendo demasiado pesimista, pero veía que sus opciones eran limitadas.

No podían estar cómodos con sólo liberarme. No había manera de que dejase de ir directamente a las autoridades. Pero matarme intensificaba el crimen, aunque tal vez eso no les importaba. Creía que había un considerable desacuerdo entre las filas y algunos querían matarme, mientras que otros no querían tomar parte de ello. Así que esperé a ver cuál facción iba a ganar.

Ese fin de semana, llamé a mi esposa. Fue una llamada corta; ellos sólo querían que le dijera que todo iba bien y que estaba cerca de arreglar las cosas. Querían que le dijera que estaba fuera de la ciudad. Tal vez eso era para impedir que llamara a casa. Esta vez, la historia que habían inventado era menos creíble. Supuestamente estaba en Dallas, negociando la venta del restaurante. Probablemente querían determinar su estado mental, en el caso de que ella estuviese tomando alguna medida para encontrarme. Se mostraría comunicativa por teléfono y así podrían saber qué medidas preventivas tomar. Nada de eso sucedería y podrían proceder con cualquier plan que tuviesen. Ya me estaba cansando de sus juegos de mentiras y cada llamada era más difícil que la anterior.

Llegó la mañana del lunes y me di cuenta de que había pasado casi un mes completo desde que esta loca pesadilla había comenzado. Lugo y su compañero entraron en el cuarto, por alguna razón haciendo tanto ruido como les fue posible.

"¿Cuánto vale el restaurante?", preguntó Lugo.

Yo estaba asombrado de nuevo con su codicia y estupidez. No sabía qué era peor. Esto significaba que debía ponerme cómodo, porque la venta del restaurante iba a llevar un tiempo, y entonces yo no iría a ninguna parte.

"Todo depende", le contesté. Estaba siendo tanto evasivo como veraz.

"Si lo quieres vender rápidamente", agregó. Pensaba que la venta era una tarea fácil. En realidad, tomaba tiempo.

"Supongo que unos ciento cincuenta", le contesté.

"¿A quién hay que llamar para venderlo?" Me di cuenta de que olía más dinero.

"Bob Cole. Es el promotor de Schlotzsky's en Miami", le dije. No me importaba.

"¿Cuánto tiempo haría falta para venderlo?" Quería una gratificación instantánea.

"Probablemente un tiempo. Primero tienes que encontrar un comprador. Luego, tienes que obtener la aprobacion de Schlotzsky's", le dije, sintiendo que no le gustó mi respuesta.

"Pero, ¿cuánto tiempo tomará?" Lo deseaba tanto.

"Probablemente un par de meses para el proceso completo", le contesté. Lugo no me creyó y no se detuvo.

"Voy a llamar a este tipo Cole y decirle que soy tu primo, Jim Schiller, y ver si puede vender el restaurante rápido", dijo con arrogancia. *Buena suerte*, pensé, pero tuve que admitir que estaba siendo creativo.

"No creo que se pueda hacer así de rápido", le dije, tratando de explotar su burbuja.

"Bueno, espero por tu bien que sí. Queremos el dinero del restaurante, y si se necesita un rato, vas a ser nuestro huésped durante todo ese tiempo", dijo entre risas.

Eso fue devastador. Estaba ante meses de cautiverio. ¿Iba a ser físicamente capaz de durar tanto tiempo? Realmente odiaba ser llamado "huésped". Yo no estaba en libertad de decidir si quería estar allí o no.

Su compañero me dio un cigarrillo como recompensa, y él y Lugo salieron de la habitación. Me senté allí, meditando con incredulidad sobre su audacia y su codicia insaciable. Eso significaba que mi cautiverio estaba empezando y tenía un largo camino por delante. No sabía si podría lidiar con eso a estas alturas. Otros dos o tres meses parecían insondables. Luego estaba la parte física, la comida era escasa, y yo había perdido una cantidad considerable de peso. La incertidumbre me rodeaba y no había lugar para acudir en busca de consuelo. Una vez más, me sentía frustrado por el hecho de que no podía hacer nada al respecto. ¿Qué si empezaba a ser un problema para ellos? ¿Me matarían? Por otra parte, podrían hacerlo de todos modos después de que me hubiesen violado por completo económicamente. Barajé esos pensamientos una y otra vez en mi mente. Qué hacer ahora era el centro de todos ellos. No había aparentemente ninguna estrategia ganadora. Sólo me quedaba minimizar el sufrimiento.

Estaba tan harto, y me veía obligado a escuchar las mismas canciones una y otra vez hasta el punto de la locura. La peor canción era de Seal, "Una oración por los moribundos". Venía muy a propósito y me parecía que estaba dedicada a mí. "Di buenas noches" de Madonna también entraba en esa categoría, y cambié el nombre de la canción de Sheryl Crow de "Todo lo que quiero hacer es tener un poco de diversión" a "Todo lo que quiero hacer es ir a casa". Es increíble lo que la mirada fija en el espacio vacío durante veinte horas al día te provoca en la mente. Cuando Lugo estaba en el almacén, solía poner música muy extraña. Supongo que calzaba muy bien con su personalidad. Parecía disfrutar de ella y yo sólo quería vomitar.

Capitulo 18 — La Codicia Continua

"La avaricia es un demonio gordo con una boca pequeña y con lo que lo alimentes nunca es suficiente".

- Jan Willem Van de Weterring –

-

Llegó el lunes por la noche. La colmena debía de haberse agitado. Hubo una cantidad inusual de actividad y un buen número de personas presentes. Los guardias nocturnos estaban allí, y Lugo y su compañero, así como algunos otros matones. Me dieron una hamburguesa para la cena. La comida era tan escasa, pero me alegré de recibirla. Me dieron un cigarrillo y luego se desató el infierno. Lugo llegó corriendo con su compañero, parecía un perro rabioso.

Gritó: "¡Levántate, pedazo de mierda!"

Me pareció que la Parca me estaba haciendo una visita, y que Lugo tenía toda la intención de acabar con todo allí mismo.

"Nos mentiste", gruñó.

Tal vez lo hice, tal vez no. ¿A quién le importaba?

Su compañero, o como cariñosamente lo llamaba, el señor Tortura, me metió el cañón de la pistola profundamente en la boca. Saboreé el metal plateado. Pensé que me iba a realizar una amigdalectomía porque tenía el cañón en lo profundo de mi garganta. Era repugnante, por decir lo menos, y no podía respirar.

Bueno, parecía como que no tendría que preocuparme por estar en el almacén mucho más tiempo.

"¿Qué?", murmuré. Decir cualquier cosa era difícil.

"Tienes una casa en el norte de Miami Beach y nunca nos dijiste al respecto. Lo encontré mientras revisaba los archivos", dijo con valentía.

Ahora, si tuviera dos dedos de frente y supiera leer, todo esto podría haberse evitado, pero no lo hizo.

"Esa casa fue vendida hace tres años", murmuré. Era la verdad y el tonto aquí podría haberlo verificado.

"¡Mentira!", gritó.

¿Qué podía decir? *Debiste haber hecho tu tarea en primer lugar.* Pero, de nuevo, estoy dispuesto a apostar que no era un buen estudiante. Eran increíbles la locura y la codicia que demostraba.

Dado que su compañero, el señor Tortura, tenía otra oportunidad de hacerme infeliz, se aprovechó. Me di cuenta de que le gustaba mucho y vivía para eso. Metió la pistola aun más en mi boca, hasta el punto de que mis labios se sentían como si se fueran a romper. Empecé a sudar y me pateó un poco, ladeó el percutor y se rió diabólicamente.

"Voy a averiguar, y si estás mintiendo, estás muerto", gritó. La amenaza no tuvo ningún efecto en mí por ahora. No servía para nada amenazarme ya y me encogí de hombros.

Pero el señor Tortura estaba en un frenesí sádico y estaba teniendo demasiada diversión como para parar. Apretó el gatillo de la pistola y oí el clic. Soltó otra de sus risas malvadas. Apretó el gatillo de nuevo, otro clic. No había balas en mi cerebro, sólo otra risa enferma. No estaba recibiendo la respuesta que quería de mí, así que se detuvo y sacó la pistola de la boca. Creo que estaba decepcionado de que no me había ensuciado los pantalones o tratado de pedir clemencia. Me sentía asustado, pero me negaba a demostrarlo. Eso sólo sería alentarlos. El vigilante nocturno, el señor Amistoso, llegó un poco más tarde y me preguntó si me encontraba bien. Le dije que todo estaba color de rosa y pedí un cigarrillo.

Parecía ser que las sesiones de tortura habían terminado. Una vez más, me equivoqué. La codicia los cegaba, y los llevaba a un estado de furia que los hacía capaces de cualquier cosa. Me negué a dejar que pensaran que me habían machacado, no después de todo este tiempo.

Más tarde esa noche, el señor Amistoso entró y se sentó a mi lado. Estaba tratando de actuar como un amigo que no veía desde hacía mucho tiempo y que estaba preocupado por mi bienestar. Yo sabía que sólo lo habían enviado para ver si me podía ordeñar para obtener alguna información. Sabía muy bien el juego a estas alturas y recibí de buena gana la oportunidad de jugar con él.

"¿Por qué no les dijiste acerca de la casa?", preguntó, tratando de sonar verdaderamente preocupado.

"La vendí hace tres años. ¿Por qué les diría al respecto?", le dije, pensando *por favor, haz otra pregunta estúpida*.

"Espero que estés diciendo la verdad", dijo con preocupación. ¿Y si no lo hacía? ¿Iban a matarme? Era una broma. Mi destino estaba sellado de todas formas, al parecer.

"Por supuesto", le dije vertiginosamente, jugando con él mientras consideraba lo idiota que era. Aunque tenía los ojos vendados, se había vuelto transparente para mí.

"Espero que sí. Estaban muy enojados", dijo. Parecía que no le gustaba la forma en que respondí.

"Pueden comprobarlo. Les dije la verdad". Él se dio cuenta de que empezaba a irritarme. "Lo único que me preocupa es cuándo planean dejarme ir", le dije. Pensé en tirar eso sólo para oír otra mentira.

"Pronto", dijo, tratando de evitar el tema.

Seguí insistiendo. "Quieren el restaurante. Eso va a tomar mucho tiempo", le dije, tratando de obtener una respuesta.

"Creo que ya tienen un comprador", dijo casi murmurando.

Sí, claro. En menos de veinticuatro horas habían encontrado un comprador. Creían que, al igual que él, yo pensaba que la luna estaba hecha de queso.

"Espero que sí", le dije, con ganas de reír, pero en lugar de eso decidí seguir jugando juegos con este idiota.

"¿Cómo vas a explicarle a tu esposa que has perdido todo?", dijo, cambiando de tema. Esta era su pregunta favorita.

"Voy a encontrar algo que decirle". Pensé que este tipo debía haber tenido muy baja escala de coeficiente intelectual. Si alguna vez salgo con vida, le diré la verdad. ¿Por qué iba yo a inventar una historia? Esta era sin duda lo suficientemente loca. Supongo que manejaban sus relaciones de manera diferente. ¿Por qué iba tan siquiera a tratar de entender de dónde venía?

"Simplemente relájate y descansa un poco. ¿Quieres un cigarrillo?", dijo, probablemente frustrado con que no podía obtener ninguna información concreta de mí.

"Sí, gracias", le respondí. Me dio el cigarrillo y me dejó solo. Sólo quería reír. Ellos pensaban que yo no era consciente de su juego. Utilizar este mensajero de baja inteligencia lo hacía tan obvio.

Mi sueño era escaso y difícil de alcanzar, por lo que sólo permanecía allí sentado. Si podía, estaba bien. Pero por ahora era difícil de conciliar. Sin un período de sueño, todos los días se sentían como uno. La única salida que había encontrado, el sueño, me había sido arrebatado. Me quedé en la oscuridad, con la mente en blanco, con la esperanza de que, de una manera u otra, todo terminaría pronto.

Martes por la mañana y yo seguía sentado en la misma caja de cartón en la que había estado desde el primer día, cuando empezó todo este fiasco. Lugo y su compañero entraron; me trajeron una manzana y café para el desayuno. Lugo me informó de que me iría pronto y que estaba haciendo los preparativos finales. Si eso significaba que sería la salida permanente de este mundo o sólo del almacén, no podía decirlo por su tono. Su compañero, el señor Tortura, tenía una debilidad después de todo. Le oí discutir con Lugo sobre el tema. No se acercaba a mí porque decía que olía muy mal. Bueno, un baño en agua sucia en tres semanas le haría eso a cualquiera. Mi cabello podría haber causado una marea negra.

Estaba pegado a la cabeza. Mi cuerpo también secretaba una sustancia aceitosa, y nadie tenía que decirme que olía mal, a pesar de que no podía olerme yo mismo. Un vagabundo probablemente se habría visto genial junto a mí. En mi tristeza, me alegré de que mi estado los hiciera discutir y que al menos pudiera repartir un poco de la miseria; era mejor que nada.

Esa noche, Lugo y su compañero me trajeron un regalo. Me hicieron sentarme en el mismo lugar donde yo normalmente hacía las llamadas telefónicas, aunque no había llamadas qué realizar. De hecho, habían desaparecido casi completamente. Me llevaron de nuevo a la caja de cartón y me hicieron acostarme. Habían colocado una colchoneta en la parte superior del piso de concreto en que había estado acostándome. Me dijeron que iba a estar más cómodo así. Me dieron un paquete entero de cigarrillos y un encendedor Zippo. El compañero tenía miedo de que me quemara la cara o el almacén tratando de encender un cigarrillo totalmente ciego. Estaba seguro de que, si me quemaba la cara, estarían muy preocupados y angustiados. Estuve cerca un par de veces. Lugo no parecía demasiado preocupado por la posibilidad de que yo me quemara. De hecho, probablemente lo había tenido presente. Parecía que había una grieta formándose entre Lugo y su compañero. Discutían todo el tiempo y no les importaba si era en frente de mí.

Tal vez fue sólo mi estado mental, pero pensé que estas bromas tenían connotaciones sombrías. ¿Por qué me pondrían cómodo después de tres semanas? La única razón que se me ocurrió fue que habían llegado a la decisión de matarme, y esto era una manera de sentirse mejor antes de que lo hicieran. ¿Qué más podría haber sido? La otra posibilidad era que ellos estaban desesperadamente locos por vender el restaurante y estaban tratando de mejorar la situación por si tenía que estar allí varios meses y tuviera que sobrevivir. No creía eso, porque discutían entre sí y ninguno de ellos parecía querer estar allí por más tiempo. No salté de alegría porque sabía que esto era en su beneficio y no para mi bienestar.

Lugo me advirtió acerca de quemar agujeros en el colchón, o habría consecuencias. Me hizo gracia que fuera tan mezquino y se preocupara por un colchón barato y desechable. Desafortunadamente para ellos, la ceguera no me ayudó, y lo primero que hice fue quemar un agujero en el colchón. Traté de sentarme en la parte superior del agujero para que Lugo no lo viera. Pero pensándolo bien, ¿qué me importaba si lo hacía? Me sorprendió que considerara este colchón como un tesoro después del botín que habían recibido de mí. ¿Quién podría entenderlos y quién hubiera querido hacerlo?

Durante esos días interminables de cautiverio, algo que aprendí a apreciar fue el regalo de la vista. Ser una persona ciega por muchas semanas me hizo darme cuenta de lo afortunado que era, en muchos aspectos. Fue increíble cómo, con el tiempo, las imágenes mentales habían comenzado a desaparecer y ya no podía ver en mi mente. Aprendí a admirar a los que se quedan ciegos de por vida y no sólo logran sobrevivir, sino sobresalir en algún campo. En una ocasión, bromeé con el señor Amistoso que, si alguna vez veía a una persona ciega que necesitaba ayuda para cruzar la calle, yo sería el primero en llegar a colaborar. Me preguntaba si iba a tener esa oportunidad.

Esa misma noche, Lugo vino a hablar conmigo. Yo estaba preparado para escuchar otra tonta historia por parte de un individuo que hacía de la mentira su profesión.

"Estamos haciendo arreglos con la gente de aduanas para que vayas a Colombia", dijo. Parecía que iba a ser enviado en un ataúd.

"No entiendo", le contesté, lo cual no hacía.

"Tienes que ser sacado del país sin que nadie se entere", dijo con confianza. Bueno, este hombre había perdido la razón. Eso sería una tarea imposible.

"¿Por qué no puedes dejarme en el aeropuerto y ver que me vaya?", le pregunté, sabiendo que era una pregunta estúpida. Me imaginaba tomando el avión con mi apariencia y el olor de un zorrillo. Estoy seguro de que nadie se hubiera dado cuenta, ¿verdad?

"¿Y caminar por el aeropuerto con las esposas? ¿Qué pasa si te encuentras con un cliente de negocios o un socio?", dijo inteligentemente. La verdadera preocupación era si corría hacia la policía. Lugo debe haber pensado que mi coeficiente intelectual era tan bajo como el suyo, o que era sumamente crédulo. Yo iba a jugar con él.

[Nota para el lector: todo esto ocurrió varios años antes del 11 de septiembre y las medidas severas de la Administración de Seguridad en el Transporte en los aeropuertos].

"No me podría importar menos", le contesté, tratando de ver cuál sería su respuesta.

"No, no se vería bien, y además, tú nos verías", continuó. "Vamos a tener que emborracharte y organizar para que alguien en la aduana te ponga en el avión". Lo de no verlos era creíble. El resto de la historia era ridícula. Internamente, me reí. Habían hecho sus planes tan claros. Pero lo que me estaba diciendo era un cuento de hadas que habían inventado, sólo un cuento de hadas.

"Yo no bebo. No lo he hecho en años", respondí. Eso era verdad. Tal vez estar borracho no sería tan malo, después de todo. Al menos estaría ajeno a mi entorno.

"Entonces tenemos un problema. Vamos a tener que encontrar otra manera", dijo.

"Está bien, voy a beber", le respondí. Prefería el alcohol a los juegos de azar con estos matones. Lo que fuera; otra droga que eligieran probablemente sería más peligroso. Me preguntaba a dónde llevaría todo esto y cuál era el verdadero plan. No podía ser bueno para mí, estaba seguro.

"Entonces vamos a empezar a darte un poco esta semana, así no vomitarás todo cuando llegue el momento", dijo. Pensé que el vómito se sumaría al maravilloso aroma que ya estaba irradiando. *Maravilloso, tengo algo que espero con impaciencia.*

No dije nada, y él tampoco. Se fue satisfecho con su engaño. Las cosas estaban llegando a un punto, y todo esto iba a terminar pronto, bien o mal. Por lo menos estaría borracho cuando llegara el momento, y tal vez eso podría reducir el dolor o hacerme ajeno a él.

Sentí que tenía que prepararme para aceptar la realidad de que mis días estaban contados. Pero, sin embargo, iba a salir con el ánimo y la cabeza bien alta. Pensar más en escapar parecía inútil. Mi estado de debilidad, combinado con el hecho de que estaba atado con una cadena gruesa a la pared, junto con mi falta de conocimiento de lo que me rodeaba y el número de captores en un momento dado, dejó sin esperanzas considerar la idea. Si encontraba alguna manera de soltarme de las cadenas y trataba de escapar, probablemente estarían esperando para matarme. Así que ¿de qué me serviría? Tenía la más mínima posibilidad de que podrían dejarme ir después de conseguir todo lo que querían. Fue de ese delgado hilo de esperanza que me agarré. Mientras estaba sentado allí, pensando en mis pocas opciones y el futuro sombrío, el señor Amistoso entró, se sentó a mi lado y empezó a hablar.

Dijo: "He oído que vas a casa pronto".

Ah, sí, la caja de pino. "Los dos hemos escuchado eso antes", le respondí. Sentía pena por él, ya que sus compañeros matones probablemente lo engañaban. Él no era el cuchillo más afilado del cajón y no se dio cuenta de que estaba siendo utilizado.

"No, creo que esta vez es seguro, sólo unos días más", dijo con entusiasmo.

"¿Me van a poner en un avión con esta pinta?", le contesté con la intención de sacudir algo de sentido en su tenue cerebro.

"No, van a alquilar una habitación de hotel, donde podrás bañarte y afeitarte. Sólo tienen que encontrar uno seguro, eso es todo", dijo convincentemente. Esta historia era cada vez mejor conforme avanzaba. El problema era que no tenía sentido y era contradictoria. ¿Iban a emborracharme antes o después de la ducha? ¿Esto ocurriría en algún momento antes de entregarme al funcionario de aduanas?

"¿En serio? Suena bien", le dije con una sonrisa. Lo hice así para que volviera a sus amigos y les dijera que había comprado el gancho de la historia, claro y directo. Por supuesto, yo no creía una palabra de la historia que habían enviado a decirme.

"Tenemos que terminar con esto pronto. Tenemos otro trabajo en enero y quiero tomar unas vacaciones en el medio", dijo sin ningún remordimiento en su voz. ¿Otro trabajo? ¿Estaban hablando estos tipos en serio? Sonaba como si ellos fueran a continuar sus esfuerzos criminales después de que se deshicieran de mí. Supongo que este hombre necesitaba unas vacaciones. El secuestro y la tortura durante un mes pueden ser muy exigentes. ¡Esto era ridículo!

"Así que voy a estar fuera antes de Navidad", le dije, tratando de detectar la cantidad de tiempo que me quedaba; no es que pensara obtener una respuesta que valiera la pena de él.

"Nadie quiere estar aquí para la Navidad", continuó. "Por cierto, me ofrecí para ir al aeropuerto". Querían estar con sus familias e ir a la iglesia para que pudieran dar las gracias por todo el dolor y la tortura que infligieron, por la cantidad que me robaron y por no haber sido atrapados. Claro, eso tenía sentido. Tal vez para entonces también podrían añadir a la lista las gracias por ser capaces de cometer un asesinato sin remordimientos. Ah, sí, me pareció muy admirable.

"Oye, eso sería genial", le dije tan alegremente como pude. Yo estaba jugando con él, y él no tenía la menor idea.

"No me importa si me ves o no. ¿Qué vas a hacerme de todos modos?", dijo.

Bueno, como yo sospechaba, este chico tenía muerte cerebral. Yo no iba a hacer nada. Las autoridades, por su parte, lo iban a meter en la cárcel.

"Nada, soy inofensivo. Todo lo que quiero hacer es salir del país y estar con mi familia", le dije, tratando de hacer que este tonto me creyera. Todo el mundo le estaba mintiendo y no tenía ni idea.

"Pronto voy a hablar con el jefe para llevarte al aeropuerto", dijo con orgullo.

Claro, el loco de Lugo va a estar de acuerdo con tu plan. Decidí que ya no tenía nada qué perder, y quería lanzarle algo. Le dije: "¿Cómo sabes que no están planeando matarme?"

"No voy a dejar que eso suceda. Si yo sé que están planeando algo así, entonces te ayudaré a escapar", continuó. "Les diré que me dominaste y escapaste".

Tal vez era sincero en lo que estaba diciendo, o tal vez no. Pero sería una suerte contar con que quisiera ayudarme. Yo no creía que pudiera llevarlo a cabo, incluso si quisiera.

La pregunta obvia era: "¿Qué pasa si no lo sabes?"

"Mira, siempre y cuando me presente todas las noches, no tienes nada de qué preocuparte. Si no me presento, entonces podrías estar en problemas".

Eso fue exactamente lo que sucedió; el señor Amistoso montó un acto de desaparición. Tal vez había compartido una de sus perlas de sabiduría con Lugo y decidieron que era prescindible. Sin embargo, tonto como era él, había sido mi único rayo de esperanza y consuelo. Por ridícula que fuera la historia, tenía que fingir que era verdad.

"Bueno, espero que estés aquí todas las noches", le dije, sabiendo que podía haber sido en vano.

"No te preocupes. No voy a dejar que te pase nada. Creo que eres un buen chico", me aseguró. Llegué al fondo: un criminal profesional me decía que era un buen tipo. ¿Se supone que me sintiera mejor?

"Relájate y descansa un poco", dijo. Sentí que sus palabras eran sólo eso, palabras que iban dirigidas a impedir que le causara algún problema. Yo sabía que él no estaba en condiciones de ayudarme, y yo realmente no creo que él quisiera tampoco.

"Claro", le respondí mientras me sentaba en mi caja de cartón.

Se fue, y yo me quedé sentado mirando a la gran nada. No podía dormir. El sueño se había convertido cada vez más y más en un desafío. No podía dar vueltas en la cama, ya que las cadenas limitaban mi movilidad. Así que me senté y me quedé en la oscuridad. Me había puesto melancólico, y sabía que tenía un tiempo limitado para aceptar mi muerte y debía hacer las paces conmigo mismo. Quizás fueron estos pensamientos inquietantes, junto con la falta de actividad, lo que no me permitía escapar al mundo de los sueños.

El martes por la noche se convirtió en la mañana del miércoles, y Lugo y su compañero regresaron. Me trajeron una manzana y café para el desayuno. Su extraño comportamiento era normal. Estaban directamente sobre mí, con una pierna a cada lado, y dejaron caer la manzana. Entonces Lugo se quedó allí durante unos minutos sin decir una palabra. Qué estaban buscando o esperando. No podía entenderlos. Me sentía como una rata de laboratorio, el sujeto de un cierto experimento extraño más allá de mi comprensión. Creo que el mismo Freud hubiera estado confundido por su comportamiento. Me dejaron para que comiera mi desayuno y regresaron cuando terminé.

Lugo estaba en su mejor momento. Me gruñó. "Tienes una gran boca", dijo. Al principio, yo no entendía. Luego se explicó: el señor Amistoso obviamente le había dicho acerca de nuestra conversación. Eso significaba que el señor Amistoso había estado jugando todo el tiempo como yo sospechaba. Eso de que no iba a permitir que sus compañeros matones me mataran era una gran broma. O eso, o el señor Amistoso era tan estúpido que sólo soltó las cosas sin pensar. Cualquiera de las dos era posible. En cualquier caso, eso significaba que el pequeño hilo de esperanza había sido cortado y no había realmente nadie para salvarme. Debí haber estado loco creyendo que el matón amigable me iba a ayudar.

"¿Perdón?", le respondí, sabiendo muy bien a lo que se refería.

"¡Mantén la boca cerrada o vas a estar en serios problemas!", gritó. ¿Cómo? ¿Yo no era un gran problema ya? Era una broma. Este tipo tenía que estar bromeando.

"Bien", dije secamente. Discutir con este lunático sólo significaba más castigo físico para mí y yo quería evitar eso. Aprovechaban la oportunidad y lo disfrutaban mucho.

"¿Para qué son las llaves en tu llavero?"

"La casa y el restaurante", dije, aburrido.

"¿No tienes una caja de seguridad?", dijo. Increíble, la codicia insaciable de estos delincuentes era demoníaca. Todavía estaban buscando algo más.

"No", dije con incredulidad.

"Queremos ir al restaurante. ¿Cuál es el código de la alarma?"

"Tres, dos, nueve, nueve", le dije. Que se diviertan. Estoy seguro de que los empleados ya han limpiado todo.

"¿Qué puerta tiene el teclado?", exigió.

"La de atrás".

"Si se activa la alarma, ¿cuál es el código de identificación?", preguntó. Sólo por un momento, una breve imagen de la alarma que se apagaba y la policía apareciendo con estos payasos tratando de explicar todo, cruzó por mi cabeza. Ojalá eso fuera así, a pesar de que era poco probable.

"Siete, dos, nueve, seis", le dije, volviendo a la realidad.

"¿Cuál es la combinación de la caja fuerte?", quería saber.

"No puedo recordar. Creo que la he escrito en los apuntes que había en el maletín", dije, sabiendo que no me iban a creer a pesar de que era la verdad.

"¿No puedes recordar o no quieres?", dijo, tratando de intimidarm con una voz amenazante.

"Siempre he tenido un problema recordando esa combinación", le dije. Es por eso que la había anotado. Por supuesto, sabía que no me creerían.

Le pidió a su compañero que fuera a buscar en mi maletín y encontrara el código. Cuando regresó, dijo: "No está ahí".

"Entonces tenemos que llamar a Freddy, el gerente, para conseguirlo", les dije.

Así que me llevó hasta la silla y me hizo llamar a Freddy. La llamada fue breve. Afortunadamente, Freddy no me preguntó nada y sólo me dio el código.

Lugo dijo: "¿Cuánto dinero tienes en la caja?"

"Cuatrocientos, pero no creo que haya mucho, ya que lo utilizaron para pagarles a los empleados", dije. Si estaban buscando un montón de dinero, se iban a sentir decepcionados.

"¿En las cajas registradoras?", preguntó.

"Cien", le respondí. Estaba seguro de que habían desaparecido ya. Quería decirles que con lo codiciosos y hambrientos que eran, ¿por qué no tomaban todas las carnes en mal estado del refrigerador?

"No estamos detrás del dinero. Sólo queremos ver si tienes algunos papeles comprometedores en tu caja fuerte", dijo. Cierto, él probablemente pensaba que tenía cientos de miles de dólares en la caja fuerte. Este fue otro cuento de hadas que sólo Lugo creía.

"No hay nada ahí, excepto la caja de cambio", le dije.

"Vamos a ver", dijo inteligentemente.

"Bien", le contesté. Iban a hacer lo que quisieran de todos modos, y que así fuera.

Se fueron, y me habría reído si no hubiera sido por mi situación deplorable. Estos tipos estaban tomando un riesgo enorme por una pequeña recompensa. El ir al restaurante a plena luz del día en busca de más dinero era una locura. Con su codicia sin límites y poca inteligencia, no fueron capaces de medir el riesgo. Incluso en películas y libros, los delincuentes nunca iban tan lejos, exponiéndose de manera inconsciente. No me importaba que fueran al restaurante, de hecho, pensé que era una estupidez. No iban a encontrar nada allí. Estaba seguro de que los empleados habían acarreado cualquier cosa de valor, incluyendo la comida.

Vinieron a buscarme y me llevaron a mi coche y me esposaron al volante. Pasé la mayor parte del día allí, como lo había hecho los días anteriores. Sin agua ni comida, lo único que tenía era el aire caliente y húmedo insoportable que me rodeaba. Estaba casi inconsciente en el momento en que vinieron y me llevaron por la noche.

Lugo volvió y me lanzó un arrollado cuando todavía estaba en el coche. No podía siquiera tragarlo, a pesar de que apenas había comido en los últimos días. Me agarró por el brazo y pensé que me iba a meter la caja de cartón, pero me llevó al baño en su lugar.

Mientras estaba sentado allí, se echó a reír. "El local es un desastre. ¿Qué tipo de empleados tienes?"

Estaba seguro de que el restaurante no había quedado perfecto cuando el último de los empleados se fue, pero estaba seguro de que estos tipos destrozaron el lugar de la frustración cuando no habían encontrado nada de valor y que era eso lo que había causado el desastre.

"No muy buenos", le contesté, sabiendo que era lo que quería oír.

"¿Quién es tu abogado?", exigió.

"Gene Rosen ha atendido las pocas cosas que he tenido", le contesté, sin saber a dónde iba.

"Vas a llamarlo y decirle que Jorge Delgado es tu apoderado para la venta del restaurante", dijo.

Eso me cayó como un balde de agua fría. Acababa de recibir mi sentencia de muerte. No había manera de que revelaran sus identidades, a menos de que me fueran a matar. Quería llorar, pero ni siquiera tenía la fuerza para ello. Aunque yo estaba en shock, sabía en el fondo de mi mente que esto iba a suceder. Sin embargo, enfrentarlo era harina de otro costal. Me preguntaba cuánto tiempo me quedaba. Un día, una semana, un mes, ¿qué más daba?

Mis esperanzas de volver a ver a mi familia habían desaparecido. No pudo ser. Se había acabado. Tuve que aceptar la cruda realidad, no importaba lo difícil que fuera.

No podía responder y finalmente murmuré: "Está bien".

"Hablé con Jim Cole y le dije que era tu primo, Jim Schiller, y que te ayudaba con la venta del restaurante", dijo con orgullo.

"Está bien", fue todo lo que pude decir. Siguió hablando, pero mi mente se perdía y no registraba nada más de lo que decía.

Por último, le oí decir: "Vas a llamar a tu abogado mañana".

"Está bien", le dije, y por alguna razón desconocida, pregunté: "¿Cómo está Jorge?"

"Está bien. Está en la bancarrota. Acaba de tener una niña y está haciendo este trabajo para poder hacer un poco de dinero", respondió. Acababa de tener una bebé y se involucró en este lío. ¿Que estaría pensando Delgado? Esto era inimaginable. ¿Cómo podría su esposa dejarle involucrarse? No entendía.

"Siempre le gustaba gastar todo lo que tenía", le dije. Nada importaba en ese momento.

"Mira quién habla", dijo Lugo, en defensa de su compañero y socio en el crimen.

"Sí, bueno, nunca he tenido nada en contra de Jorge. Él es un buen tipo", le dije, casi sintiendo que estaba en la habitación con Lugo y que, tal vez, mis palabras le agitarían y harían que intercediera por mí. Yo estaba equivocado, muy equivocado.

"Sí, sí", dijo Lugo, que no quería que me escuchara porque, con el fin de manipular a Delgado, ya le había pintado un panorama muy diferente.

La traición de Delgado a su familia y a mí era inimaginable, imperdonable y alucinante. Pero había que entender la capacidad de Lugo para manipular. Estaba enviando a Delgado a ver a mi abogado. Si algo salía mal, Delgado sería identificado y se iría con las manos vacías. Lugo lo estaba usando y Delgado ni siquiera se daba cuenta. A Lugo sólo le importaba salvar su propio pellejo y conseguir su botín.

Esa noche, el señor FBI entró como mi vigilante nocturno / niñera. De inmediato se me informó de que no había comida. Me dio una botella de Gatorade y me dijo que estaban preocupados de que me estuviera deshidratando. ¿A quién le importaba? Iban a matarme pronto. Bueno, fue una buena botella para orinar, al menos. Razoné que, desde que mi sentencia de muerte había sido dictada, la comida sería inexistente desde ahora hasta ese momento.

En una forma inusual, Lugo y su compañero, el señor Tortura, regresaron esa noche. Me desencadenaron y me llevaron a la recepción para firmar más documentos. Me sentaron en una silla, y me dijeron que había una mesa delante de mí. Supongo que estaban preocupados por mi estado de deterioro. Querían mi firma lo mejor posible y no querían correr el riesgo de añadir dificultades cuando me viese obligado a firmar. Estos documentos eran más importantes que algunos de los otros que había firmado recientemente. ¿Por qué incluso los firmé? No lo sé. ¿Cuál fue el punto si me iban a matar de todos modos? Me negué a renunciar a la esperanza, y tal vez pensé que si yo los aplacaba, mi sentencia de muerte podía ser conmutada.

Mientras estaba sentado allí, Lugo comentó: "Si alguna vez firmas un documento de una franquicia de servicio con los ojos vendados, recuerda quién te enseñó el método".

Eso fue algo que nunca olvidaría. "Bien, y tú consigues las regalías, ¿correcto?", dije sarcásticamente.

"Por supuesto", dijo Lugo, y se echó a reír.

Estaba de muy buen humor, pero su estado de ánimo cambiaba violentamente, y no podía decir lo que vendría después. El compañero, el señor Tortura, casi nunca hablaba. Tal vez su coeficiente intelectual no le permitía decir nada inteligible. Lugo parecía disfrutar con la condición en que me encontraba, si estaba más miserable, mejor se sentía. Quería que yo llamara a mi esposa para decirle que estaba en Dallas, terminando la venta del restaurante, y que todo iba bien y como estaba previsto. También tenía que decirle que me reuniría con ella y los niños pronto. Me pregunté si sería la última llamada que iba a hacer y si, inconscientemente, iba a ser mi último adiós.

Colgué el teléfono y esperé a regresar a mi caja. En cambio, Lugo dijo que necesitaba un poco de ejercicio. Él quería que yo corriera en el sitio, lo cual hice. Actuó como si fuera un instructor y ladraba órdenes: "Más rápido" y "Ponte de pie". No fue fácil, ya que tenía que mantener mis pantalones para evitar que se cayeran. Había perdido mucho peso. Era humillante, pero necesitan un poco de entretenimiento barato, y yo lo era. Se reían incontrolablemente al ver al hombre ciego sosteniendo sus pantalones, tratando de correr. Reconozco que debo haber sido un regalo para la vista. Después de diez minutos, tuvieron suficiente diversión conmigo y me llevaron a mi caja de cartón. Uno puede preguntarse por qué hice lo que me dijeron y dejarme humillar de tal manera. Si no hubiera cumplido, me habrían golpeado o quemado, y creo que eso era lo que ellos esperaban. Así que en lugar de obtener una paliza, me permití ser humillado. Podía haber sido difícil recuperarse de la tortura física, más dada mi condición en ese momento. De cualquier manera, era irrelevante, y yo estaba tratando de sobrevivir una hora.

Así que, de vuelta en mi caja, me senté y me maravillé ante el hecho de que yo no me había enfermado durante mi cautiverio. A menudo tenía fiebre y me empapaba de sudor, seguido por escalofríos por el aire acondicionado frío, sucio y antihigiénico. Mi lugar de reclusión era equivalente a una pocilga. Mi nutrición osciló entre inadecuada o inexistente. Parecía que mi cuerpo había acudido a un sistema de defensa adicional, que impedía que empeorase. Tuve la suerte de que mi sistema inmune estaba a la altura. Tener que lidiar incluso con el frío habría causado más miseria. El único dolor físico real con el que tuve que lidiar constantemente fue en la nariz, las orejas y los ojos.

La cinta había carcomido la piel tanto en la nariz como en las orejas, y estaban sangrando constantemente, pero el dolor en mi nariz era mucho peor. En un momento, había conseguido aflojar la cinta sobre los oídos para aliviar algunas de las molestias. Uno de los vigilantes nocturnos, el señor Amistoso, lo notó, pero no me molestó con ello. No podía hacer nada con la cinta por encima de mi nariz, así que tuve que sonreír y aguantar. Se estaba poniendo cada vez peor y, a veces, me llevó al borde de la locura.

Sí, mi estado mental era harina de otro costal. Se deterioró progresivamente, como lo había pensado. Estaba montando una montaña rusa emocional que parecía estar dirigida en una dirección ahora: abajo. Seguí tratando de mantener el ánimo con una actitud mental positiva, pero después de darme cuenta de que por fin me habían dado mi sentencia de muerte, era mucho más difícil. Seguí mintiéndome a mí mismo que iba a salir vivo de ese almacén y que iba a recoger los pedazos de mi vida destrozada. Eso también se estaba poniendo más difícil de hacer. Sólo puedes mentirte a ti mismo por un tiempo. Al final de la cuarta semana, ya no me creía.

Me quedé allí en mi oscuridad y soledad. El vigilante nocturno no entró más en la habitación para ver si estaba espiando o quizás hasta algo más. No me ofreció un refresco durante la noche, y ahora yo tenía mis propios cigarrillos, por lo que tampoco tenía que preocuparse por eso. Las necesidades del baño fueron resueltas con los vasos y botellas que había recogido. Una o dos veces durante la noche, venía para asegurarse de que no había escapado mientras estaba ocupado viendo televisión. Él probablemente dormía en la noche, mientras que yo no tuve la suerte de hacerlo. En ese momento, me hubiera gustado haber practicado magia en algún momento de mi vida. Si hubiera podido encontrar una manera de liberarme de las cadenas, podía haber tenido una mejor oportunidad para escapar. El señor FBI me había dicho que quería que esto terminara para poder seguir adelante con otras cosas en su vida, lo más probable cosas criminales. Se refirió a sí mismo como nada más que una niñera cara, lo que me hizo preguntarme cuánto le pagaban por sus servicios. Así que sabía que, lo que iba a ocurrir, sería pronto. La fatiga comenzaba a caer sobre ellos. Si tan sólo pudieran imaginar cómo me sentía.

Del miércoles por la noche pasé a la mañana del jueves. El amigo de Lugo, el señor Tortura, entró y me dio el desayuno: una manzana. No había café esa mañana, y no dije nada cuando me cayó encima. Me comí la manzana, aunque estaba medio podrida. Poco después, me llevaron al baño. Todavía no confiaban en mi incapacidad para ver y deliberadamente me rebotaban contra las paredes para asegurarse de que era así, o tal vez sólo por diversión. Fue el señor Tortura quien me llevó al baño, y él era un sádico puro de corazón y disfrutaba de infligir dolor, por lo que el rebote contra la pared era de esperar de él.

Una vez que estuve en el baño, esperé unos minutos para que el señor Tortura se fuera. Me deslicé al baño a defecar. Me quedé sorprendido cuando el señor Tortura dijo: "Así que tenías que cagar, ¿no?" Y comenzó a reír. Era raro más allá de la comprensión, y yo sabía que a menudo me miraba sin decir una palabra.

Humillado una vez más, murmuré: "Sí". Yo había perdido toda dignidad a estas alturas, pero tomé la torta.

"¿Quieres un poco de papel higiénico?", dijo entre risas.

"Claro", le contesté. Me lo lanzó, y tuve la suerte de atraparlo en el rebote.

"¿Cómo es que caminas tan gracioso cuando te traigo aquí?", me interrogó. No tenía ni idea de lo que estaba hablando.

"No lo sé. No me di cuenta", le dije. Yo estaba realmente perplejo ante lo que quería decir.

Con eso, lo oí salir del baño. Al menos eso pensaba. Todo lo que podía pensar era que se trataba de un tipo extraño y muy peligroso.

Me senté allí toda la mañana y en la tarde, Lugo y su

compañero me llevaron hasta el coche, donde permanecería encadenado por el resto del día. Volvieron más tarde y me dieron la cena: una botella de Gatorade.

Decidí que mi tiempo era corto, así que en serio tenía que hacer las paces conmigo mismo. No sabía cuánto tiempo me quedaba. Tenía que volver sobre mis acciones y las cosas que había hecho en mi vida, lo bueno y lo malo, la gente que pude haber ayudado y los que pude haber herido sin querer. Quería estar en paz conmigo mismo y oré por fuerza cuando llegara el momento. El final podría llegar ese día o en unos pocos. Pero yo sabía que el tiempo se hacía más corto, y quería estar en el estado mental correcto, si era posible, cuando llegara.

A veces, durante mi cautiverio, sentí una profunda ira. No se supone que debamos tratar a los animales de la forma en que yo había sido tratado. Me habían hecho pasar toda esa humillación sólo para robar mis bienes, pero creo que pudo haber sido más que eso. Estaban tratando de robar quién era yo y lo que representaba al mudarse a mi casa y al hacerse pasar por mí. Yo sabía que en cierto modo había sido mi culpa, porque había permitido que lo hicieran, tal vez porque creía que todos esos objetos podrían ser sustituidos, pero la vida no. Creía ingenuamente que si les daba lo que querían, me dejarían ir. Pero no había fin a la codicia y la sed, y de alguna manera sentí que no estarían satisfechos hasta que hubieran tenido todo lo que yo tenía y mi vida también. Para ellos era el único final apropiado para todo este asunto, y todo apuntaba en esa dirección. Podría elegir ser ciego a eso porque no quería verlo. O podría enfrentarlo.

Por difícil que fuera, tenía que dejar todo esto detrás y convencerme de que cualquier acción que había tomado era lo que yo pensaba que era lo mejor. Mi ira no iba a resolver las graves circunstancias y tal vez me podría impedir ver con más claridad. Además, no había nada que yo pudiera hacer. Por difícil que era, tenía que perdonarme por mis errores y perdonar a los que me habían hecho daño. Puede parecer absurdo, pero mis oraciones iban más para ellos que para mí. Necesitaban desesperadamente ayuda, y yo oraba para que la recibieran o por lo menos entraran en razón, y se dieran cuenta de las atrocidades que habían cometido con otro ser humano. Sólo quería irme en paz, sosteniendo mi cabeza en alto. En última instancia, no perdí la fe, ni me dejaba perder mi dignidad, no importaba cuánta humillación me hicieran pasar. Mi ánimo se elevó alto sabiendo que yo había hecho lo mejor que pude. Por lo menos podía encontrar consuelo en saber que mi familia estaba a salvo y fuera de peligro. No quería ser pesimista, pero también tenía que ser realista si tenía que enfrentarme a lo que me esperaba.

Esa tarde, Lugo y su compañero vinieron a buscarme y me dijeron que iba a llamar a mi abogado, Gene Rose. Me llevaron a la mesa y pasaron por el procedimiento habitual de conectar el teléfono y marcar el número. Tuve que decirle que Delgado se dirigía a su oficina para un poder notarial. Gene fue amable como siempre. Antes de que pudiera decir el propósito de mi llamada, me informó que Delgado había estado allí para el documento. Me quedé sorprendido por lo descarados que eran. No estaban preocupados por dar una posible pista que podría volverse en contra de ellos. Rápidamente le dije que siguiera adelante con el documento y les pasé el teléfono para poder colgarlo.

Me quedé perplejo. O bien tenían ya un comprador para el restaurante, o esto iba a durar mucho más tiempo de lo que pensaba y quería. Con la Navidad a la vuelta de la esquina, no me entusiasmaba la idea de tener que pasar las fiestas encadenado a la pared. Pero esto no tenía sentido, y me di cuenta que el final de esta prueba estaba mucho más cerca, y para Navidad no estaría allí.

Volví a la caja de cartón en lugar del baño, lo que me dejó perplejo. Me hicieron llamar a mi abogado para informarle que Delgado iba a verlo, y cuando llamé, él ya había estado allí y se había ido. Estos eran unos tontos incompetentes y sólo habían tenido éxito en este crimen porque los había dejado. ¿Era posible que no supieran que ya había estado allí cuando llamé? Todavía estaba asombrado de que estaban procediendo a la venta del restaurante, aunque podía requerir un tiempo considerable. Supongo que nadie los estaba presionando, así que podían tomarse todo el tiempo que necesitaban. Las cosas habían cambiado en el almacén. Estaba lleno de matones y Lugo estaba allí casi todo el tiempo. Esto me dijo que quedaba poco tiempo, no importaba la venta del restaurante.

Lugo intentó tirarme una bola curva y me dijo otra mentira. Esto parecía coherente con su personalidad psicótica. O él pensaba que yo era completamente estúpido, o que él era tan brillante que nadie podía ver a través de sus mentiras mal construidas. Definitivamente era un ególatra y era tan alta su autoestima que no podía concebir el fracaso. Sin duda, nadie podía ver a través de sus mentiras. Esta vez me dijo que había "contratado" a Delgado porque la gente sabía que era mi amigo. El problema era que Gene Rosen nunca había conocido a Delgado y no sabía que Delgado había sido mi amigo y socio de negocios. La primera vez que lo conoció fue ese día que fue a su oficina. Al parecer, Lugo estaba tratando de encubrir la metedura de pata que había hecho al decir el nombre de Delgado impulsivamente. Estoy seguro de que Delgado había estado allí ese día y había llegado a enojarse con Lugo. Esa fue la manera de Lugo de aplacarlo. Me sentí insultado de que pensaran que yo era tan estúpido, pero tal vez eso fue una ventaja.

Me senté ahí la tarde del jueves. La inactividad y la falta de estimulación mental era una tortura en sí misma. Yo soy un ávido lector y normalmente devoro libros y revistas. No sólo carecía de nutrición para el cuerpo, sino para el cerebro. Estaba cansado de pensar en lo mismo y frustrado al no encontrar ninguna solución que pareciera factible. No quería caer en la autocompasión, que sólo podría haber sido perjudicial.

Me acosté un rato. Lugo y su compañero entraron y gritó una orden para que me incorporara. Lugo quería que comenzara a beber alcohol por la tarde, para que cuando llegara el momento de mi liberación, no me vomitara todo. Esta fue otra de las ideas extrañas de Lugo, y me pregunté cuáles eran sus verdaderas intenciones. ¿Importaba? Me dieron una bebida y me indicó que lo bebiera todo de una vez. Me las arreglé para tomar un poco de ella, el resto se derramó sobre mí. Me quemaba mientras bajaba y reconocí el sabor: era tequila. No había tocado tequila desde mis días en la universidad. Me dio otro, y yo seguí el mismo procedimiento. Lugo me dijo que iba a volver más tarde para darme un poco más. Se fueron. El alcohol tuvo un efecto inmediato, ya que lo había consumido con el estómago vacío. Tuve que acostarme, mareado y aturdido. En cierto modo, el alcohol era una bendición disfrazada. Pude escapar de mis pensamientos y de la realidad actual, aunque fuera sólo por un corto tiempo.

Entraban de vez en cuando para ver cómo estaba y si estaba actuando como un loco. Afortunadamente, yo siempre había manejado bien el licor y ni siquiera me daba por hablar demasiado. Me quedé allí en la oscuridad, como de costumbre. Una vez más, me sentía como una rata de laboratorio a la que se le está midiendo cómo se le da una dosis diferente. Deduje que el licor no estaba teniendo el efecto que deseaban. El líquido tenía un efecto secundario positivo. Me dio somnolencia, y ya era capaz de conseguir un par de horas de sueño después de tantas noches sin dormir.

Cuando me desperté de mi corta siesta, Lugo y su amigo regresaron y me dieron un par de tragos. No quemó con tanta dureza como el primero, ni tampoco tuvo un efecto similar. Lugo me dijo que al día siguiente le gustaría que tomáramos un par de copas juntos. *Vaya, algo que esperaba con impaciencia.* Tenía la suerte de tener a un criminal y torturador como mi compañero de tragos. Tal vez podríamos intercambiar historias tristes de nuestras vidas, tal vez una lágrima o dos y consolarnos mutuamente. Era como una broma. No dije nada y sólo esperaba que se fuera.

Esa noche, el señor FBI me vino a cuidar. El señor Amistoso ya había realizado su acto de desaparición en ese momento. Para mi sorpresa, el señor FBI me trajo una hamburguesa, papas fritas y una soda. Yo estaba hambriento y me lo comí como si fuera algún exótico manjar francés. Los últimos días la comida había sido inexistente, a menos que llame comida a un Gatorade.

Al contemplar estos últimos acontecimientos, llegué a la conclusión de que las cosas realmente se habían salido de las manos. Tenían que hacer algo en un futuro no muy lejano. Mi condición física se había deteriorado drásticamente después de casi un mes de mala nutrición e inactividad. Estaba débil y mis piernas eran como hule cuando me ponían de pie. Había perdido una gran cantidad de peso, especialmente en la semana anterior. Cuando me llevaban al cuarto de baño o a otro lugar, me sentía muy lento, y tenía que ejercer mucho más esfuerzo de lo normal para caminar pocos pasos. Mi capacidad de concentración era más breve y no tenía ganas de hablar más. Sólo estaba esperando, con la esperanza de que todo se resolviera, de cualquier forma y pronto.

Es curioso cómo a veces las cosas parecen estar saliendo mal cuando suceden, pero luego resultan ser mejores, y el paso del tiempo revela exactamente eso. Mi hermano originalmente iba a ser mi compañero en el restaurante. Habría estado trabajando conmigo ese día. Nos habrían secuestrado a los dos y ambos estaríamos muertos desde hacía tiempo. La personalidad de mi hermano era más conflictiva, y él sin duda se hubiera negado a todas sus órdenes y les habría dicho que se fueran al infierno. Si hubiera reconocido la voz de Lugo, como yo, le habría dicho que sabía quién era. Él no habría tenido la paciencia y la calma que yo trataba de mantener. Tal vez su enfoque hubiera sido el correcto. Yo podría haber considerado su método si mi vida fuera la única en juego. Pero tenía que poner a mi familia a salvo y no podía asumir el riesgo.

A veces me preguntaba si estos matones habían visto demasiadas películas de acción y estaban tratando de imitar lo que habían visto. Si no fuera por mi situación precaria, estos idiotas hubieran sido risibles. Actuaban casi como personajes de películas o malos dibujos animados. Estaban tan confiados en sí mismos que era casi seguro que la situación iba a terminar mal para ellos. Era sólo una cuestión de tiempo, estaba escrito en la pared. No sabían cómo medir el riesgo, y eran tan ajenos a la realidad que daba miedo. En realidad sentían que podían seguir haciendo esto de la misma manera en que se manejaría cualquier otro negocio.

La mañana del viernes pasó rápido, y no había tenido desayuno, aunque no es que esperaba alguno. Me llevaron rápidamente al baño y del baño al automóvil para pasar un día en el calor sofocante. Esa tarde, Lugo me preguntó acerca de algunos cheques de la compañía que había firmado. Él quería saber acerca de los destinatarios y si tenían dinero. Supongo que estaban buscando otro trabajo o víctima después de que se deshicieran de mí.

Iba y venía cada diez minutos más o menos. Me pedía los detalles de un cheque, y si no conseguía la respuesta que quería, me amenazaba con una paliza. La mayoría de las veces no le dije la verdad. Sabía que no podía verificar lo que le decía. No quería arrastrar a nadie más a la trampa de estos locos. ¿Cómo iba a querer que alguien más soportara esta tortura? Esto se prolongó durante varias horas y yo estaba agotado para el momento en que finalmente terminó. Fue increíble que estuvieran buscando más víctimas con dinero. Esta codicia sin fin iba tan lejos de mi experiencia que sigo estupefacto por ella en la actualidad. Sus proyectos futuros no me afectaban, y no quería ser la persona que les entregase a su próxima víctima. Lo que me preocupaba era que fuesen tan abiertos para discutir sus planes futuros en frente de mí. Eso no era un buen presagio.

Temprano por la noche, Lugo regresó y me llevó a la caja de cartón.

Dijo: "Quiero que esto se acabe".

No respondí.

"Estoy cansado de ser la niñera de Rolando", continuó.

"¿Qué significa eso?", le pregunté.

"No se suponía que escucharas eso", respondió.

Pero estoy seguro que así era, y fue otro intento de este matón por desviar la culpa. Primero había mencionado el nombre de Delgado, y ahora Rolando. Rolando era amigo de Delgado. Sin duda, me sorprendía descubrir que él estaba involucrado en este lío. Sin embargo, Lugo, en su ceguera egoísta, no se dio cuenta de que había sabido desde el principio que era él. Lo que no entendía era por qué estaba mencionando nombres si me iban a matar de todos modos. ¿Era un seguro?

Se fue y regresó poco después con otra bebida alcohólica. Yo no sabía lo que era. Parecía que el tequila no tuvo el efecto deseado, y estaban experimentando con otros espíritus. Terminé la bebida, y él me dio otra y otra. Manejé bien mi borrachera y todo lo que hizo fue ayudar a relajarme. Era como si Lugo estuviera tomándose un traguito conmigo.

"¿Cómo te sientes?", preguntó.

"Estoy bien", le respondí, sabiendo que no era lo que quería oír.

"Bueno, eso no está bien. No parece que estés bastante borracho, así que vamos a tener que intentar algo nuevo. Parece que toleras bien el licor", dijo en tono frustrado. No me gustaba la forma en que sonó *algo nuevo*.

"No", fue mi breve respuesta. Yo seguía pensando en lo que había dicho. Bueno, parecía que el licor estaba teniendo un efecto en Lugo en lugar de afectarme a mí.

"Eres un hijo de puta arrogante", dijo, arrastrando las palabras.

"Yo no lo creo. Estoy bastante cuerdo. Soy introvertido y muchas personas confunden eso con ser arrogante", le dije.

"Eres un hijo de puta arrogante", respondió. Su frustración por no haber quebrado mi espíritu estaba mostrándose y me odiaba por ello. Yo no iba a discutir con este loco, sobre todo cuando estaba borracho. ¿De qué serviría que lo hiciera?

"Sí, es una lástima", dijo casi con remordimiento.

"¿Qué es una lástima?", le pregunté.

"Has pisado a mucha gente", dijo.

"¿Yo he pisado a mucha gente? Todo lo que he hecho es ayudarla, sobre todo los que me han ayudado", le respondí, con el último comentario dirigido directamente a Delgado.

"No se sienten de esa manera", dijo.

"Es lamentable que no se sienten de esa manera", le contesté.

"Sí, sí, bueno, ya no importa", dijo. El tono de su voz era de miedo, no de una manera amenazante. Era como si, en su mente, se estuviera tratando de justificar y reconciliarse con algo que estaba a punto de hacer.

"Mientras estábamos en tu casa, estuvimos viendo fotos del viaje que tú y tu esposa hicieron a Londres" dijo, tratando de provocarme.

No respondí.

"No te veías muy feliz. Pero estabas con esa perra. ¿Cómo podría ser?", dijo, y se echó a reír morbosamente.

No respondí, ya que sabía que estaba tratando de sacudir la jaula. Sólo lo haría sentir mejor si se lo permitía, eso era lo que quería. Se había equivocado de ciudad y de país, pero yo no creía que la geografía o cualquier otra materia escolar eran su fuerte. Me dio otro trago después de eso. A continuación, salió de la habitación o simplemente decidió no hablar más conmigo. Encendí un cigarrillo y me senté y pensé en sus comentarios. Ahora entendía mejor por qué lo habían hecho. Mucho fue causado por mi negativa a continuar mi sociedad empresarial con Delgado. Al parecer, mi desaprobación de la amistad entre Delgado y Lugo había encendido el asunto.

Sabía que había mucho más que eso: la codicia, así como el hecho de que había sido un blanco fácil. Pero uno tiene que ser muy retorcido para llevar las cosas a este extremo. En realidad, no era tan sorprendente que Lugo hubiese manifestado este comportamiento. Por otro lado, Delgado fue una sorpresa y una decepción. Me sorprendió que un ser humano pudiera ser manipulado para cometer esos actos tan odiosos. Pero la historia ha demostrado una y otra vez que los individuos y las mentes de un grupo pueden corromperse para hacer cualquier cosa, no importa cuán atroz sea. Cuando piensas en las atrocidades de las guerras y luego piensas a pequeña escala, en términos más individuales, te das cuenta de que el mal puede ser perpetrado a cualquier nivel.

Alrededor de una hora más tarde, Lugo volvió y me dio otro trago. Me preguntó cómo me sentía y, a su pesar, le respondí que estaba bien. Una vez más, me dijo que teníamos un problema, ya que el alcohol no estaba teniendo el efecto que quería. ¿Qué estaba esperando? ¿Se suponía que debía actuar como un tonto? Me dio otro trago y por el sabor era algo diferente. Me dio un par de copas, cerciorándose de que tenía suficiente. Lo que siguió realmente me dejó perplejo. Como la mayoría de las cosas que habían ocurrido en ese almacén, no lo entiendo.

"Sostén esto", dijo, y me entregó una botella. Por su peso, me di cuenta de que estaba llena. "Sosténlo en tu mano derecha", indicó.

Así que ahí estaba yo, con una botella en la mano derecha. Se acercó y movió la botella para que la sostuviera en un cierto ángulo, como si estuviera posando.

"Sostén esta en la mano izquierda", dijo, mientras me daba otra botella llena.

Luego se acercó y colocó la botella como él quería. Sostuve estas botellas en la mano durante unos diez minutos. Lo único que pasó por mi mente era que yo estaba posando para las fotos nuevamente, pero ¿por qué? ¿Cuál era el propósito? ¿Iban a manipular estas fotos y usarlas de alguna manera en mi contra? Cualquier persona que me conoce sabe que yo no bebo. Tomó las botellas y, sin decir palabra, se fue, dejándome reflexionar sobre lo que estaban haciendo. Como con tantas otras cosas, hubo preguntas, dudas, preguntas, pero ninguna respuesta.

A su salida, Lugo puso una música extraña que se ajustaba a su personalidad. Pensé que la música iba a hacer que mi cabeza explotara. Lo que sea que me habían dado no me sentaba bien. Me dio un gran dolor de cabeza y sentí náuseas. Me senté y me concentré en no vomitar. Tenía suficiente mugre a mi alrededor y no quería añadir más. Sólo esperaba que las náuseas pasaran pronto.

Más tarde esa noche, llegó mi niñera. El señor FBI rápidamente me informó que no había cena. No me sorprendió en lo más mínimo. Me dio una bolsa de plástico en caso de que tuviera que vomitar, lo cual me pareció muy considerado de su parte.

Dijo: "Usa esto si vas a vomitar los sesos", y se echó a reír.

"Vaya, gracias", le dije, y me di la vuelta para acostarme.

Al final de esa semana, yo pasaba más acostado que sentado. Cuando me sentaba, me cansaba con facilidad. Después de un día completo en el baño y el coche, en el momento en que llegaba a la caja de cartón estaba agotado. Esto, combinado con la falta de nutrición y la inactividad, sólo me daban ganas de echarme todo el tiempo. Mi energía física fue menguando y me sentía agotado todo el tiempo. A diferencia de la noche anterior, no fui bendecido con un sueño fácil. El vigilante nocturno venía a ver si tal vez me había ahogado en mi propio vómito, y sin decir una palabra, se iba tan rápido como había llegado. Nunca hice uso de la bolsa que me dio . Sentía que el guarda no tenía ninguna compasión hacia mí. Eran secuaces pagados haciendo su trabajo por un salario. Me quedé allí, admirando la forma holgada en que la ropa me quedaba ahora. Me pregunté cuánto tiempo duraría en las actuales circunstancias. La mañana del sábado pasó, y otro fin de semana en cautiverio quedaba por delante. No había tregua, no había escape del infierno en que me encontraba.

Capitulo 19 — Conclusion

"El hombre es el único animal que contempla la muerte, y también el único animal que muestra cualquier signo de duda de su fin".
- William Ernesto Hocking -

"En la hora más oscura, el alma se repone y consigue fuerzas para seguir y soportar".
- Corazón Guerrero Chosa -

Los siguientes días se presentaron con la misma rutina que los demás, primero al baño y luego al coche. Dejé de preguntarme por qué practicaban esto tan religiosamente. Temprano por la noche venían Lugo y la caja de cartón. Me di cuenta de que él estaba cerca con más frecuencia y hacía muchas cosas por sí mismo. Tal vez no confiaba en los demás para llevar a cabo las tareas, o había tanto desacuerdo en las filas que los demás no estaban satisfechos. Después de que me encadenaba con fuerza a la barandilla, me hacía beber. A menudo, yo no sabía lo que estaba bebiendo o el efecto que tendría. Entonces él me daba otra bebida, que me quemaba conforme iba bajando.

"Vamos a tener que llevarte a través de las Bahamas", dijo Lugo, de hecho.

"¿Qué se supone que voy a hacer cuando llegue allí? No se puede llegar a Colombia desde ahí", señalé. En retrospectiva, fue algo que lamenté. Si yo me quedaba en las Bahamas, varado, habría buscado una manera de conseguir ayuda. Además, pensé que estaba perdiendo la lógica. No tenían esos planes y era otra de las historias de mierda de Lugo para mantenerme en equilibrio.

"¿No se puede?", dijo, sorprendido.

"No, no hay vuelos de conexión desde Bahamas", dije, otra vez lamentando haberlos hecho conscientes de ello. Sentí que había dicho algo realmente estúpido. ¿Por qué estaba jugando el juego de este mentiroso? Era una tontería, pero por alguna razón no podía parar. Tal vez deseaba tanto creer que iban a dejar que me fuera, que mi mente se negaba a ver cómo estaba siendo usado como juguete.

"Bueno, no sé lo que vamos a hacer. La gente de aduanas con la que trabajamos no va a estar allí la próxima semana", dijo, tratando de sonar convincente y serio.

Obviamente yo no podía ver, pero si hubiera podido, probablemente habría visto una enorme sonrisa en su rostro. Esto no tenía sentido. Toda su historia sobre los amigos de aduanas era una estupidez. Estaba dando marcha atrás para salvar su cara. Era eso, o simplemente cambiar la historia otra vez para satisfacer su propia imaginación enferma y psicótica. Espera ¿no era este el FBI, como uno de sus compañeros matones me había dicho? ¿Por qué ellos tenían un problema si realmente lo eran? Todos estos tipos habían visto demasiados episodios de Miami Vice.

"Está bien, voy a ir a las Bahamas. ¿Vas a darme algo de dinero para que pueda llegar a Colombia?", le dije, tratando de remediar mi error. Además, pensé, dos pueden jugar el juego. Yo sólo quería ver su reacción.

"¿Estás loco? No te vamos dar nada", respondió, mientras me daba otro trago.

Vaya. No es como que me estás dando tu dinero, simplemente devolviendo una muy, muy pequeña parte del mío.

"Entonces, ¿cómo puedo llegar sin dinero?", le pregunté, siendo evasivo.

"Vamos a tener que pensar en eso", dijo, frustrado con la conversación. Una vez que lo acorralé, no quería hablar de eso más. Típico.

"Está bien, déjenme en las Bahamas. Voy a llegar a Colombia de alguna manera", le dije, tratando de presionar para que tuviera que usar su agilidad mental o, a falta de ella, inventarse una mentira más grande. Por supuesto, yo sabía que la historia de Bahamas también era para engañarme, y me seguían contando diferentes tipos para mantener mis esperanzas o confundirme. Tal vez ellos mismos todavía no sabían lo que iban a hacer. Pero en realidad, lo sabían, y yo no iba a subirme en un avión a menos que fuera en un ataúd. A estas alturas, estaba seguro de eso.

"Ya veremos", dijo, sonando como si estuviera en una profunda reflexión o simplemente sorprendido por mi insistencia.

"¿Por qué no puedes dejarme en el aeropuerto? No voy a causar ningún problema. Me subiré en el avión y nunca van a saber de mí otra vez", le dije. Valía la pena intentarlo. Desde luego, no tenía nada qué perder. Su respuesta fue una digna de los libros de récords y la más creativa hasta el momento.

"No, eres un criminal buscado y no podemos arriesgarnos a eso. Tenemos que sacarte del país sin que nadie lo sepa", dijo, tratando de parecer serio.

Ja, ja, ja. Yo apenas podía contener la risa. Esto es lo que los psicólogos llaman proyección. Lo que en realidad quería decir era que él era un criminal buscado y que si me dejaba ir, me podría haber dado regresado e ir a las autoridades. La imaginación de este tipo había crecido hasta ir más allá de lo ridículo. ¿Se daba cuenta de lo estúpido que sonaba al decirme esto?

No respondí porque después de la última no podía decir nada con la cara seria. Sinceramente, creía que no tenían ninguna intención de dejarme ir vivo, y arriesgarse así a que fuera a las autoridades. Tal vez cuando todo comenzó, habían pensado simplemente robar mis bienes y nada de asesinato. Pero las cosas habían cambiado y esto había requerido más de lo que esperaban, transformándolos así en asesinos sin ningún recurso. Lo más probable es que sentían que habían sido acorralados. Tal vez no podían ponerse de acuerdo sobre cuál método era mejor para matarme, y cómo y dónde iban a disponer de mi cuerpo sin vida. El alcohol, probablemente, iba a ser utilizado para sedarme; así, cuando llegara el momento, yo no habría dado ninguna una pelea. Dudaba que fuera por razones humanitarias. No les importaba si sentía dolor. Por el contrario, lo disfrutaban.

Me senté y miré a la nada en que se había convertido mi mundo. El vigilante nocturno, el señor FBI, entró y me trajo comida, una hamburguesa, por supuesto. Me la devoré en lo que pareció ser un sólo bocado y deseé tener diez más. Me prometí a mí mismo no comer hamburguesas de nuevo si sobrevivía milagrosamente a esta prueba. Los vigilantes nocturnos fueron los más cumplidos en traerme comida. Si hubiera dependido de Lugo y su compañero, probablemente no habría habido ninguna.

El señor FBI dijo: "¿Me extrañaste?"

"Sí, por supuesto que sí. ¿Dónde has estado?", le contesté. En realidad, tener a este loco cerca era mejor que tener a Lugo y su compañero, el señor Tortura.

"Estaba cuidando ciertos negocios. Te he traído algunos cigarros también", dijo, y me entregó el paquete. "Voy a estar de vuelta más tarde", dijo.

"Está bien".

Después de terminar, regresó y se ofreció a llevarme al baño. Supongo que estaba solo ese día, porque me clavó la pistola en la espalda para asegurarse de que yo sabía que estaba allí. También me hizo tocar el cañón para que reconociera que era real. Por un fugaz momento, pensé en hacer un movimiento. No lo hice por varias razones. En primer lugar, supuse que estaba solo, pero podría haber habido otros allí. No tenía forma de saber. En segundo lugar, mi estado físico era tan débil que sabía que no tenía la fuerza para luchar y no tenía ninguna posibilidad de vencer a nadie. En tercer lugar, tenía un arma y yo no dudaba que la usaría si se veía amenazado. Así que fui un cobarde y dejé pasar la oportunidad, sin saber cuál hubiera sido el resultado. *C'est la vie*. Me encadenaron a la pared y se fue hasta que terminé. Cuando lo llamé, me llevó de nuevo a la caja de cartón.

Me senté allí mientras el tiempo se arrastraba. Me hubiera gustado que volara para que esta prueba terminara de una manera u otra. No más pensar, eso no me llevaba a ninguna parte. Esa noche pude dormir un poco, un alivio menor pero agradable ante la locura que me rodeaba. Llegó el domingo por la mañana y yo estaba a punto de cumplir cuatro semanas completas en mi caja de cartón. Lugo, el loco, llegó en uno de sus estados de ánimo histérico y me dijo que no había desayuno, qué sorpresa. El día era como de costumbre: primero el baño, luego el coche. Hoy me tocaba el maletero. Temprano por la noche volví de nuevo a la caja, donde Lugo, en un estado de ánimo bastante molesto, esperaba por mí con un par de copas.

Me dio un trago y dijo: "No vamos a enviar ninguno de tus muebles o cosas personales a Colombia. Los estamos conservando como evidencia". Qué sorpresa, en realidad pensaban que creía su historia anterior acerca del envío. Estos pequeños cerdos codiciosos querían también esas cosas.

"¿En serio? ¿Qué vas a hacer con eso?", dije, actuando como sorprendido cuando no lo estaba. Tratar de hacer pasar las fotos de mi familia como evidencia, estos matones debían haber pensado que yo era un retrasado. ¿Tratar de conservar las pruebas del delito que cometieron? Eso era lógico... para ellos.

"¿Puedo tener las fotos de mi familia, por lo menos?", le dije, tratando de molestarlo más. Yo jugaba. Necesitaba un poco de diversión.

"No," gruñó.

¿Adivina quién se levantó del lado equivocado de la cama? Supongo que tenía sentido: ¿para qué tendría fotos de su familia un hombre muerto? Supongo que querían mantener los muebles para amueblar la casa que acababan de robar. No me importaba un carajo. Esas cosas podrían ser reemplazadas. No dije nada. Era inútil, de todos modos, sobre todo en el estado de ánimo en que se encontraba. Él no dijo ni una palabra, me dio otro trago y se fue. Estas bebidas no tenían mucho efecto en mí. El guardia nocturno, el señor FBI, se quedó vigilándome. No dijo nada y no regresó el resto de la noche. La forma en que estaban actuando me dijo que algo estaba pasando y que sería sólo cuestión de días, quizás horas, hasta que las cosas se resolverían de una manera u otra. El final estaba cerca y pude olerlo. Mi intuición me dijo que era hora del espectáculo.

El lunes por la mañana llegó junto con Lugo y su compañero, que me trajero una manzana estropeada y una pequeña botella de Gatorade. Los mendigos no pueden elegir, pero la manzana parecía haber pasado por un momento tan malo como yo. También me dieron un nuevo paquete de cigarrillos y se fueron. Me comí la manzana, o lo que de ella se podía comer, y guardé la mayor parte del Gatorade para más adelante. La conservación y gestión de los escasos recursos disponibles era vital. Increíble. Mañana marcaría cuatro semanas completas en la caja de cartón. Cuatro semanas antes, nunca había imaginado que esto duraría tanto tiempo. Pero si supiésemos lo que la vida nos depara a veces, podríamos ser capaces de evitar algunos de los golpes y moretones en el camino.

A media mañana, Lugo y su compañero inseparable irrumpieron en la habitación.

Lugo se puso directamente encima de mí. "Tenemos otro problema con tu liberación". Era la hora del cuento, y yo estaba a punto de oír otro sobre hadas.

"Uno de los cheques que firmaste fue devuelto debido a la firma. El banco llamó a la casa y dejó un mensaje. ¿Conoces a alguien en el banco?", preguntó Lugo. Bueno, hasta ese momento, no había sido consciente de que había firmado cheques. Pensé que algunos de los documentos podrían haberlos incluido, pero nunca lo había sabido a ciencia cierta. La parte de la firma era lógica, ya que firmar cheques con los ojos vendados no era una tarea fácil. Además, había veces en que arruiné mi firma a propósito, para hacerles las cosas más difíciles con la remota posibilidad de que alguien pudiera darse cuenta.

"Sí".

"Vas a llamarlos y decirles que paguen ese cheque, porque vamos a volver a depositarlo".

Por un momento, me sentí con ganas de decirle que se fuera al infierno. Ya había tenido suficiente. Podía llamar y decirles él. Pero dije: "Está bien". Mis respuestas consistían en una sola palabra, pero que era una palabra en exceso.

Así que me llevaron de nuevo a la mesa y a la silla, y pasaron por el antiguo procedimiento de conectar el teléfono y marcar. Hablé con la representante del banco y le dije que pagara el cheque, el cual, durante el curso de la conversación, me di cuenta de que era por cuarenta y cinco mil dólares. Una vez que terminé, me llevaron de nuevo a la caja de cartón y me encadenaron a la barandilla.

"¿Cuántos amigos tienes?", preguntó con sorna.

"No muchos", respondí. Todo el mundo sabía que yo era una persona hogareña, y tener amigos y salir no era mi estilo. Al parecer, la única persona que yo consideraba un amigo, Delgado, fue un amigo en exceso.

"Eso lo explica", dijo.

"Me paso el tiempo en casa con mi familia", le dije secamente. Por supuesto, yo no esperaría que él entendiera eso.

"Bueno, piensa en los conocidos y amigos que tienes, porque vas a llamarlos y decirles que te vas", dijo con aire de suficiencia.

¿Estaba marchándome permanentemente a algún lugar donde no podrían comunicarse conmigo? ¿Era el registro de salida?

Con eso se fue y se confirmaron mis sospechas. Todo este episodio iba a terminar muy pronto. Temí que mi tiempo en este planeta era ahora una cuestión de horas, no de días. Estaba en paz conmigo mismo y pedí fuerzas para enfrentar la recta final. Estas llamadas eran para decirles que me iba, sí, pero en realidad quería decir que me iba de entre los vivos.

Ese fue un día bastante inusual. Pasaron las horas y nadie me llevó al cuarto de baño o al coche para pasar el día. Este fue otro indicio de que los últimos preparativos estaban en proceso. Por la tarde, Lugo vino a buscarme. Me dijo que llamara a mi esposa para decirle que las cosas se terminarían pronto. Por supuesto, no podía comunicar cuán definitivas eran las cosas realmente: permanente, bien muerto. Me llevaron al lugar de costumbre y hablé con ella y luego con DJ, mi hijo, quien quería hablar conmigo.

"Papá, ¿cuándo vienes a casa? Te echo de menos", me dijo.

"Pronto, DJ. Todo está casi terminado", le dije, ahogando las lágrimas.

"Sí, necesito tu ayuda con este juego de computadora y la tarea", agregó.

"Te ayudaré cuando llegue allí", le dije.

"Papá, te amo y te extraño mucho", dijo.

"Te amo también", dije y colgué.

Me llevaron de nuevo a la caja y esa vez lloré, porque me di cuenta de que había hablado con mi hijo por última vez. Fui bendecido y maldecido a la vez. Esa fue la llamada más difícil para mí. Su inocencia infantil no podía asumir la magnitud de la situación. Al menos había conseguido hablar con él por última vez.

Lugo pasó más tarde para beber algo conmigo mí. Después de la llamada telefónica, necesitaba un trago. Lugo me dio otra bebida y dijo: "¿Dónde alquilas tu coche?"

"En Kendall Toyota en la autopista 1", le dije, sin saber a lo que quería llegar.

"Vamos a devolverlo mañana", dijo.

Estaba tan cansado de estas mentiras y cuentos. ¿Qué iban a

hacer? ¿Entrar en el distribuidor y decir: "Aquí está su coche de vuelta"? Simplemente no funcionaba de esa manera. Supongo que eran tan estúpidos que deben haber pensado que con cualquier persona que trataran estaba a su mismo nivel. Era alucinante.

"Está bien", le contesté. ¿Qué se supone que debía hacer? ¿Discutir con él y decirle que era un idiota y que dejara de decirme mentiras?

"Estamos haciendo arreglos con la gente de aduanas. Deberías marchate pronto", dijo. Sus cuentos de hadas eran molestos. ¿Quién le creía, excepto él mismo?

"Está bien", le contesté. "Lo que sea que digas".

"Sólo tengo que ver que las personas adecuadas estén en el turno de noche".

Ignoró mi falta de respuesta, creyendo que le creía. Qué conclusión tonta y errónea.

"Está bien", murmuré, pensando que quería que me dejara en paz.

"Vas tener que conseguir emborracharte como una cuba", dijo, mientras me daba otro trago.

"¿Por qué?", le dije. Historias estúpidas merecen preguntas estúpidas.

"Para que así quedes casi inconsciente y no puedas reconocer a ninguno de nosotros", respondió. Todavía creía que no sabía quién era.

"Está bien". Estaba aburrido hasta las lágrimas. Qué idiota.

"Así que bebe hasta que tu sistema pueda acostumbrarse a

ello", dijo. Bebí un poco, pero no lo terminé.

"Todo", ordenó. Yo hubiera estado feliz de beber todo si dejaba de contarme cuentos de hadas y empezaba a contarme la verdad.

Y bebí el resto, y luego otro y otro. Estaba triste y deprimido después de hablar con mi hijo y quería, con razón o sin ella, ahogar mis penas. Sentí el efecto total del alcohol en esta ocasión. No tenía ni idea de lo que estaba bebiendo. No importaba. Lugo me dio uno más y se fue. Me senté allí, revisando todas las historias de mierda que me había dicho. ¿Cómo iba a pensar que alguien le podía creer? Estaba tan triste después de la breve conversación con mi hijo. Estaba cansado de pensar y siempre prestarle atención a la idea persistente de que si hubiera hecho las cosas de manera diferente, entonces el resultado podría haber sido mejor o al menos distinto.

Pero esa era la belleza de la vida, con tantas variables. Optar por el juego de cierta manera produce ciertos resultados. Si hubiera jugado las variables de otra forma, los resultados hubieran sido diferentes, pero nadie podía garantizar que hubiera sido para mejor. Seguía siendo una incógnita. Así que elegí lo que pensé era lo mejor. Tenía que vivir y morir con las consecuencias, buenas o malas. Sabía que era un ejercicio inútil, de todos modos. Que no podía cambiar lo que había pasado o dónde estaba.

El optimismo a ultranza y analizar demasiado la situación no iban a cambiar nada. Pregunta a cualquier persona que ha pasado por una mala experiencia si desea poder haber cambiado las cosas. La respuesta obvia es sí, por supuesto. Pero podemos y debemos hacerle frente a lo que es y no a lo que podría haber sido. Ahí me encontraba: aceptándolo. Las experiencias negativas siempre ofrecen algo positivo, y muchas veces nos pueden impulsar hacia nuevas direcciones que no habrían existido si no fuera por esos problemas. El dicho de que siempre hay algo bueno en lo malo es cierto. Por desgracia, no se veía como que estaría vivo para beneficiarme de las lecciones.

El vigilante nocturno, el señor FBI, vino y me trajo la hamburguesa con patatas fritas habitual. Yo estaba agradecido por la comida, pero hice una nota mental. *Si salgo con vida, no más hamburguesas*. Me senté y comí, esperando que eso me provocaría un descenso del estupor inducido por el alcohol. Tuvo el efecto que esperaba y me sentí mucho mejor después de terminar.

Mi intuición era profunda, indescriptible. Lo sentía, literalmente, en los huesos, la certeza de que mi vida estaba llegando a su fin; el telón iba a caer en todo este fiasco que había durado cuatro semanas completas. No sabía cómo planeaban matarme. No me importaba adivinar. Estaba cansado de sus historias constantemente cambiantes, que tenían como objetivo distraerme y aplacarme. Estaba cansado de ser considerado un tonto que compraba sus mentiras, con mis esperanzas depositadas en ellos. Lugo era un mentiroso patológico e inventarse sus historias llegó a ser tan fácil para él como respirar. Su ego lo cegó en la creencia de que era inteligente e invencible, y que todo el mundo se ocupaba de sus caprichos. La simple verdad es que era un manipulador que utilizaba la violencia, las amenazas y la fuerza bruta, no su encanto, para salirse con la suya.

Hubo mucha conmoción ese día en el almacén. Parecía que Lugo había convocado a una reunión de matones o al consejo de administración de lo que cariñosamente llamaba ahora como delincuentes Dementes S.A., y todos estaban presentes. Había últimos preparativos qué realizar. A principios de la tarde, Lugo entró y dijo que quería que yo firmara algunos documentos, probablemente los últimos. Cuando terminé, se fue sin decir una palabra. Me sentí aliviado de que no me dio nada más de beber. Me senté y me quedé mirando a la nada, como de costumbre. Nadie vino en el resto de la noche. No podía conciliar el sueño con la sensación de que me quedaba muy poco tiempo. Así que me senté y me acosté alternativamente, esperando a ver si mi intuición era correcta.

El martes 14 de diciembre de 1994 llegó como un cordero, pero habría de salir como un león. Fue un día que cambió mi vida y casi terminó con ella. Ese día marcó cuatro semanas desde que mi mundo había sido totalmente tirado patas arriba. Cuatro semanas de miseria encadenado a una pared. Cuatro semanas de humillación y tortura que nadie debería tener que soportar. Cuatro semanas que no sólo cambiaron mi vida, sino mi forma de ver el mundo y la gente que lo habita. Pero estas cuatro semanas también trajeron algo positivo. Gané más confianza en mí mismo, en mi fe, en el poder de mi espíritu, y la capacidad de resistencia y tenacidad mental para sobrevivir.

Me senté allí por un buen tiempo durante la mañana, con la

esperanza de que iba a recibir mi manzana podrida y el Gatorade. Obtuve el Gatorade, pero no la manzana por parte del compañero de Lugo, el señor Tortura. Unos minutos más tarde, vinieron a buscarme. Hoy, en lugar de llevarme al baño, me llevaron al coche. Pasé mi día encadenado al volante hasta que estaba casi inconsciente por el cansancio y la deshidratación causada por la humedad y el calor.

Temprano por la noche, volví a mi caja de cartón. Lugo estaba enojado conmigo porque se dio cuenta de que había quemado un agujero en el colchón de cinco dólares. No le hice caso. Siguió con una de sus diatribas. No le hice caso. Él aulló, maldijo y gritó. No le hice caso. Mientras estaba sentado allí, traté de calcular cuánto me habían robado. Pensé que habían limpiado todas mis cuentas, las cuentas de los clientes, cuentas de retiro, etc, que vendrían a ser aproximadamente 1,2 millones de dólares. Con la casa y los muebles había otros cuatrocientos mil, y me di cuenta de que se habían anotado al menos 1,6 millones de dólares. (Me equivoqué, mis cifras eran demasiado bajas). Pero realmente no me importaba su colchón barato o si estaba molesto de que lo había arruinado. La mezquindad era típica de él.

Me acosté en la caja por un tiempo y, para mi sorpresa, llegó el señor Amistoso y dijo: "Levántate, que te vas a casa. Voy a llevarte a lavarte y cambiarte de ropa". Yo no sabía si "casa" significaba ir a ver a Dios o qué pero, obviamente, no le creí.

"¿Qué pasó con el hotel y la ducha?", le pregunté, para picarlo. Calculaba que por la principesca suma de 1,6 millones de dólares era lo menos que podía pedir. Además, estaba más allá de lo sucio, y me quería morir limpio si podía. Tonto, lo sé.

"No pudimos encontrar un hotel seguro, pero te vas a casa con tu familia", dijo con entusiasmo. La traducción: no queríamos correr el riesgo de ser atrapados por llevarte a un hotel y no hay diferencia si te mueres limpio o sucio. Por "familia", pensé que podría significar mis parientes fallecidos.

"Genial", le contesté sin entusiasmo. Sé que debería haberme emocionado en ese momento, pero tuve una sensación de que todo esto era un espectáculo y que iba a morir esa noche. Estaba seguro, no puedo explicar por qué.

Soltó las cadenas de la barandilla y mi último viaje al baño comenzó. Me dio las mismas instrucciones que la vez anterior. Iba a quitarme la venda de los ojos para lavarme y cambiarme, y lo llamaría cuando terminase. El mismo cubo de agua sucia, jabón, cepillo de dientes y dentífrico estaban frente a mí. La ventaja era que tenía desodorante. Al quitarme la cinta fue muy doloroso cuando arrancaron la piel y el cabello. La cinta me había carcomido la piel de la nariz casi hasta el hueso, y tanto mi nariz, como mis orejas, sangraban. Me arrancaron buena parte del cabello de un tirón. Me dolió, pero no me importaba más cómo se veía. Y, ciertamente, no les importaba. Mi cabello estaba convertido en un terrón de grasa pegada a mi cuero cabelludo.

Desde algún lugar en el fondo, Lugo gritó: "Probablemente vas a tener algunos problemas con tus ojos al principio y no puedas ver bien". Yo sabía que no estaba preocupado por mí, creo que simplemente era curiosidad por el efecto que esto tendría para alguna posible referencia futura.

No le respondí, así que de nuevo preguntó: "¿Puedes ver bien?"

Yo sabía la respuesta correcta y la que ellos querían oír, así que le respondí: "No, no muy bien. Todo está borroso". Esto no era cierto, pero yo sabía que debía responder así. El problema no era mi visión, sino abrir los ojos, ya que el pegamento de la cinta los había cerrado con fuerza.

Una vez que tuve la oportunidad de abrir los ojos lo suficiente, la primera cosa que me impactó fue lo delgado que estaba. Nunca me imaginé que había perdido tanto peso. Lástima que no pude vender esta dieta secreta y hacer millones. Los moretones en el brazo de las quemaduras se infectaron y lucían de un feo color negro, pero, por alguna razón, no me dolían mucho al tacto ya. Me puse a lavarme lo mejor que pude. Me dijeron que si necesitaba más agua, la podría obtener del lavatorio. Fue entonces cuando me di cuenta de lo débil que estaba. Apenas podía levantar el cubo de agua para verter en la taza del baño, y tuve dificultades para llenar el cubo y ponerlo en el suelo. El cautiverio había cobrado su precio, no sólo psicológicamente, sino también físicamente. Lo hice lo mejor que pude, dados los escasos implementos. Una vez más, la mejor palabra para esto era "pileta". Pero yo estaba sucio y ni siquiera me había lavado los dientes en mucho tiempo, así que todo fue bien recibido.

Después de haber terminado, me puse la ropa que habían

traído de mi casa. Todos quedaba demasiado grande para mi cuerpo escuálido. No había podido afeitarme, ya que todavía no habían traído una navaja. Tal vez pensaban que iba a tratar de usar la máquina de afeitar de plástico como arma. Tenía una barba completa y sabía que todavía parecía un vagabundo, aunque no tuviese espejo. Tal vez la falta de un espejo era una buena idea. Era mejor que no viera lo que parecía. Una vez que terminé, me di vuelta hacia la pared y los llamé. Uno de ellos vino por detrás y me dijo: "Mantén los ojos cerrados".

"Voy a guiarte hacia una silla. No abras los ojos. Si lo haces, estás muerto, ¿entendido?", dijo.

Bueno, bueno, estábamos de regreso a la amenaza de "estás muerto", por lo que nada había cambiado. Pensé que estaba muerto de todos modos. Si abría los ojos, ¿me moría de una manera, y si no lo hacía, de una forma diferente? Buena pregunta.

"Sí", le contesté. Mi hartazgo era casi tan grande como su codicia.

Lugo gritó desde algún lugar en el fondo. "¿Cómo están sus ojos?" Quizás Lugo no era tan estúpido como yo pensaba. Mantuvo su distancia de mí, por si se me ocurría desobedecer y abrir los ojos, yo no lo viera. Qué tonto. Con su inconfundible voz, lo había identificado desde el primer día en el almacén. Esto significaba que estaba dispuesto a dejar que los otros matones asumieran las consecuencias si las cosas iban mal. Buen tipo. ¿Acaso su "personal" se daba cuenta de cómo estaba siendo manipulado y utilizado?

"Parece que tiene una quemadura solar, eso es todo", gritó el señor Amistoso. Bueno, no lo hubiese querido como mi doctor. Habría dicho que un agujero de bala era un pequeño rasguño. Mi piel había sido devorada alrededor de los ojos y tenía hemorragia. Me pregunté a qué playa habría ido él, donde la gente tuviese ese tipo de quemaduras solares.

"No abras los ojos o estás muerto", dijo. Me sentí como un niño cuyos padres le dicen que no haga algo una y otra vez. Quería abrir los ojos sólo para desobedecerlos, pero no lo hice. Yo era muy obediente.

Me puso un poco de crema en los ojos, que alivió el picor un poco, pero yo dudaba que iba a sanar tan rápido como querían. Con cada roce alrededor de los ojos, no paraba de decir: "No abras los ojos o estás muerto". Me preguntaba por qué tan siquiera se molestaban en hacer esto. ¿Querían hacerme lucir bien antes de que me matasen? En ese momento, yo estaba desconcertado, pero luego comprendí el motivo. Por un momento fugaz, se me ocurrió el pensamiento de que a lo mejor no me iban a matar después de todo, que había malinterpretado la situación. Pero con la misma rapidez, me di cuenta de que era similar a los últimos suspiros que da un hombre que se ahoga, aferrándose a una ilusión para no enfrentar la realidad.

El señor Amistoso bromeaba y me preguntó si prefería postergar la liberación hasta que mis ojos se hubiesen curado. Yo no le presté atención a su estupidez de mierda, y él siguió haciendo su trabajo.

Cuando hubo terminado de aplicar la crema, comenzó a envolverme los ojos de nuevo. Esta vez, puso primero un plástico de burbujas, del tipo que se utiliza para las cajas de embalaje. Creativo. Además de eso, me envolvió con la misma cinta adhesiva gris que había llevado durante cuatro semanas. Cuando terminó, me preguntó si veía alguna luz. Le dije que no, pero agregó más por si acaso, hasta que se convenció de que estaba en un vacío oscuro.

El señor Tortura se acercó, me dio una palmada en la espalda y me dijo: "No eres tan malo".

Casi vomité cuando dijo eso. ¿Se refería al hecho de que había aceptado mi tortura con dignidad, o tal vez que no me defendía? Tal vez lo necesitaba para que su consciencia se sintiera mejor antes de matarme. Además, ¿qué otro tonto entrega sus bienes con la misma facilidad como lo hice yo, sin que nadie estuviera lo suficientemente preocupado como para investigar su desaparición? Nadie.

Me llevaron a la habitación donde vivía en mi caja de cartón, pero en vez de tirarme ahí, me sentaron en una silla y me encadenaron a ella. Así que sabía que, lo que iba a ocurrir, iba a suceder más temprano que tarde. Tenía horas, si acaso, para vivir. Lugo llegó en un buen estado de ánimo. No todos los días se tiene que matar a alguien.

"No se ve que tengamos un muy buen menú en este hotel. Has perdido un poco de peso", dijo, y se echó a reír sin control.

"Tu casa fue transferida a D & J Internacional, por cierto", dijo. Me estaba ofreciendo información que no necesitaba saber.

Era obvio que ellos pensaban que no iba a estar para usarla. D & J, supuse, significaba Danny y Jorge.

"Está bien", le respondí. ¿Me importaba más? No.

"No pudimos vender el restaurante y estoy cansado de todo esto, así que vamos a vender el equipo por el precio que podamos conseguir", dijo Lugo. Si estaba cansado de eso, imagina cómo me sentía yo. Qué sorpresa que no pudieran vender un restaurante en tres días. La venta del equipo podría darles unos pocos dólares más. La codicia sin fin. Alguien podría escribir una canción sobre eso.

"El equipo no tiene ningún valor cuando se vende de segunda mano. No vas a conseguir mucho", le dije, tratando de desinflar su ambición. De hecho, le estaba diciendo la verdad.

"Ya veremos", dijo con incredulidad.

Cierto, ya que eres Lugo, van darte más. Bueno, tal vez sí, porque estafarás a alguien.

Estaban siendo muy abiertos en ese momento y no me trataban de ocultar nada, ya que los hombres muertos no cuentan cuentos. Así que ¿por qué se habrían preocupado de que toda esta información se volvería en su contra? Lugo y su desfile de matones iban y venían como si estuvieran pagando sus últimos respetos. El señor FBI entró y comenzó una conversación.

"Te vas a casa. ¿No es genial?", dijo con entusiasmo.

Bueno, lo sería si fuera verdad. "Sí", le contesté sin emoción.

"Todo está listo con la gente de aduanas", dijo.

Ah, apuesto a que sí, ¿Alguna otra buenas historia para contarme? "Bueno", le contesté.

"Sólo tenemos que esperar hasta su turno", dijo.

O esperar hasta que esté lo suficientemente oscuro y haya menos tráfico antes de sacar mi cuerpo sin vida fuera del almacén.

En medio de este huracán personal, me encontré en paz. Acepté lo que venía y sabía que había hecho lo mejor que había podido. Por lo menos había hecho lo que consideraba correcto. Me consolaba el hecho de que mi familia estaba sana y salva, aunque el pensamiento de que mis hijos crecieran sin su padre me entristeció. La vida no era justa. No pretendía que lo fuera. Creía que todo sucedía por una razón, y tal vez las circunstancias en que me encontraba no me permitían ver con claridad. No tenía miedo. No iba a rebajarme a pedirles perdón cuando llegara el momento. Quería salir con dignidad. No temía a la muerte. Sentí una paz y una tranquilidad que no puedo describir. Sentí que no estaba solo y tenía mucha fe en que Dios no me abandonaría en mi hora de necesidad. Me había quedado sin opciones e iba a dejar que mi fe me llevara al resultado que me esperaba.

Mi proceso de pensamiento fue interrumpido por Lugo.

"¿Vas a llamar a tus amigos y decirles que te vas para no volver", dijo Lugo.

¿Quieres decir que estoy saliendo de forma permanente? ¿Este es el final de la línea? ¿Un billete sólo de ida? "Bien", le contesté. No me podrían importar menos todas estas historias extravagantes.

"Les dices que no sabes a dónde vas, que tienes problemas de pareja y que tienes una nueva novia. Puedes decir que su nombre es

Lillian Torres", me ordenó. Esta fue otra historia buena, ganadora del premio Pulitzer. ¿Realmente esperaban que la gente iba creer esto? ¿De dónde inventaba estas joyas? Yo no lo sabía en ese momento, pero Lillian Torres era una persona real y otro miembro de la pandilla.

"¿Entiendes?", dijo de nuevo, con fuerza.

"Sí", respondí finalmente. Estaba tratando de digerir la mentira de una historia que él quería que yo contase.

"Debes decirles que estás deprimido y suicida y no sabes qué hacer", dijo. Esto iba a ser difícil de hacer, pero ahora entendía. Se hizo hincapié en la parte suicida, interesante.

"Bien", le contesté. Entonces, todo encajó en su lugar. Así era como iban a justificar mi muerte. Cometí suicidio ante un matrimonio fracasado y un nuevo amor. Les había subestimado y la historia era una mezcla bastante inteligente. Cualquier persona que me conocía sabía que era ridículo, pero cosas más extrañas sucedían en la vida real y la gente puede ser tan crédula.

Este fue el último clavo en el ataúd, el cual confirmaba que estaba a pocas horas de mi muerte. La muerte estaba llamando a la puerta y luego iban a abrir. No creo que esto era lo que habían planeado desde el principio, pero esta historia no debería haberme sorprendido. Me aferré a pesar de que parecía imposible. Me aferré hasta que no quedó nada. Acababa de llegar a ese punto.

Estas fueron las llamadas telefónicas más singulares que jamás había hecho en mi vida.

"Será mejor que suenes realmente deprimido, ¿entiendes?",

dijo Lugo con su voz amenazante, una táctica inútil en este momento.

"Está bien", le dije. ¿Por qué molestarse discutiendo con los locos? La parte deprimida debía salirme naturalmente de todos modos.

"Bueno, ¿has pensado a quién vas a llamar para decir adiós?"

"Sólo a Kathy Leal y Gene Rosen, mi abogado y amigo". Kathy Leal era mi agente de bienes raíces, y apenas nos conocía a Gene Rosen y a mí. Pensé en ellos dos porque tal vez podrían pensar que la llamada era sospechosa y actuar en consecuencia. Tal vez podrían pensar que estaba loco y simplemente lo ignorarían.

"¿A quién vas a llamar primero?", ladró Lugo. Una foto de él con la cabeza de una hiena, la boca hecha agua, me vino a la mente por alguna razón.

"Kathy Leal".

Marcaron el número y hablé con Kathy, tratando de parecer deprimido y desesperado, mientras que al mismo tiempo trataba de no reírme. Su reacción a la llamada telefónica fue la confusión total. Le conté la historia de mi matrimonio fallido, la novia y futura desaparición, y que había tocado fondo.

Apenas hubo ninguna reacción, simplemente "bien", pero ¿qué esperaba?

Luego llamaron a Gene Rosen y me pasaron el teléfono cuando contestó. Antes de que pudiera comenzar a contar mi historia triste, me informó que Delgado había estado allí y no quería el poder por más tiempo. Sabía que escucharon lo que me dijo, porque siempre escuchaban por una extensión. Así que, sin dejar que Gene hablara más, le conté la misma triste historia. Mientras yo estaba hablando con Gene, Lugo susurró a mi oído para decirle que estaba perdiendo un cliente, pero que tendría uno nuevo en D & J Internacional. Me imaginaba que si Gene sabía que su nuevo cliente era una empresa criminal, que abarcaba psicópatas cuyas actividades principales eran el secuestro y la extorsión, habría estado emocionado y agradecido por siempre. Creo que Gene no sabía qué decir cuando le conté la historia y estaba confundido, pero estoy seguro de que había oído historias locas.

Que Lugo pensara que Gene iba a ser su abogado era típico de él. Nadie se negaba a hacer lo que pedía y no veía nada malo en sus empresas criminales. En cuanto colgué, Lugo se puso como loco.

"Eso no estuvo bien. Quieres que te agarre a palos, ¿verdad?", gritó Lugo. Imaginé humo saliendo de sus fosas nasales y de sus oídos. Toda esta idea era una estupidez. ¿Qué esperaba?

No estaba claro para mí lo que había cabreado a Lugo de aquella llamada.

No obtuvieron respuesta de mí. *Que te jodas. Hazlo si quieres. Estoy cansado de estos juegos.* Lugo estaba buscando un pretexto para terminar las cosas y quería que yo se lo entregara en bandeja de plata. En retrospectiva, no importaba, porque quería acabar conmigo de todos modos. Lugo estaba trastornado mentalmente con un temperamento violento que no podía controlar. Se moría de ganas de matarme, y el olor de la sangre lo volvía loco hasta el punto de que no sería capaz de controlarse por más tiempo.

"Realmente no parecía deprimido", gritó.

Señor Einstein, ¿cómo se supone que iba a sonar? No dije nada, no tenía sentido.

"Vas a llamarlo y decirle la misma historia, y esta vez, suena deprimido, o te voy a agarrar a palos" gritó. Él mismo estaba inmerso en un frenesí incontrolable. No podía controlar o postergar su deseo de matarme por más tiempo.

"Bien", le contesté. Pensé que llamarlo de vuelta era realmente estúpido. Llamar a la misma persona para contarle la misma historia parecía raro. ¿Se imaginan lo que la persona en el otro extremo estaría pensando? *Hola, tenía que sonar más deprimido que la primera vez que te llamé, y dado que los matones que me tienen atado no creen que pasé la audición, tengo que repetirla.* Esta fue una estupidez increíble. Ellos no consideraban que sería levantar sospechas si lo llamaba de nuevo.

Así que lo llamaron, me pasaron el teléfono y volví con la misma historia. Era difícil sonar deprimido porque me parecía que era tan estúpido. Gene estaba tratando de decirme que entendía y me deseó lo mejor. En el fondo de su mente, tenía que pensar que me había pasado de la raya. Ellos me arrebataron el teléfono de la mano y colgaron en mitad de la frase. Eran brillantes.

"Eso está mejor", dijo Lugo. Pensé que había sido igual que la primera vez, sin emoción. Pero Lugo lo escuchó de manera diferente y me dejó solo. Por ahora, eso era lo que importaba. Todo lo que podía sentir era total incredulidad en esta locura.

Ya era hora del espectáculo. Me dieron algo de beber en una botella pequeña del tamaño de un Gatorade. Bebí un poco, tenía un sabor a frutas. También me dieron otro paquete de cigarrillos. Supongo que me daban mis últimos cigarros. Bebí un poco y sentí que alguien, probablemente Lugo, estaba de pie a mi lado, mirando.

"Tómatela toda, pero lento. Tenemos tiempo. Las personas de aduanas no estarán en servicio hasta las dos de la mañana", dijo. Deseaba que parara con la historia ridícula sobre la aduana. No había aviones que salieran para las Bahamas o a cualquier otro lugar a esa hora. Estaban a la espera de que las calles estuviesen desiertas para que pudieran sacar mi cuerpo sin vida.

"Está bien". Por qué tan siquiera contesté, no lo sé.

"Necesitamos que quedes totalmente borracho, para que así podamos dejarte en el aeropuerto", me dijo. Tiempo del cuento de hadas, una vez más, por lo que les seguí la corriente.

"¿Qué me va a pasar entonces?", le pregunté, pensando que esto iba a ser una buena historia.

"Nuestros contactos en las aduanas te van a poner en una especie de jaula y por la mañana te pondrán en un avión a Colombia", dijo con confianza. Lástima que no hizo su tarea: los únicos aviones a Colombia salían en la tarde.

"¿Qué hay del pasaporte y el dinero?", le pregunté, tratando de hacer que se tropezara.

"Vamos a ponerte todo eso en una bolsa de lona cuando te dejemos", dijo, visiblemente nervioso con mis preguntas. Pero yo quería incitarlo y jugar con él. Ver lo rápido que podía hacer girar su red de mentiras.

"Está bien", le dije.

"No te alteres con nosotros si algo sale mal y tenemos que salir de allí a toda prisa", me dijo Lugo. Esto significaba que toda esta historia era una mierda.

"Claro", le contesté. Sólo jugaba con él, dejando a Lugo decir su fabricación.

Supongo que se olvidó de que me había contado una historia diferente la última vez, que me iba por las Bahamas, ya que no podían subirme a un avión con destino a Colombia. Probablemente no sabía cúal versión me había dicho la última vez, puesto que todas eran un invento de todos modos. Supongo que es difícil mantener tu historia y recordar todos los pequeños detalles cuando la estás inventando a medida que avanza.

Tal vez pensaba que tenía una mala memoria. No dejaba de cambiar su historia. Ninguna de ellas tenía sentido. Ninguna fue consistente. Primero fueron "la familia", luego el FBI. Al final, no tenían ni idea de quiénes decían ser. Para mí, la realidad era que no eran más que delincuentes codiciosos con sed y ansia de sangre. En un principio, iban a dejarme ir en unos pocos días y luego no lo sabían. Iba directamente a Colombia y luego a las Bahamas, y ahora volvíamos a ir directamente a Colombia por la aduana.

Iban improvisando sobre la marcha y me contaban la historia más conveniente según el momento. ¿Se imaginaban que mi deseo de salir del almacén podía nublar mi memoria y que no recordaría las historias anteriores? O tal vez haya sido el resultado de la desorganización del grupo. No había planes reales. No sabían qué hacer o cómo hacerlo. Pero parecía que finalmente habían decidido. Tampoco ir a Colombia ni seguir viviendo eran perspectivas de futuro para mí.

Me senté allí, bebiendo de la botella lo que fuera, cuando el señor Amistoso entró.

"Adiós, Marc. Lo siento por todo lo que te ha pasado", se disculpó.

Dame un respiro. Un poco tarde para eso. "Sí", le respondí, sin sentir la sinceridad en lo que me estaba diciendo.

"Marc, por favor, comprende que tienes que desaparecer y no volver nunca más. Si lo haces, estás muerto", dijo con énfasis. Comprendí entonces. Lo habían enviado a darme este pequeño discurso. Pero también parecía que no estaba al tanto de nada, porque todavía creía que iban realmente a dejarme ir.

"No hay problema. Nunca vas a volver a verme o a escuchar de mí otra vez, lo prometo", le dije, tratando de hacer que me creyese, a pesar de que era inútil.

"Muchas personas dicen que entienden, pero no lo hacen. Tú y tu familia están muertos si alguna vez vuelves y vas a la policía", dijo convincentemente.

"Entiendo", le contesté, pero sentí que todo este ejercicio era una pérdida de tiempo.

Lo que me dieron de beber luego no era únicamente alcohol. Sólo bebí un poco y me golpeó como un camión. La cabeza me daba vueltas y apenas podía mantenerme despierto. Me habían drogado. Supongo que mi forma de beber los días anteriores no satisfizo su necesidad de que estuviera totalmente fuera de mí mismo.

Lugo entró y dijo: "Bebe. Tienes que tomar otra".

"¿Otra?", pregunté. No había manera de que iba a terminar esto antes de desmayarme.

"Sí, otra", resopló.

El señor FBI entró y puso algo en mi mano. "Estos son ciento ochenta dólares. Es todo lo que pudimos conseguir", dijo.

¿De 1,2 millones de dólares todo lo que pueden conseguir son ciento ochenta dólares? Ya lo gastaron todo.

No tenía idea de lo que estaba haciendo hasta ahora, estaba tan desorientado. Creo que me los puse en el bolsillo. Ese fue un buen espectáculo de todos modos. Mi cabeza empezó a tambalearse como una de esos muñecos que a veces la gente pone en sus ventanas traseras. Lugo se acercó y cogió la botella de la mano antes de que me dejara caer en el suelo. Era una cosa fuerte y seria la que me habían dado.

"¿Quieres acostarte?", preguntó.

"Sí", murmuré. Apenas podía abrir la boca para hablar, y decir que sí requirió una considerable cantidad de esfuerzo. Me sentí como si mi cuerpo se paralizara.

Me desencadenó, me llevó a la caja de cartón y me tiró sobre el colchón. Me encadenaron a la barandilla, si bien, en mi estado, era completamente inútil. Me entregó la botella y me ordenó que me bebiera el resto. Buena suerte, pensé. Encendí un cigarrillo, pero no podía fumar porque no podía sentir los labios. Entonces, de repente, el mundo se alejó nadando y perdí toda consciencia, sin saber si sería por última vez.

Capitulo 20 — Milagros

"Los milagros, en el sentido de fenómenos que no podemos explicar, nos rodean al alcance de la mano: la vida misma es el milagro de milagros".
- George Bernard Shaw –

"Las situaciones imposibles pueden convertirse en milagros posibles".
- Robert H. Schuller -

¡Estoy vivo! ¡Estoy vivo! No podía abrir los ojos por completo y todavía estaba completamente desorientado. De repente, me di cuenta de que estaba en un hospital. ¡Estaba vivo! No puedo describir lo que sentí en ese momento. La felicidad fue efímera cuando el dolor atravesó mi cuerpo. Por lo poco que pude ver, estaba atado a una tabla en la parte superior de una cama de hospital. Lo primero que murmuré fue para la enfermera. Tenía que vomitar. Ella y otra más inclinaron la tabla hacia un lado, y procedí a vomitar un chorro de sangre.

Vamos a echar marcha atrás y relatar lo que ocurrió después de que me desmayé en el almacén y cómo llegué a la unidad de cuidados intensivos del hospital. Esta información provino del testimonio en el juicio y otros documentos públicos porque, obviamente, no podría saberlo de otra forma. Al día de hoy, no tengo ningún recuerdo de estos acontecimientos, y tengo un lapsus entre los últimos momentos en el almacén y el despertar en el hospital.

Alrededor de las dos de la mañana, me cargaron en el coche, y junto con Lugo, su compañero, Delgado, y uno de los vigilantes nocturnos, el señor Amistoso, fuimos a dar un paseo. El señor Amistoso era el conductor (para garantizar que no permitiría que nada malo me sucediera. Estaba loco). Condujeron el coche a un lugar cerca de donde estaba ubicado el restaurante, entre la calle treinta y cuatro y la avenida setenta y nueve, en el área del Doral de Miami. Este era un lugar perfecto para lo que pretendían hacer, ya que la zona no tenía casi nada de tráfico, especialmente en las primeras horas de la mañana. Era una zona mayormente rodeada de bodegas y, por extraño que parezca, a sólo kilómetro y medio de la sede de la policía.

Se estrellaron con mi auto, un Toyota 4-Runner nuevo de 1994, a una velocidad de unos cinco a diez kilómetros por hora contra un poste de luz para simular un accidente. Los golpes que había oído en el almacén eran ellos tratando de dañar el coche antes de llevarlo por ahí, con el fin de dar la impresión de que el accidente había sido con mayor fuerza de lo que se lograría a baja velocidad golpeando el poste de electricidad. Arrastraron mi cuerpo inconsciente hacia el asiento del conductor para que se viera como si yo hubiera estado conduciendo. Rociaron el auto con gasolina, y también a mí, y colocaron un tanque de propano en el maletero. Encendieron el coche en llamas y se retiraron al suyo para ver el espectáculo. Estaban a punto de presenciar una barbacoa humana y los fuegos artificiales del auto, cuando se quemó y explotó.

De alguna manera (eso sí, no recuerdo un sólo segundo de la noche, y hasta donde yo sabía, estaba inconsciente), me las arreglé para salir del coche. Me tambaleé supuestamente como un borracho sin rumbo, completamente desorientado. Estaban totalmente horrorizados cuando aparecí en el camino, alejándome del vehículo en llamas. Se pusieron violentos y decidieron poner remedio a la situación. Lugo, en una de sus típicas diatribas de loco, empezó a gritar: "¡Atropéllalo! Atropéllalo!" Así que decidieron atropellarme.

Me pasaron por encima una vez; yo era completamente incapaz de tan siquiera tratar de salir del camino. Lugo siguió gritando: "¡Atropéllalo otra vez! Atropéllalo otra vez!" Dieron marcha atrás y me embistieron de nuevo. Querían asegurarse de que estuviera muerto. Volvieron a dar marcha atrás para una tercera embestida, pero para mi suerte, milagrosamente, un coche se acercaba y decidieron huir del lugar antes de arriesgarse a ser vistos. Pensaron que tenía que estar muerto de todos modos y la tercera vez habría sido sólo para asegurarse.

Alguien vio el auto en llamas y llamó a los bomberos y paramédicos. Cuando llegaron allí, mi coche era una silueta quemada y yo estaba tirado cerca, en estado de coma. Me llevaron primero al hospital cercano de Parkland Memorial en Hialeah, pero mi situación era demasiado grave y no me podían tratar, así que me llevaron al Hospital Jackson Memorial, donde tenían un centro de trauma.

La razón por la que decidieron hacer que mi muerte pareciera un accidente era simple. Uno de los documentos que había firmado en el almacén era un formulario de cambio de beneficiario de mi póliza de seguro. Cambió de mi esposa a Lillian Torres, la ex esposa de Lugo. Al hacer que pareciese como que me volví loco, me emborraché y conduje el coche contra un poste, buscaban recoger dos millones de dólares de las pólizas de seguro. Estoy seguro de que estaban jubilosos y de que celebraron esa noche. No había manera de que yo pudiese haber sobrevivido. Desafortunadamente para ellos, habían comenzado a comerse los huevos antes de que rompieran el cascarón.

Permanecí en la habitación post operatoria del hospital. Miré hacia abajo y me di cuenta de que tenía una cremallera en el vientre desde mi pecho hasta mi vello púbico, formada por las grapas que habían utilizado para cerrarme, cincuenta y cuatro en total. Había tubos que salían de casi todas las partes de mi cuerpo, incluyendo un catéter que salía del pene. Parecía que no podía dejar de orinar en una especie u otra de contenedor. El dolor que sentí los primeros minutos no puedo describirlo. Realmente no quiero recordarlo. La enfermera seguía llegando ya limpiar la sustancia pegajosa de mis ojos y humedecía mis labios, que se sentían como de cartón.

Fue al pie de la cama y dijo: "Mueva los dedos".

Este fue uno de los momentos más aterradores de mi vida. No podía mover los dedos de ninguno de los pies.

"Ha tenido un grave accidente automovilístico. Su columna vertebral se torció y perdió una gran cantidad de líquido cefalorraquídeo. El médico está preocupado por la parálisis", dijo secamente.

Quería llorar, pero ni siquiera podía reunir la fuerza para ello. Genial, había sobrevivido y ahora estaba paralizado. ¡Dénme un respiro! ¿Iba a ir de una cosa a otra?

"¿Qué más me pasó?", me las arreglé para susurrar.

"La parte superior de la vejiga está desgarrada, tiene daño en el bazo y una fractura en la pelvis", dijo.

También tenía grandes contusiones, cortes y quemaduras por todo el cuerpo, incluyendo los brazos, las piernas y los glúteos, pero eran tan pequeñas en comparación con las otras lesiones que casi parecían irrelevantes. Había sufrido seis horas de cirugía. Me habían abierto como un melón para explorar y ver cuántos órganos vitales estaban dañados o en mal funcionamiento. Ahora, cuando pienso en ello, me doy cuenta de que fui muy afortunado. En ese momento, yo no sabía lo que había ocurrido y sentí que había pasado por una moledora de carne.

"No fue un accidente de coche. Fue un intento de asesinato. Fui secuestrado", le susurré a la enfermera. Así comenzó mi viaje para que alguien me escuchase y me creyese. No llegaría a ser una tarea fácil.

Supongo que debe de haber pensado que estaba delirando por la morfina que se bombeaba a mi cuerpo. Simplemente se alejó y me ignoró.

Llegué al hospital bajo el nombre de John Doe y no tenía identificación o dinero. Sí, se llevaron de vuelta los ciento ochenta dólares antes de que intentasen tostarme en mi auto, como si hubiera sido mucho, para empezar. Nunca supe lo que me dieron. Este hecho por sí mismo debería haber despertado su curiosidad. ¿Quién se mete en un accidente de coche y no lleva absolutamente ningún tipo de identificación? De alguna manera, esto tampoco le parecía extraño a nadie. Me pregunté a quién le estaban dando la morfina en ese hospital, si al personal o a mí. Sabía que cosas extrañas sucedían en Miami, pero ¿cuán bizarras tienen que llegar a ser antes de que alguien se dé cuenta? Había banderas de color rojo encendido, pero nadie prestó atención o cuidado suficiente como para hacer algo al respecto.

Regresó y me hizo mover los dedos de los pies otra vez, y finalmente fui capaz de mover los del lado izquierdo. Qué alivio sentí cuando logré hacerlo. Los dedos de mi lado derecho no se movían, pero sabía que con un poco de insistencia lo harían. Ella me enjugaba los ojos con una toalla mojada. Debía parecer como un mapache, excepto que con los ojos cortados y sangrientos. Ninguna de estas cosas inusuales atrajo su atención. Tal vez había visto demasiado, o simplemente hizo su trabajo de memoria y evitó hacer cualquier observación o cuestionar lo que vio.

"Tengo que hablar con mi abogado, soy víctima de un secuestro", le susurré. *Hola, llame a la policía.* Pero no había nadie en casa y nadie se preocupaba.

Debí repetir mi petición para hablar con mi abogado varias

veces antes de que finalmente diera resultados. Hablé con Gene y le conté lo que había pasado. Me imaginé que estaba un poco desconcertado y confundido. Hacía no más de veinticuatro horas lo había llamado dos veces para hablarle de mis supuestos problemas matrimoniales y que estaba por fugarme con una nueva novia. Ahora lo llamaba y le decía que había sido secuestrado y que habían tratado de matarme. Sin embargo, él dijo que vendría al hospital. Le pedí que llamara a mi hermana y le dijera lo que había pasado y dónde estaba. No tenía idea de qué hora era, o incluso qué día era. La enfermera tomó el teléfono y me dijo que estaban a la espera de una tomografía computarizada para determinar el alcance de la lesión en la columna. Después, me llevarían a una habitación normal del hospital.

Gene fue a visitarme cuando todavía estaba en el post operatorio. Le dije en términos generales lo que había sucedido. No lo culpo, pero debe haber pensado que estaba delirando por las medicinas. Llamó a mi esposa y a mi hermana y les dijo dónde estaba y lo que había ocurrido. Mi hermana me dijo después que Gene la llamó y le dijo: "Tu hermano está en el hospital y está contando esta historia loca de haber sido secuestrado". No puedo culpar a nadie por pensar que había tocado fondo, porque lo que estaba describiendo simplemente no sucede todos los días. Yo sabía que iba a ser una batalla cuesta arriba para que alguien me creyese y me ayudara. Pero uno podría pensar que, como medida de precaución, habrían llamado a la policía de todos modos. Sin embargo, nadie lo hizo.

Realizaron una tomografía computarizada y finalmente me llevaron a una habitación regular. Sentía un montón de dolor y seguía gimiendo. La morfina no estaba aliviando nada. La enfermera entró y me dijo que si no dejaba de gemir, me iban a echar del hospital. Eso habría sido interesante. ¿Qué iban a hacer? ¿Echar a rodar la cama por el estacionamiento y dejarme allí, o rodarla hacia una parada de autobús para que pudiera tomar uno que me llevase a casa? De tomas maneras ya no tenía casa. No pude evitar el gemido, tenía mucho dolor, un dolor intenso. Yo no sabía lo que era el dolor hasta entonces.

Pasaba dentro y fuera de la conciencia, y cuando estaba despierto, esperaba que la policía estuviera allí para escuchar mi historia. Nadie vino y parecía que no iba a ser capaz de hacer que nadie me creyese. Sé que el personal del hospital debía haberse preguntado sobre mí. Yo no olía a rosas y mi pelo era una marea negra pegada a mi cuero cabelludo. En otras palabras, parecía ser un vagabundo. Tal vez por eso no se tomaron mi historia en serio. Muchas personas sin hogar tienen esquizofrenia u otros trastornos mentales, y yo parecía un mendigo de la calle.

Al día siguiente, mi hermana, Michelle, y mi hermano, Alex, llegaron. Nunca olvidaré las primeras palabras de mi hermano cuando me vio: "Mierda, te pusieron en una licuadora y te escupieron", comentó.

La mirada en sus rostros lo decía todo. No necesitaba un espejo. Ah, sí, debí haber sido un espectáculo lamentable. Mi hermana me dijo que parecía un mapache y me preguntó qué había pasado con mis ojos. Me alegré de que estuviesen allí y de que ya no estuviera solo. Todavía estaba asustado y me sentía expuesto y vulnerable. Se suponía que debía estar muerto y no lo estaba. Cuando los matones lo descubrieran, estaba seguro de que iban a tratar de remediar eso. Mi hermana habló con Gene Rosen, y juntos le informaron al personal del hospital que no debían dar ninguna información sobre mí a nadie que preguntase. El hospital se comprometió a cumplir con nuestra solicitud. Pero no cumplieron su promesa.

El primer par de días, no pude hacer otra cosa que lidiar con el dolor. Después, comencé a llamar para cancelar mis tarjetas de crédito. Me quedé muy sorprendido con el día de compras sin precedentes del que habían disfrutado. Habían conseguido cargar más de ciento sesenta mil dólares. Traté de explicarles las circunstancias a las compañías de tarjetas de crédito, lo cual resultó ser extremadamente difícil y en algunos casos, casi imposible. Nadie parecía creer lo que estaba diciendo. Llamé a Freddy, el gerente del restaurante, para que cambiara las cerraduras y dejaran de acarrear cualquier otra cosa. Estaba tratando de salvar todo lo que fuera posible, en vista de que casi todo había desaparecido. Freddy fue capaz de obedecer la orden y se acercó al hospital para decirme que todo estaba allí, excepto mi ordenador. Al menos no tuvieron la oportunidad de limpiar el restaurante por completo.

Llamé al banco y me sorprendió gratamente que todavía quedaba un saldo de cuarenta mil dólares en una de mis cuentas. Al parecer, esta cantidad se encontraba ahí todavía a causa de la firma.

No podía entender cómo el banco había puesto en duda la firma de un cheque de cuarenta mil dólares, pero sí aprobado cheques por quinientos mil siete dólares sin reticencia alguna. Bloqueé las cuentas, pero no traté de explicar lo que me había sucedido. A estas alturas, de todas maneras no lo creerían. Yo sabía que el bloqueo a lo que quedaba de mis bienes alertaría a mis secuestradores sobre el hecho de que aún estaba vivo, si todavía no lo habían averiguado. Llamé a las cuentas de fondos mutuos y correduría. Ya era demasiado tarde. Todas estaban limpias, incluso mis fondos de pensión.

Me quedé sorprendido por cómo la gente se aprovecha de ti cuando más necesitas su ayuda o cuando ven que te han reducido y eres vulnerable. Freddy me vio en el hospital, pero no cambió las cerraduras del restaurante. También se fue de compras por valor de miles de dólares en artículos personales usando la tarjeta de crédito del restaurante. ¡Qué gran tipo! Muchas gracias. Me sorprendió que incluso él se degradara a un nivel tan bajo, pero, de nuevo, en ese momento nada me habría sorprendido.

Cuando logré ser más coherente, empecé a entrar en pánico. Mi hermana tampoco ayudaba a tranquilizarme. Su intuición le decía que tenía que sacarme de ese hospital tan pronto como fuera posible. Una característica positiva de mi hermana era que ella tomaba medidas sin posponerlas. Su razonamiento era simple: si me daban de alta del hospital, ¿a dónde iría? No tenía casa o familiares, y no estaba en condiciones de viajar a Colombia. Todo lo que tenía hacía un mes, incluyendo una vida, se había ido. Pero había más que eso. Tenía una sensación de intranquilidad acerca de toda la situación. Su intuición resultó ser correcta. Mi hermano estaba nervioso y se paseaba por la habitación del hospital con una macana. Estábamos todos al filo de la navaja y yo esperaba que esos matones entraran volando por la puerta con armas de fuego en cualquier momento.

Una de las ideas que barajamos fue contratar a un detective privado que se quedara con nosotros mientras yo estaba en el hospital. Llamamos a Gene Rosen y nos recomendó a Ed Du Bois. Llamamos a Du Bois y me preguntaba qué pensaría él cuando le contara mi historia. Sin embargo llegó al hospital, y después de verme, empezó a creerme. Nos dijo lo que costaría tener a alguien montando guardia frente a la puerta todo el día. El precio estaba tan fuera de nuestro alcance que se descartó la idea casi de inmediato. Ed sugirió que saliéramos de la ciudad. No era seguro quedarse en Miami. Ed jugaría un papel muy importante durante el próximo calvario.

Mientras estábamos discutiendo las alternativas, Michelle pidió mi ropa y pertenencias personales a los funcionarios del hospital. Le trajeron mis botas y un poco de ropa interior rasgada. Eso era lo único que me quedaba. Por lo visto, tendría que salir del hospital desnudo, con sólo un par de botas.

Mi hermana decidió que me llevaría en avión a un hospital de Nueva York, cerca de donde vivía, para que pudiera mantenerme vigilado. Cuando el médico llegó a ver cómo estaba, le contó lo que había decidido.

El doctor se opuso y le dijo que yo no estaba en condiciones de ir a ninguna parte, que no iba a apoyarla o a firmar la autorización. Mi hermana, fiel a su naturaleza, le dijo directamente que no le importaba lo que pensara y que me iba a llevar el viernes a Nueva York, le gustara o no, y que se asegurara de que yo estuviera listo para ir. El doctor, con toda seguridad, nunca se había enfrentado a nadie que le hablara sin rodeos. Se volvió hacia mí y me dijo que había tenido un accidente automovilístico, y que era necesario tomar las cosas con calma. Le dije que yo no había tenido ningún accidente de coche y que había sido un intento de asesinato. Le expliqué que había sido secuestrado y que llamase a la policía.

Mi hermano y mi hermana estaban junto a mí mientras la expresión facial del médico se retorcía. Estaba sorprendido y no podía creer lo que acababa de oír. Lo que pasó después quedará grabado para siempre en mi mente. La única manera de describirlo fue como algo irreal. El médico sólo sonrió de una manera extraña y salió de la habitación. Todos sabíamos que estábamos jodidos y que nadie nos iba a ayudar. Era sin duda el momento de evacuar. Supongo que el doctor pensó que los medicamentos eran bastante buenos.

Al día siguiente, mi hermana hizo los arreglos con una compañía de ambulancia aérea local para transportarme a Nueva York. Nos dispusimos a dejar el paraíso y todos sus recuerdos gloriosos a las ocho de la mañana siguiente.

El viernes por la mañana llegó, y yo tenía ganas de alejarme del lugar en el que me habían causado tanto dolor el mes anterior.

Esa mañana, escuché a dos médicos hablando justo afuera de mi habitación. Comentaron lo raro que toda la situación les aparecía. Yo había llegado al hospital como John Doe, sin papeles o cualquier pista sobre mi identidad. Me pregunté por qué, si les resultaba tan extraño, no se molestaban en llamar a la policía.

El médico finalmente entró y retiró el enredo de tubos que me cruzaban el cuerpo. Para mí, todo parecía irreal y era consciente de que el segundo capítulo de esta historia estaba a punto de comenzar. Mi hermana era buena para hacer arreglos y obtuvo los servicios de una enfermera para que nos acompañase a Nueva York.

Me pusieron en una tabla, luego en una camilla y finalmente me colocaron en la ambulancia. Cuando llegamos al aeropuerto, cargaron la camilla en el avión. Me despedí de mi hermano, que no nos acompañaría y que en su lugar regresaba a su casa en Tampa. Mi hermana subió, y las puertas se cerraron. A medida que nos deslizábamos hacia la pista, las lágrimas brotaron de mis ojos. Las lágrimas de tristeza por lo que había sufrido el mes anterior, y las lágrimas de alegría por haber sobrevivido y, finalmente, ir a un lugar donde podría sentirme seguro, lejos de los que querían matarme.

Aproximadamente a las diez de la mañana, Lugo, su compañero, Delgado y uno de sus secuaces llegaron al hospital. Habían estado llamando frenéticamente, tratando de encontrarme. Las primeras llamadas, y también las más obvias, fueron a las morgues, donde esperaban encontrarme. Las llamadas los dejaron en estado de shock: yo no estaba en ninguna de ellas. Eso significaba una sóla cosa: que yo había sobrevivido. Llamaron a todos los hospitales de la zona y, finalmente, me localizaron en el Hospital Jackson Memorial, donde fueron lo suficientemente amables como para darles mi número de habitación. ¿Recuerdan cómo se habían comprometido a no revelar nada?

Fueron al hospital a terminar el trabajo. Se armaron con pistolas con silenciadores, decididos a matar a cualquier persona que estuviera conmigo y que podría interponerse en su camino. Su plan era asfixiarme con la almohada. No podían dejar cabos sueltos. Cuando entraron en mi habitación, no entendieron nada. Tal vez me habían llevado para un examen. Lugo le preguntó a una enfermera dónde estaba su amigo. Se le informó que me había ido esa mañana. Lugo y sus amigos se quedaron sorprendidos. Su presa había escapado.

Capitulo 21 — El Largo Camino de Regreso

"La revancha es un acto de compasión, la venganza es un acto de justicia".

- Samuel Johnson -

Aterrizamos en la ciudad de Nueva York, y una ambulancia estaba esperando por nosotros. El aire frío del invierno, que en otro tiempo me hubiera molestado, se sentía muy bien. Los asistentes me llevaron desde el avión a la ambulancia y estuve a punto de caerme. Por dicha estaba atado o hubiera besado el suelo. Pero lo tomé con calma y en realidad me reí entre dientes. No había nada como ser libre, y todos los acontecimientos que me llevaron a esa posición parecían, de todas maneras, muy lejanos.

Fuimos al hospital de la comunidad de Staten Island, cerca de donde vivía mi hermana. A pesar de que yo sabía que Lugo y compañía me estaban buscando desesperadamente, sentí que por el momento, al menos, podría tener un poco de paz para que pudiese intentar empezar a mejorar. Sentía una gran urgencia de hacer un inventario de lo que había quedado. Con la ayuda de Gene Rosen, quien se hizo cargo de la mayor parte de las investigaciones que debían realizarse, se revisaron todas mis cuentas. No quedaba mucho, pero lo que había necesitaba protegerse y guardarse en un lugar seguro. No quería pensar en ello, pero sabía que tenía que hacerle frente a la cuestión de que los criminales aún andaban dando vueltas por ahí, sueltos. No iban a tomar el riesgo de que acudiese a las autoridades. Sin embargo, por la recopilación de las reacciones que había recibido hasta ese momento, era probable que iba a ser difícil convencer a la policía de mi historia. Esto resultaba muy frustrante después de lo que había pasado. Decidí dejarlo de lado y concentrarme en recuperar mi fuerza, tanto física como mental, para hacerles frente a los desafíos que se avecinaban.

Mi hermana siempre estaba a mi lado cuando no tenía que trabajar. Mis padres vinieron a verme y me trajeron la crema de afeitar y una navaja, por lo que fui capaz de rasurarme por primera vez en cinco semanas. Me sentía casi normal, si eso era posible. No les dije lo que había pasado y sólo les conté que había tenido un accidente de coche. No estaba listo para hablar con ellos acerca de mi experiencia; no lo entenderían. Pensé que lo mejor sería que se los dijese en otras circunstancias, cuando fuera el momento adecuado. Cuando finalmente les conté, de todos modos no lo entendieron. Pero, de nuevo, no creo que yo tampoco lo entendiera.

En el hospital sucedió algo que realmente me hizo temblar. El médico entró mientras mi hermana estaba de visita y me preguntó acerca de mi condición. Le pregunté a qué condición se refería. Dijo que el hospital de Miami había informado que era VIH positivo y que yo era un adicto a drogas intravenosas. Mi hermana y yo le dijimos que eso era imposible y que debía haber sido un error.

Así que me hice la prueba de VIH. Yo estaba en shock. Un

millón de cosas pasaron por mi mente. ¿Esos criminales me habrían inyectado algo mientras estaba inconsciente? ¿El hospital de Miami me había dado sangre contaminada durante la transfusión? La parte acerca de las drogas era comprensible, porque estaba seguro de que había sido drogado la noche en que montaron el accidente. Tenía algo de sentido por qué nadie en el hospital había tomado mi historia en serio o llamado a la policía. Probablemente pensaron que me estaban haciendo un favor. Tuve que vivir con esa incertidumbre por casi cinco semanas, hasta que llegaron los resultados. No había tregua o paz en ningún lugar, sólo una cosa tras otra. Cuando los resultados finalmente llegaron, fueron negativos, un simple error. Me preguntaba cuándo iba a terminar esa prueba y determinar cuánto más podía finalmente soportar. Lamentablemente, descubrí que iba a ser mucho más larga de lo que esperaba.

Los médicos en Nueva York eran un poco más curiosos y cuestionaron las lesiones que había sufrido. El doctor le dijo a mi hermana que estaba confundido porque, con base en su experiencia, las heridas que tenía no eran compatibles con un accidente de auto, menos del tipo específico que había sufrido. Olía que algo andaba mal y seguía haciéndole preguntas a mi hermana. Ella le dijo que se las guardara y lo dejara así. Si los doctores que me asistieron en Miami hubiesen sido tan sólo un poco de lo curioso que fue este médico, tal vez habrían llamado a la policía y los matones podrían haber sido aprehendidos rápidamente.

La alegría de estar vivo y libre desapareció rápidamente. Me sentí triste porque no sólo había perdido mi casa y efectos personales, sino que había perdido mi identidad. Parecía que el viejo yo había muerto la noche del falso accidente, y la persona que ahora yacía en la cama del hospital era otra. El precio emocional finalmente comenzaba a hacerse presente y la verdad de lo que había pasado inundó mis pensamientos. Yo siempre había sido una persona que superaba los desafíos. Ahora me preguntaba si tenía la voluntad para hacerle frente a lo que me esperaba. Estaba emocionalmente y físicamente agotado, pero no podía darme el lujo de postergar las cosas. Los matones estaban todavía por ahí buscándome y no se iban a detener hasta que terminaran lo que habían empezado.

Sólo quería sentarme en una ducha de agua caliente durante diez horas y dejar que todas mis preocupaciones se fuesen por el desagüe. Hacía cinco semanas que no había podido disfrutar de esa comodidad y sabía que iba a hacer mucho por mí física y emocionalmente. Por supuesto que estaba muy contento de estar vivo y ser capaz de frustrar sus planes siniestros. Me habían dado una segunda oportunidad y no podía darla por sentada. Pero sólo quería que todo terminara y el final no aparecía ni de lejos.

Mientras yacía en la cama del hospital, no podía dejar de preguntarme lo que sería mi vida una vez que saliera del hospital. No tenía vida a la cuál volver. Tal vez un nuevo comienzo era lo mejor y se trataba más bien de un regalo de Dios para mí.

El orden de las cosas era simple. Necesitaba, tanto para mí como para la seguridad de los demás, que los criminales que me habían hecho daño fueran capturados. Por lo que me habían dicho en el almacén, yo no había sido el primero, y estaba seguro de que no iba a ser el último. Esta empresa criminal, sin duda, se sentía alentada por la facilidad con que habían podido tomar mis bienes sin ninguna oposición. Me habían dicho que pensaban que podían dirigir su negocio de secuestro y extorsión impunemente y nadie sería capaz de detenerlos o que, incluso, a nadie le importaría. Se sentían invencibles. Sabía que había sido realmente muy afortunado y que su próxima víctima no podría tener tanta suerte, ya que habían aprendido, sin duda, de sus errores, y no era probable que se repitieran.

El nutricionista del hospital vino a verme y quería saber por qué estaba tan demacrado y con bajo peso. Si hubiera sabido de mi nutrición del mes anterior, probablemente se habría maravillado de que todavía tuviese un poco de carne en mis huesos. A veces era frustrante porque nadie creía o entendía lo que había pasado. Pero yo tenía que aprender a vivir con eso y dejar de esperar que cualquiera pudiese entender las pruebas y tribulaciones que acababa de experimentar. No parecían posibles, y las palabras no podían pintar una imagen adecuada de lo que había sido.

El 24 de diciembre de 1994, la víspera de Navidad, el médico entró y me dijo que si lograba caminar con muletas me podía ir a casa ese mismo día. Procedió a sacar las cincuenta y cuatro grapas que me cerraban el abdomen después de la operación de seis horas. Pensaba que había dejado la tortura atrás en ese almacén en Miami. Supongo que estaba equivocado. Ese proceso, combinado con la extracción del tubo del pene, fueron una tortura más. Eso me hizo preguntarme si el dolor y la tortura alguna vez iban a terminar, o si había firmado para una membresía de por vida sin saberlo. Yo no había estado fuera de la cama por diez días y no sabía si podría caminar o no. El enfermero vino a llevarme a terapia física. Levantarme de la cama por primera vez fue otra experiencia terriblemente dolorosa. Casi me caí al levantarme de la cama, pero el enfermero me agarró. Yo estaba decidido a abandonar el hospital esa noche y nada iba a detenerme. Con agallas y determinación, fui capaz de caminar con muletas, medidas suficientes para satisfacer al doctor, y por fin me dio la salida.

El primer problema era la ropa. Yo había llegado al hospital básicamente desnudo. Mi hermana fue capaz de pedir prestado algo de ropa que me quedara, pero no consiguió zapatos. Alrededor de las seis trajeron una silla de ruedas para que me llevara al coche que me esperaba abajo.

Esta fue mi primera vez al aire libre en casi seis semanas, salvo por el breve tiempo que viajé desde el hospital de Miami a Nueva York, que casi no recordaba. Cuando las puertas se abrieron y el aire fresco de la noche me acarició el rostro, las lágrimas brotaron de mis ojos. Había pensado durante tanto tiempo que nunca experimentaría ese momento tan hermoso otra vez. Eso hizo que me diera cuenta de lo valiosa que es la libertad y lo afortunado y bendecido que era al recibir otra oportunidad. Tuve la bendición de sentirme como un ser humano de nuevo y determinar mi propio destino, la libertad de la mente, el cuerpo y el alma. Mientras iba en el coche, me maravillé con las luces de la ciudad; parecía como si acabara de despertar de una mala pesadilla. En ese corto viaje encontré nueva fortaleza, y me prometí a mí mismo que iba a seguir luchando y volvería para llevar a los criminales ante la justicia.

Quince minutos más tarde, llegué a casa de mi hermana. Le pedí a mi cuñado que me ayudase en la ducha. Debí haber permanecido sentado bajo el agua durante dos horas y no puedo recordar que se hubiese sentido tan bien alguna vez. Después del baño me sentí casi humano de nuevo. Los pequeños placeres y privilegios que tenemos en la vida y que damos por sentado, pensé.

Mi hermana hizo lo imposible para cuidar de mí, ofreciéndome alimentos cada quince minutos, pero mi apetito era insignificante. Me llevó afuera a tomar el sol porque decía que mi color de piel era de un amarillo enfermizo. Las primeras noches fueron difíciles y no podía dormir mucho. Cuando lo hacía, tenía la pesadilla recurrente de estar encadenado en la bodega, y me despertaba sudando y tirando de mi brazo, esperando sentir la resistencia de las cadenas.

Dos días más tarde, mi esposa e hijos, a quienes nunca pensé que vería de nuevo, llegaron. La reunión fue muy emotiva y llena de lágrimas; mis hijos eran demasiado pequeños para darse cuenta de lo que estaba pasando. Poco a poco, le dije a mi esposa lo que había sucedido en el almacén. La mayor sorpresa para ella fue que Delgado estuviese involucrado. Yo hubiera reaccionado de la misma manera.

Casi de inmediato, empezamos a discutir lo que debíamos

hacer. No quería quedarme en Nueva York y tal vez poner a mi hermana y a su familia en peligro. Estos locos estaban todavía por ahí y yo estaba seguro de que me estaban buscando, sin dejar piedra sin remover en el proceso. Me había vuelto paranoico, realmente muy paranoico, y muchas veces me senté junto a la ventana a mirar hacia afuera. Buscaba cualquier movimiento sospechoso o coches que pasaran demasiado tiempo estacionados frente a la casa.

El 31 de diciembre, le pregunté a Gene si podía llamar a la policía para denunciar el delito. Le dijeron que tenía que venir a Miami si quería denunciarlo. Le dije a Gene que no era posible por un par de razones. En primer lugar, aún no podía caminar bien y yo no iba a ir cojeando sobre las muletas. En segundo lugar, los delincuentes estaban todavía en libertad y yo no sabía cómo lucía la mayoría de ellos. No iba a correr el riesgo de encontrarme con alguno o ser visto. Sabía que las probabilidades eran mínimas en vista de que Miami es una de las ciudades más grandes y pobladas del país. Pero, incluso con esa mínima posibilidad, el riesgo era demasiado grande y no tenía ganas de tirar los dados. También tenía que estar mentalmente preparado para la tarea y no lo estaba. Así que la idea fue descartada por el momento hasta encontrar un plan más adecuado y darme tiempo a que estuviera en mejores condiciones.

Gene también me ayudó en otras áreas. Teníamos que resolver lo de las tarjetas de crédito, el asunto del restaurante y el auto de mi esposa seguía desaparecido. Gene me dio ideas y las discutió con mi esposa y mi hermana. Una de ellas consistía en negociar con los responsables la devolución del dinero, algo que pensé estaba lleno de riesgos. Yo no quería ningún contacto con ellos y pensé que podría ser una idea contraproducente y poner a más gente en peligro.

El año nuevo llegó y se fue, y yo todavía no tenía planes en cuanto a qué hacer. Decidimos que apenas estuviera en condiciones de viajar, abandonaría el país y me iría a Colombia para recuperarme a la distancia de todos los peligros posibles.

Finalmente llegué a una decisión que parecía ser mi único recurso para sacar a estos individuos de la calle. A través de los años, muchos me han criticado y cuestionado. Pero siempre es más fácil para otros ver las cosas desde una perspectiva diferente y llegar a una decisión distinta. Incluso yo, viéndolas en retrospectiva, podría observarlas de manera diferente. En ese momento no tenía ese lujo, e hice lo que pensé que era mejor y más seguro. Incluso después, se demostraría que esto no persuadió a las autoridades de creerme y que las críticas continuarían. Es fácil juzgar y emitir opiniones con base en información errónea o incompleta. Otra cosa era estar en mis zapatos.

Decidí tratar de negociar con ellos a través de una tercerra persona. ¿Por qué? En primer lugar, nadie fuera de mi familia creyó mi historia y se burlaron de la idea de que había sido secuestrado; creían que era un producto de mi imaginación, que por alguna razón desconocida decidí inventar. No tenía pruebas para respaldar mi historia. No podía llamar a la policía o a cualquier otra persona para ir a la casa y demostrar que estaban viviendo allí, o ir a donde este individuo vivía para encontrar los artículos que me pertenecían. Por mis días en el almacén, sabía que no era excepcionalmente brillante. Así que sabía que probablemente sería tan estúpido como para negociar y, en el proceso, confesar sus crímenes. En el peor de los casos, podríamos conseguir la evidencia para convencer a la policía de iniciar una investigación.

Además, también sentí que si la historia salía a la luz, entonces podría frenar sus esfuerzos por encontrar otra víctima con la cual perpetrar un delito similar. Ellos tendrían que sentirse muy incómodos al saber que alguien estaba investigando mi historia. Yo iría a la policía. No había ninguna duda al respecto. Era sólo cuestión de esperar hasta que tuviera pruebas suficientes con las que no podría haber ninguna duda acerca de lo que había ocurrido. Lo menos que podía esperar era mantenerlos a la defensiva y en raya. Ni por un momento contemplé que esos matones me devolverían mis bienes, pero ese tampoco era mi objetivo final.

Gene recomendó un conocido grupo que manejaba negociaciones en caso de secuestro. Cuando llamé, me informaron que ellos no manejaban situaciones como la mía y me recomendaron que llamase al FBI. Probablemente se habrían reído de mí, así que ¿por qué lo habría hecho? Así que llamé a Ed Du Bois, que me había visitado en el hospital. Le conté lo que quería hacer y le pregunté si estaría interesado en ayudarme. Dijo que lo estaba y me pidió que le enviara cierta información por escrito, incluyendo los nombres de las personas involucradas y cualquier otro dato que sentía fuese pertinente. Lo hice y nuestra relación de trabajo se inició en enero de 1995.

Tenía ya escrita mucha de la información que Ed quería. Gene había sugerido que anotara todo lo que pasó en el almacén en caso de que lo necesitase más adelante. También pensé que sería terapéuticamente beneficioso sacarlo de mi sistema. Seguí su consejo y escribí casi doscientas páginas en la primera semana de enero de 1995, la mayor parte de las cuales sirvieron como base para este libro. Seguí agregando datos conforme los eventos se iban desarrollando y nueva información salía a la luz.

Mientras tanto, mi capacidad para moverme estaba mejorando y el dolor disminuía. No tenía un sólo documento que me identificase, ya que habían tomado mi cartera y todos los documentos de la casa. En un momento de locura, decidí ir a Tampa y visitar a mi hermano, y obtener un duplicado de la licencia de conducir. Un día, durante la tercera semana de enero, me subí a un avión cojeando sobre las muletas y me fui a Florida. Mi viaje tenía otro objetivo: convencer a mi hermano de que tenía que mantener un perfil bajo y tomar las máximas precauciones, porque era la persona más probable a quien buscarían con el fin de encontrarme. Esto resultó ser cierto. Mucho más tarde, me enteré de que mi paranoia era correcta y que Lugo y sus secuaces habían conducido a Tampa para buscarlo. Afortunadamente para nosotros, no lo habían encontrado.

Llegué a media mañana a Tampa y mi hermano estaba allí para recibirme. Me llevó a la oficina de licencias y volvimos al aeropuerto con mi nueva licencia de conducir. Ni siquiera fuimos a almorzar y el tiempo que pasé allí fue menos de dos horas. Por alguna razón desconocida, sentí que el documento me devolvió mi identidad. Es una tontería, pero aquellos eran tiempos extraños. Le advertí a mi hermano otra vez para que estuviera atento a personas que actuasen de manera extraña o parecieran ir tras él.

Cuando volví, mi hermana y mi esposa insistieron para que las acompañara a hacer mandados. Querían que tomara aire fresco y empezara a vivir una vida algo normal. Hasta ese momento, había salido pocas veces. Estuve de acuerdo, aunque actuaba como paranoico, mirando constantemente a mi alrededor en busca de señales. Sentía que me esperaban en cada esquina. Me había convertido en un prisionero dentro de los confines de la casa de mi hermana y me di cuenta de que tenía que liberarme de los pensamientos que me encadenaban.

Mientras tanto, Ed Du Bois llevaba diligentemente a cabo la investigación. Durante ese proceso, se le ocurrió una idea interesante. John Mese, un contador público certificado, había autentificado todos los papeles. Dio la casualidad de que Ed había conocido al señor Mese durante veinticinco años. Mese era un ex fisicoculturista dueño del gimnasio Sun, un gimnasio para gente enloquecida por esteroides. Tenía acceso a alguien que podía darle más información y la posibilidad de contactar a los otros delincuentes.

La trama se hizo más espesa. Recuerdo que fue en el gimnasio Sun que Delgado había conocido inicialmente a Lugo. En mi mente, algunas cosas comenzaron a calzar.

Inicialmente, Mese negó conocer tanto a Delgado como a Lugo, y le dijo a Ed que no sabía de lo que estaba hablando. Ed también contactó a Delgado a través de su localizador, un número que yo recordaba, y le dijo que tenían que reunirse para aclarar las cosas. Delgado, que era un genio, le dijo a Ed que tenía que ponerse en contacto con Lugo y que luego hablaría de vuelta con él, algo que no hizo.

El juego del gato y el ratón había comenzado. Delgado trataba de evitar a Ed y Ed trataba de traerse a Delgado abajo. Ed hizo varios viajes a la casa de Delgado, pero Jorge no quiso salir a hablar con él. Quizás Delgado pensó ingenuamente que, si ignoraba a de, el problema desaparecería. Error. Así que Ed decidió presionar a Mese en su lugar y que les comunicara sus intenciones a los demás delincuentes, con la esperanza de organizar una reunión.

Gene estaba ocupado negociando la venta del restaurante y la preparación de los documentos para recuperar la propiedad de la casa. También contrató a una persona para ir a la casa y recuperar el coche de mi esposa. Más tarde, esa persona le dijo a Gene que al llegar se encontró con varios sujetos, quienes le dijeron que vivían allí. Le dijeron que el coche había estado ahí, pero que se lo habían llevado y no sabían adónde. Mágicamente desapareció justo delante de ellos. Esa era su historia. También mencionó que los individuos que estaban allí parecían peligrosos y que no parecía buena idea merterse con ellos. Prefirió irse de ahí a toda prisa.

Fue devastador saber con certeza que otras personas estaban viviendo en mi casa, aunque yo ya lo había sospechado. A mi esposa le molestó imaginar a esos matones durmiendo en nuestra cama y caminando entre las posesiones personales de nuestros hijos. Pero insistió en que teníamos que dejar de pensar en esas cosas. Eso sólo nublaba nuestro juicio, que necesitábamos tener con claridad para actuar con rapidez y decisión. Me gustó que estuviésemos presionándolos desde todas las direcciones. Al mismo tiempo, yo tenía mis dudas, porque cuando acorralas a un animal rabioso, su instinto es atacar violentamente y estos individuos eran peores que eso.

La sartén estaba ardiendo y yo estaba preocupado por la seguridad de la familia de mi hermana. Solicité un nuevo pasaporte por correo, y nuestros planes eran salir del país por un tiempo apenas llegara. No había nada con lo que pudiera contribuir al estar ahí.

En vista de que todas estas cosas sucedieron seis años antes del 11 de septiembre, obtener mis documentos de identidad nuevos fue un proceso mucho más simple de lo que es ahora, cuando termino de escribir estas palabras en 2012.

Las pesadillas continuaron, y muchas veces me despertaba sudando y sacudiendo mi brazo izquierdo para liberarme de las cadenas atadas a la barandilla. Otras veces, en mis sueños, reviví el ser quemado y torturado. Mi sueño, en vez de ser un refugio de paz, se había convertido en un lugar donde volvía a experimentar el infierno.

El 10 de febrero de 1995, sólo un par de días después de que llegara mi nuevo pasaporte, salimos del país y nos fuimos a

Colombia para estar con la familia de mi esposa. Me pareció irónico que unos cinco años antes yo había huido de ese país como resultado de un secuestro, y ahora estaba huyendo hacia allí como resultado de otro. No había mucho que yo pudiera hacer. Ed y Gene estaban manejando la mayor parte de lo que podía hacerse. Tenía la esperanza de que al estar en un lugar alejado de los acontecimientos podría sanar más rápido, tanto física como mentalmente. También quería poner a mi hermano, a mi hermana y a mis padres fuera de peligro. Yo no me iba derrotado, apenas había empezado a luchar y ese sólo era el primer round.

Capitulo 22 — Refugio en Colombia

"En la sanación natural, el doctor es la paz y la enfermera es amor".

- Anónimo -

Cuando llegué a Colombia, sentí una fuerte sensación de alivio. Estaba en un país que se encontraba en un estado de agitación y tenía sus propios problemas, pero me sentí seguro, ya que estaba lejos del alcance de los que habían intentado y todavía estaban tratando de quitarme la vida. Mientras estuve allí, la vida se volvió mundana. Me convertí en un solitario y casi nunca me paseaba fuera de los muros de la vivienda en la que residía. Me cerré al mundo exterior por completo y casi no hablaba con nadie, sobre todo de lo que había pasado. Fue un período de introspección y evaluación de mi vida, y de lo que me había llevado a esa situación y al milagro de la supervivencia. No quería compasión de los demás y sabía que la mayoría no podía entender lo que había pasado. Las palabras parecían poco profundas y nunca podrían describir lo que había sentido. Así que me volqué hacia dentro.

La mayoría de los días, me sentaba en una silla junto a la ventana y me maravillaba por la belleza de la naturaleza. No sabía ni quería lidiar con lo que pasaría con mi vida. Eso podía esperar. Sabía que lo que me esperaba se desarrollaría como se suponía que debía ser y no necesitaba preocuparme en tratar de cambiar el curso de mi destino. Cuando me sentaba junto a la ventana, siempre tenía un teléfono a mi lado y esperaba ansiosamente una llamada de Gene o de Ed. Yo sabía que estaban tratando de hacer todo lo que era posible para restaurar el orden en mi vida y llevar a los criminales ante la justicia. Tenía fe en ellos y sabía que la situación estaba en buenas manos. No había nada que pudiera hacer.

Al mismo tiempo, mi hermana se concentró en sus propias tribulaciones y en la lucha contra el cáncer. Trataba de hablar con ella todos los días para saber cómo se sentía y lo que los médicos le habían dicho. Eso, para mí, se convirtió en algo más importante que lo que había pasado. Sentí que era importante no sucumbir a sentir lástima de mí mismo y tenía que estar allí para ella en la forma limitada en que podía. El día y estar despierto se convirtieron en mis amigos, y la noche y dormir en mis enemigos. En los primeros meses, tuve pesadillas con estar todavía en el almacén. Con el tiempo, se desvanecieron, pero al principio era otro demonio contra el cual tenía que luchar.

Poco a poco, el tiempo fue curando mis heridas físicas. Las cicatrices empezaron a desaparecer, a pesar de que todavía existen y me recuerdan mi calvario. Aunque las cicatrices físicas se desvanezcan, las invisibles adentro persisten durante toda la vida. Mientras yo estaba en Colombia, decidí dejarlas sanar, dejar que se desvanecieran y seguir adelante. Este fue un período en el que pasé mucho tiempo con mis hijos. Cuando llegaban a casa de la escuela, me dedicaba a jugar con mi hijo en la computadora o me inventaba algún otro juego. Las noches también las pasé con ellos, ayudándoles a hacer sus tareas. Esto me permitió no sólo para pasar tiempo de calidad a su lado, sino que me brindó un importante escape para dejar de pensar en mis problemas. Fue una buena época, incluso en medio de toda la agitación que me rodeaba, un refugio de la locura. Me sentí muy afortunado de haber sobrevivido y ser capaz de disfrutar de esos momentos.

Capitulo 23 — La Negociaciones

"Nunca nos permitamos negociar por miedo, sino permitámonos no temer a negociar".

- John Fitzgerald Kennedy -

Mientras me recuperaba en Colombia, Ed continuó presionando a Mese para conseguir una reunión con Lugo y Delgado. Gene fue capaz de negociar la venta del restaurante con el promotor del área de Schlotzsky's por un tercio de lo que había invertido en ella. Para mí, fue una bendición recibir eso en vez de absolutamente nada, y me liberó de la carga de la renta y otros gastos, ya que ni siquiera contemplábamos la reapertura. Fue la mejor solución posible y la única ante ese problema.

Durante mi tiempo en Colombia, hablé casi diariamente con Gene y Ed, y me mantuvieron informado de toda novedad. Me sentaba al lado del teléfono y esperaba a que las cosas empezaran a resolverse.

Me sorprendió que Criminal S.A. pensara que podía seguir actuando con total impunidad a pesar de que sabían que estaba vivo. Cancelé casi todas mis tarjetas de crédito y mantuve sólo dos en caso de emergencia. Para estas dos tarjetas, cambié la dirección de correo a la oficina de Gene. No pasó mucho tiempo para que llamaran a la compañía de tarjetas de crédito y cambiaran la dirección a uno de sus apartados de correo, lo cual me dio una prueba más sobre sus empresas criminales. O bien pensaban que yo no era una amenaza, o tenían demasiada confianza en sí mismos para pensar lo contrario. Finalmente, tuve que cancelar las tarjetas, porque si cambiaba la dirección una vez más, probablemente ellos la cambiarían de nuevo otra vez.

Ed también hizo varios viajes a la casa. Me informó que todo el mobiliario parecía estar allí, pero que no veía a nadie. Habló con algunos vecinos y confirmó que, de hecho, alguien estaba viviendo allí. A partir de las descripciones que le dieron, sonaba como si Lugo y Delgado fueran por ahí a menudo. Les dijeron a los vecinos que habían comprado la casa para hacer fiestas corporativas. Sonaba como si encadenarían ahí a sus futuras víctimas y que la utilizarían para su empresa criminal. Los vecinos los describieron como agradables y corteses. ¿Qué pensarían si hubieran sabido lo que estos nuevos vecinos eran en realidad?

Empecé a recibir los estados de cuenta y vi que se habían vuelto totalmente locos. Habían comprado todo lo imaginable y no uno o dos, sino grandes cantidades del mismo artículo. Los objetos que compraron incluyeron productos electrónicos, ropa, ropa de bebé (para la hija de Delgado), artículos de cocina, videos, música, vajillas, máquinas de hacer ejercicios y miles de preservativos y películas pornográficas. Algunas cosas que compraban las sacaban de los catálogos que mi esposa recibía en casa. Era toda mercancía de venta por correo y no demostraban ningún temor a ser descubiertos. Supongo que pude haber ganado una nueva reputación como el mayor consumidor del mundo de películas pornográficas y condones, ya que todo había sido comprado a mi nombre. Me preguntaba lo que las compañías de tarjetas de crédito o los vendedores pensaban. Como ya he dicho, estos delincuentes estaban enfermos de muchas maneras y su selección de los artículos comprados era sólo otra señal.

Ed dispuso reunirse con Mese durante la primera semana de febrero en la oficina de éste en su vecindario en Miami Shores. Tomó los documentos de las transferencias y la historia que yo había escrito sobre mi terrible experiencia, la cual incluía la identificación de Lugo como autor y una descripción de mi encarcelamiento y tortura.

Mese saludó a Ed cordialmente y lo llevó a su despacho, donde le señaló una silla para que se sentara frente a su escritorio desordenado, lleno de carpetas y papeles. Al ver a Mese, Ed se dio cuenta de que debía haber pasado un buen un tiempo desde que ambos se habían hablado la última vez. Du Bois notó que había perdido gran parte del músculo que una vez había tenido como levantador de pesas y fisicoculturista. Su antigua e impresionante constitución física había sido sustituida por una igualmente impresionante circunferencia. El hombre claramente no era un modelo del gimnasio Sun, y ya para esos días sólo promovía espectáculos de fisicoculturismo, pero ciertamente no participaba.

"John", comenzó Ed la conversación, mirando fijamente a Mese, "tengo algo a lo que quiero que eches un vistazo porque te concierne a ti y a mi cliente, Marc Schiller". Le entregó las páginas iniciales de mi historia y se quedó con las últimas, en las que identificaba a Lugo.

"El nombre de tu cliente no me suena", dijo Mese mientras empezaba a leer. Cuando terminó, observó: "Parece que este tipo ha pasado por un momento difícil".

Ed recuperó mi declaración. "Sí, lo ha pasado. ¿Conoces a un tal Dan Lugo o a Jorge Delgado?"

Mese miró a media distancia durante unos segundos antes de responder: "Conozco a Lugo de mi gimnasio. Trabaja allí. También hice un trabajo para él y Delgado sobre un asunto de fondos de pensión. Pero, ¿cómo encajo yo en todo esto?"

Ed buscó entre sus papeles y le entregó a Mese dos documentos adicionales. "Esto incluye tu nombre y sello de notario, y me gustaría conocer lo que sabes al respecto".

"¿Mi nombre?", respondió Mese, sorprendido.

"Sí, tu nombre". Ed golpeó la parte inferior de la página que Mese tenía en la mano "Y el nombre de tu esposa aparece allí como testigo".

Mese revisó los documentos y se los entregó de nuevo a Ed. "Ed, manejo este tipo de cosas todos los días. No recuerdo todos los detalles, pero creo que Lugo trajo a un hombre latino aquí". Mese asintió con cabeza ante los documentos. "Eso es de lo que se trata todo esto".

Ed se inclinó sobre la mesa y señaló la fecha del 23 de noviembre, la de la escritura de renuncia de mi casa. "Esto fue notariado el 23 de noviembre".

Mese asintió con la cabeza.

"El problema aquí, John, es que la esposa de Schiller estaba fuera del país desde hacía cinco días". Le mostró a Mese el pasaporte de mi esposa con la fecha estampada del 18 de noviembre, indicando que ella había abandonado el país, y mantuvo su dedo en la fecha de regreso a finales de enero. "¿Qué demonios significa esto?"

Mese sacudió la cabeza con desconcierto.

"Quiero hablar con Lugo. ¿Puedes arreglar eso?"

"Por supuesto. Yo me ocuparé y te llamaré con los detalles".

"Muy pronto, ¿de acuerdo?"

"Claro", respondió Mese con confianza. "Vamos a arreglar esto cuando nos encontremos con Dan".

Ed trató de ponerse en contacto con Delgado, incluso ir a su casa para enfrentarse a él, pero Delgado evitó todo lo posible cualquier contacto que intentara el investigador privado. En la mayoría de ocasiones, Ed sabía que Delgado estaba escondido en su casa cuando se presentaba y llamaba a la puerta por varios minutos. Aquello le indicó a Ed que este hombre tenía algo qué ocultar. Y que era un cobarde.

Ed tuvo noticias de Mese unos días después de su primera reunión y acordaron encontrarse con Lugo y Delgado el lunes 13 de febrero, en la oficina de Miami Shores de Mese. La mañana del encuentro, Du Bois se reunió con su abogado y su mejor amigo, Ed O'Donnell, para hacerle saber sobre el caso y que se reuniría esa misma mañana. Teniendo en cuenta lo que le dije acerca de Lugo y su pandilla, el investigador privado decidió que debía tomar estas precauciones. También contó con la ayuda de otro amigo que lo acompañó, Ed Seibert. Seibert había tenido una larga y distinguida carrera en el cumplimiento de la ley como policía de homicidios en Washington D.C., y en el campo de la seguridad como agente de la Oficina de Alcohol, Tabaco y Armas de Fuego, así como instructor de armas y balística para diversos clientes en América Central. Era un hombre que Ed sabía que le cubriría la espalda en caso de necesidad. Para estar doblemente seguro, Ed colocó dos hombres afuera y enfrente de la oficina de Mese, listos para brindar refuerzos.

Mientras Ed y Seibert se dirigían a la reunión, Seibert examinó varios documentos para informarse sobre el propósito del encuentro y los antecedentes de los personajes con los que tendría que lidiar. "Sabes", dijo Seibert, después de leer el archivo, "nadie hizo jamás ningún pedido de rescate".

Ed asintió.

"Eso me dice que nunca tuvieron la intención de dejar que este chico viviera. Estaba muerto desde el momento en que lo agarraron".

"Eso es lo que pienso", coincidió Ed. "Estos son unos tipos muy malos".

"Tipos peligrosos", agregó Seibert, y se sintió feliz de haber ocultado dos pistolas, una en la parte baja de la espalda y la otra atada a su tobillo.

Mese se reunió con Ed y con Seibert en la zona de la recepción y les ofreció café o agua, lo cual los visitantes rechazaron. Les pidió que se sentaran, y les explicó que Lugo y Delgado llegarían unos minutos tarde. Cuando Mese se volteó para irse, Ed lo detuvo y le entregó una foto mía, mientras preguntaba: "¿Era esta la persona para la que autentificaste los documentos?"

Mese se tomó un momento para estudiar la foto y, a continuación, negó con la cabeza. "No puedo estar seguro". Se rió cuando le devolvió la foto a Ed. "Todos los latinos se me parecen".

Dos horas más tarde, Mese reapareció en la zona de recepción. "Vamos". Mientras guiaba a los investigadores privados por el pasillo, les dijo que Lugo no podía venir, pero que Jorge Delgado podría proporcionarles toda la información que necesitaban. Esto era típico de Lugo: quería dejar a Delgado con el paquete. Gran amigo que era.

Cuando entró a la oficina, Ed se quedó sorprendido por la apariencia modesta de la persona sentada detrás del escritorio pequeño de acero, colo gris como bala de cañón. Flaco hasta el punto de que parecía demacrado, con una expresión adusta en su rostro, el hombre desprendía un aura de mansedumbre, mientras evitaba el contacto visual y se movía en su silla, claramente incómodo. Ed se había preparado para una presencia aun más intimidante e imponente, y en su lugar estaba mirando una figura muy poco impresionante. Mese les señaló a Ed y Seibert dos sillas de madera colocadas en frente del escritorio, hizo las presentaciones y salió de la habitación.

Ed comenzó la conversación explicando: "Yo represento a Marc Schiller. Creo que usted sabe algo acerca de su secuestro y de sus bienes robados. Todo está aquí, en un documento", dijo, bajando la barbilla hacia la carpeta en su regazo.

"¿Puedo ver la información que usted tiene?", preguntó Delgado. Ed le dio mis notas, la escritura de la casa y el formulario de cambio de beneficiario de mi seguro de vida. Delgado leyó el resumen de mi calvario, miró brevemente las otras páginas y se lo entregó todo a Ed. "Esto no es más que un negocio", dijo Delgado rotundamente, restándole importancia al asunto.

Ed miró a Delgado. "En realidad, es más que un negocio". Se desplazó hacia la parte delantera de la silla, colocando su enorme cuerpo más cerca del escritorio. "¿Esta es la forma de hacer negocios? ¿Secuestra a alguien? ¿Torturarlo? ¿Robar sus bienes y luego tratar de matarlo? Una manera diferente de trabajar, ¿no le parece?".

Delgado parpadeó nerviosamente y se aclaró la garganta. "No voy a comentar sobre eso". Trató de decirlo con firmeza, pero sólo logró gemir.

Ed se levantó de su silla y se inclinó sobre la mesa, acercando su rostro al de Delgado. "Tengo todo este asunto resuelto, Jorge".

Delgado se echó un poco hacia atrás e hizo un esfuerzo para parecer confiado y seguro de sí mismo. "¿Qué han descubierto?"

"Si hubieras matado a Marc Schiller, como pretendías, esto hubiera sido el crimen perfecto. Tenías todo su dinero, todos sus bienes, su casa, sus coches y, encima de todo, un bono de dos millones de dólares. Lo tenías todo bien configurado y todas las llamadas fueron desviadas de su casa al almacén. Tenías un guión para que él pretendiera que estaba pasando por una crisis de la mediana edad, que se había vuelto salvaje y loco, que había conocido a una chica joven, que quería liquidar todo y conducir hacia el atardecer, enamorado. Así que, si hubiera muerto, habría sido un éxito. Sólo una cosa, imbécil: sobrevivió, y tú y tus amigos dejaron un rastro de papel que es fácil de seguir. Los seguí derecho a su puerta. Te voy a meter a la cárcel".

Mese entró en la sala en ese momento de la conversación. Delgado estaba contento por la interrupción y sugirió que todos se reunieran a la mañana siguiente. Mese ofreció su segunda oficina en Miami Lakes, un lugar más cómodo para Lugo y Delgado, con la promesa tácita de que Lugo podría, efectivamente, asistir a esa segunda reunión. Los hombres acordaron volver a reunirse a las nueve de la mañana siguiente.

Ed y Seibert llegaron al vestíbulo de la oficina de Mese a las nueve y estudiaron el directorio del edificio. Du Bois se dio cuenta de que Inversiones Inmobiliarias JoMar, la compañía en la que Delgado y yo una vez fuimos socios, compartía la dirección con Mese. Los hombres entraron en la suite de Mese y se acercaron a una recepcionista, quien se sorprendió al verlos. Explicó que no había citas en la agenda y que no esperaba a su jefe hasta más tarde esa mañana. Ocultando su molestia, Ed y Seibert le dijeron a la joven que esperarían.

Dos horas más tarde, Mese entró y se sorprendió al ver a Ed y

Seibert. Ed no estaba contento y se lo hizo saber a Mese. "Mira, John, tú fuiste el que sugirió que nos encontráramos aquí y todos estuvimos de acuerdo en que fuese a las nueve de la mañana". Señaló su reloj. "Hemos estado esperando dos malditas horas. Ahora, ¿dónde diablos están Lugo y Delgado?"

"Voy a llamarlos", dijo Mese. Ed se dio cuenta de que el hombre estaba sudando profusamente. "Sólo dame unos minutos", dijo, y desapareció por la parte trasera de la oficina.

Regresó y les aseguró a Ed y a Seibert que sus clientes estaban en camino. "Aquí está la información sobre el trabajo que he hecho para estos tipos", dijo Mese, mientras le entregaba a Ed una carpeta de archivos. "Por favor, lee todo, toma notas y podemos hacer copias de todo lo que quieras". Mese luego los llevó a una pequeña oficina, una vez más prometiéndoles que Lugo y Delgado estaban en camino.

Du Bois se hizo un espacio en la parte superior del escritorio, que estaba ocupado por los restos de otra sesión de trabajo, incluyendo un cenicero rebosante de colillas de cigarrillos y dos copas de champán con olor a licor dulce.

Como cualquier detective experimentado haría, Seibert comenzó a revisar el contenido de la papelera, que estaba llena hasta el borde con pedazos de papel arrugado. Desarrugó un par de páginas sobre el escritorio y luego fue rápidamente de nuevo por otro puñado. Sus ojos se abrieron. "Jesucristo, Ed", dijo, y deslizó las páginas delante de Du Bois. Luego se levantó y cerró la puerta de la oficina.

Du Bois estaba mirando un tesoro de información que incluía estados de cuenta bancarios, recibos de depósitos y cheques girados a Mese, que ligaban al contador público con el lavado de mi dinero. Disponiendo los documentos por orden de fecha y números de cheque, el rastro del dinero guiaba a Ed y a Seibert de mis cuentas a las de Consultores de Condición Física Sun y al gimnasio. Ed se sirvió otro puñado de la papelera y descubrió los cheques cancelados a nombre de Lillian Torres e Inversiones Inmobiliarias JoMar por parte de cuentas de Consultores Sun y Gimnasio Sun.

Seibert señaló el cenicero y las copas. "Alguien estaba aquí tratando de purgar sus archivos de todo lo que les atase al caso", dijo, y continuó sus estudios de los papeles que había tomado de la basura. "Qué imbéciles. Dejaron las cosas aquí para poder tomarlas".

"Debieron haber pensado que la gente de limpieza podría deshacerse de ellas", dijo Ed, volviendo a la papelera. "Gracias a Dios por este tipo de estupidez o nunca podríamos sacar a estos delincuentes de las calles".

Ed y Seibert se miraron entre sí y, sin mediar palabra, comenzaron a rellenar con el hallazgo sus bolsillos y maletines. Cuando sabían que tenían todo lo que ayudaría a construir su caso, Seibert abrió la puerta de la oficina.

No mucho más tarde, Mese entró y dijo que Delgado había llegado, pero que Lugo no había podido hacerlo. Qué sorpresa. Condució a Ed y a Seibert a su oficina, donde Delgado estaba apoyado en una estantería, tratando de mostrar una actitud casual, casi desdeñosa. No funcionó. Estaba claro que el hombre no estaba sentado porque estaba demasiado nervioso para hacerlo. Así las cosas, fue cambiando de pie y cruzando y descruzando los brazos, mientras Ed y Seibert se acomodaban en sillas frente a una gran mesa de madera, a la cual se sentó Mese.

Ed no perdió el tiempo. Comenzó enumerando una lista de acusaciones con los dedos y cuando llegó a secuestro y tortura por extorsión, Delgado se lo impidió.

"No vamos a hablar más de eso", declaró el hombre.

Ed miró a Mese, que permaneció pasivo. "Entonces, ¿qué demonios estamos haciendo aquí?".

"Vamos a devolver el dinero."

Du Bois saltó de inmediato, dándose cuenta rápidamente de que lo que el hombre estaba ofreciendo era tan bueno como una confesión. "¿Cuánto?"

"Todo, un millón doscientos sesenta mil. Pero vamos a necesitar un contrato firmado por usted y por Schiller en el cual se acuerde que esto se dio por un negocio que salió mal, y que ni usted ni su cliente podrán discutir este asunto con nadie, ni tampoco ir a la policía".

Du Bois cogió un lápiz y una hoja de papel en blanco del escritorio, y redactó el acuerdo allí mismo. Quería registrar a estos hombres tan pronto como fuera posible, sabiendo que todo lo que él y yo firmáramos no sería válido en un tribunal de justicia. Su texto es el siguiente:

"Jorge Delgado se compromete a pagarle a Marc Schiller la

suma de 1,26 millones de dólares como restitución del producto de un mal acuerdo de negocios. Además, Schiller acuerda que los incidentes ocurridos presuntamente entre el 15 de noviembre de 1994 y el 15 de diciembre de 1994, según los describió a su abogado e investigador, no ocurrieron".

Al salir de la oficina, Seibert evaluó la situación con una dosis de realidad, a pesar de que la reunión había terminado bien para los investigadores y para mí. "Ya sabes, si estos tipos se salen con la suya, van a matar a quien sea el próximo que agarren en sus manos".

"No van a salirse con la suya", dijo Du Bois. "Vamos a ir detrás de ellos, no importa cuál acuerdo de mierda firmen".

Ed nos contactó a Gene y a mí para avisarnos acerca de lo que Delgado había propuesto y recomendó que continuáramos adelante con el mismo objetivo: poner a los delincuentes en la cárcel por mucho, mucho tiempo. Si bien el conseguir mi dinero de vuelta no era más que una débil esperanza que tal vez de materializaría en el camino, un acuerdo como el propuesto por Delgado sería tan bueno como una confesión de que el secuestro y la extorsión habían ocurrido. Era algo sólido que podríamos llevar a la policía mientras que, para ese momento, teníamos poco para justificar de manera concluyente el crimen.

El día en que Ed se reunió con Delgado, uno de los matones trató de ir de compras con una de las tarjetas de crédito que había cambiado de dirección. Así que me pregunté cuál era su verdadero motivo para reunirse con Ed. No parecían tomarse muy en serio lo de llegar a un acuerdo. Por otra parte, Ed se había reunido con Delgado, quien yo consideraba que no tenía ni voz ni voto. Su función era recibir órdenes de Lugo y ser utilizado por él.

Después de que Ed se reunió con Delgado, recibió una llamada de alguien que dijo ser un "informante". Este individuo, cuya identidad hasta el día de hoy no conozco, le dijo a Ed que quería reunirse con él. Se encontraron en un restaurante de Miami Lakes y el individuo insistió en que quería resolver el asunto. No quedaba claro si representaba al resto de matones o estaba tratando de salvar su propio pellejo. La reunión fue breve y el mensaje claro. Le dio a Ed su número de localizador y le aseguró que le devolvería las llamadas cada vez que lo necesitara. Quién era y sus motivos siguen siendo un misterio.

Antes de la redacción del acuerdo, consulté con Gene, y me dijo que no podría ser válido en vista de que se había cometido un crimen. Yo quería un pedazo de papel o una confesión con la cual ir a la policía. ¿En verdad creía que Lugo y compañía iban a devolverme el dinero? No. Lugo había demostrado su codicia en el almacén, y yo no creía ni por un minuto que lo haría. Había dos posibilidades: una, que firmarían el acuerdo y no me darían nada de dinero, lo cual no importaba, porque lo que me interesaba era su firma en el acuerdo. La otra posibilidad era que esto se trataba de sólo un teatro para llevar a cabo algo más que tenían previsto, y que no tenía intención de firmar de todos modos.

Ed también consultó con su abogado, Ed O'Donnell, sobre los últimos acontecimientos. O'Donnell se sorprendió de que

Delgado y sus compinches habían propuesto un acuerdo que no sólo no era aplicable, sino esencialmente una evidencia de un crimen. "Qué idiotas", observó. "Nunca van a conseguir un abogado para trabajar con ellos en este caso".

Pero Delgado y Lugo encontraron un abogado a través de un corredor de bolsa con el que estaban tratando de colocar los fondos robados. Joel Greenberg estaba en su primer año de práctica y parecía ansioso por el negocio. Lugo propuso que se insertara el signo de la lira italiana en lugar del signo de dólar, lo que reducía el pago de 1,2 millones a sólo mil doscientos. Esto era considerado como inteligente dentro de las habilidades de negociación del grupo, pero Greenberg se negó a seguir este enfoque. Lugo y su equipo solicitaron algunas modificaciones, entre ellas una que decía: "Marc Schiller acepta que ningún miembro de su familia fue amenazado o chantajeado por parte de Jorge Delgado, Danny Lugo o John Mese". La ironía caía pesadamente sobre esta redacción. Estuve de acuerdo con estas y otras demandas de cambios que fueron llegando en las siguientes semanas.

A finales de febrero, Ed envió un fax a Mese señalando que no había habido ningún progreso. Acusó a Mese de tomarse todo ese tiempo para destruir pruebas incriminatorias y exigió que el asunto fuese resuelto al día siguiente, 23 de febrero, a las doce y media de la tarde, o que acudiría a la fiscalía estatal y federal, civil y penal. Mese le lanzó una respuesta a Ed, negando cualquier culpabilidad y prometiendo acciones legales si alguien afirmaba lo contrario. Du Bois había tenido suficiente y envió una larga demanda a Lugo, Delgado y Mese a través de Joel Greenberg:

Hemos tratado de negociar de buena fe para la devolución de los objetos que no les pertenecen, y han estancado el proceso y continuado cometiendo actos delictivos durante estas negociaciones. Al parecer, prefieren explicar sus actos a las autoridades en lugar de resolver este asunto.

Ya no vamos a estar de pie con los brazos cruzados y ya no podemos negociar con aquellos que siguen actuando de manera desafiante. Estos son los términos y condiciones no negociables para la resolución de este asunto:

Devolver todo el dinero tomado del señor Schiller.

Devolver todos los documentos personales tomados de él.

Devolver el pago de los vehículos robados de su casa.

Pagar por todas las compras fraudulentas hechas con su tarjeta de crédito y la de su esposa.

Pagar por todos los artículos robados de la casa del señor Schiller y todos los daños a la propiedad.

Esto no es negociable. No más documentos firmados, no más negociación. A menos que estos artículos sean devueltos el viernes 24 de marzo de 1995, antes de las 11:59 AM, vamos a someter esta cuestión a las autoridades federales y estatales, y buscar todos los recursos, civiles y penales, permitidos por la ley.

Ustedes deciden resolverlo ahora o ir a la cárcel. Este es nuestro último intento de solucionar este asunto. Si no oímos de ustedes antes de esta fecha y hora, vamos a suponer que prefieren explicar sus acciones a las autoridades.

Mientras se daba este estira y encoge, durante febrero y marzo Gene organizó con éxito la escritura de renuncia de la casa. Se fijó una fecha en la corte para que las partes pudieran impugnar la moción, pero no hubo contención, y la propiedad regresó de nuevo a mí. Unos días más tarde, Ed y mi agente de bienes raíces, Kathy Leal, fueron a la casa para hacer un inventario. Llegaron a una cáscara vacía. Sus pasos resonaron contra el suelo de baldosas, mientras pasaban de una habitación vacía a la siguiente. La casa había sido despojada de todo. Todos los muebles, todas las fotografías familiares y documentos, mi ropa, la ropa de mi esposa y la ropa de los niños, todos los juguetes, y un jacuzzi para diez personas habían desaparecido. Seis ventiladores de techo habían sido arrancados de sus soportes. Incluso las instalaciones de las luces decorativas de las ventanas. Ya no tendría que preocuparme por los objetos de la casa nunca más. No quedaba nada. Me sorprendió que no habían tratado de llevarse las paredes, ya que era lo único que quedaba. Du Bois encontró un único pedazo de papel que volaba por el piso, impulsado por el aire acondicionado, que no había sido apagado. Escrito en él estaba los números de teléfono de los hospitales de Palmetto y de Miami Jackson. Cuando me lo mostró, supe de inmediato que era la letra de Delgado. Esto confirmó que la decisión de que me fuera del hospital, tomada por mis hermanos, había sido prudente y que muy probablemente nos salvó la vida. No eran cuidadosos al dejar pruebas incriminatorias atrás. Parecía que pensaban que eran invencibles.

    Ed se mantuvo en contacto con el informante, quien

continuaba asegurándole que querían arreglar el problema y tener todo resuelto. Por la forma en que estaban actuando no parecía ser cierto. Era más como una táctica para ganar tiempo, y este hombre, quienquiera que fuese, era parte de ella.

Yo estaba inquieto y comencé a presionar a Ed con la idea de que teníamos suficiente evidencia y deberíamos ir a la policía. Ed quería asegurarse de que no se perdiera nada y tener un caso concreto para presentar.

Estaba empezando a pensar que todo el propósito de la negociación era para distraerme, mientras hacían planes para abandonar el país o poner otro nefasto plan en acción. De hecho, pensé que ya lo habían hecho. Pero no podían ser tan inteligentes, ¿verdad? Con el tiempo, de alguna manera, Ed contactó con su abogado para redactar un nuevo acuerdo. Rápidamente se lo devolví, como lo había hecho antes, pero le dije que estaba cansado de bromas y de que estuvieran jugando con nosotros. De inmediato se lo devolvió a su abogado, quien supuestamente iba a hacer que lo firmasen. Nunca fue así. No es de extrañar.

El 24 de marzo, O'Donnell recibió una respuesta por parte de Greenberg dirigida a Ed. Era la lista, la cual ya tenía un mes, de demandas no negociables. Esa era la fecha límite para su cumplimiento. En lugar de abordar las cuestiones planteadas por el investigador privado, la respuesta de Greenberg pasó a la ofensiva y acusó a Ed de amenazar a sus clientes y cometer extorsión. El joven abogado afirmó que Ed estaba actuando fuera de su competencia como investigador privado, y exigió que su implicación en el caso terminara de inmediato. Mientras tanto, dijo el abogado, sus clientes estaban pidiendo cambios adicionales al acuerdo original, que iba a ofrecer en breve.

Enojado, Ed respondió de inmediato:

Estimado Sr. Greenberg:

El propósito de estos retrasos por fin está quedando claro: sus clientes necesitan tiempo para continuar con sus actos criminales contra el señor Schiller y los cargos fraudulentos en sus tarjetas de crédito siguen aumentando.

En una reciente visita a su casa se encontró que había sido devastada. Su camioneta BMW 525 de 1993 ha sido robada. Los muebles de la casa, por un total de más de setenta y cinco mil dólares, han sido robados, incluyendo alfombras orientales valoradas en más de quince mil dólares, un equipo de música y televisión por valor de once mil, una computadora y un sistema de impresión por valor de cuatro mil, y un jacuzzi valorado en diez mil dólares. Para sacar el jacuzzi de la piscina, arrancaron una sección de la pantalla y el soporte de aluminio del sistema de pantalla de la piscina.

La carta de Ed prometía que si no se satisfacían mis demandas, entregaría una lista de acusaciones a las autoridades contra los clientes de Greenberg y "que sería una lista tan enorme que tendría que entregarse en un camión de mudanzas".

El informante, tan misteriosamente como había aparecido, desapareció. No hubo más llamadas de vuelta cuando Ed marcó su localizador. Delgado y el informante no identificado de Lugo, al igual que un fantasma, se habían desvanecido en el aire.

    Era la primera semana de abril y nuestra paciencia se había agotado. Le dije a Ed una vez más que nos habían tomado por tontos y que nunca tuvieron la intención de firmar. Querían más tiempo. Una de las razones por las que pensamos que podrían estar retrasando todo era que habían gastado una cantidad considerable de dinero y, simplemente, no lo tenían disponible para devolverlo. La forma en que habían estado comprando cosas inútiles a granel lo justificaba perfectamente. Tal vez, supuse, estaban planeando su próxima empresa criminal y buscando a su próxima víctima, alguien a quien pudieran dejar limpio, y que les permitiera devolverme el importe íntegro. Todo era especulación y quizás Lugo y sus amigos simplemente no querían devolver el dinero porque, a su manera retorcida, él pensaba que ahora era suyo.

    Este caso se estaba volviendo muy personal también para Ed. Su esposa e hijos dijeron haber visto hombres estacionados cerca de su casa durante varios días mientras Ed estaba en el trabajo. Los hombres parecían estar manteniendo una estrecha vigilancia sobre las idas y venidas de la familia y los visitantes. Ed también recibió una llamada de un contacto de la compañía telefónica, haciéndole saber que alguien había tratado de acceder a sus registros telefónicos para obtener información sobre las llamadas que estaba haciendo a América del Sur.

    La preocupación por la seguridad de su familia aumentó cuando Du Bois descubrió que Lugo y su banda de asesinos habían gastado más de doce mil dólares en equipo de vigilancia sofisticado en una tienda de espionaje, incluida la tecnología para grabar teléfonos y escuchar conversaciones a larga distancia. Ed me llamó, muy angustiado. Me dijo que tenía miedo por su familia y por su propia seguridad. No podía culparlo.

Le dije a Ed que había decidido darles un poco más de tiempo, y que si no llegábamos a un acuerdo firmado de forma satisfactoria, iría a la policía. Realmente no tenía otra opción: con o sin un acuerdo firmado tenía que ir a la policía. No quería vivir mi vida escondiéndome o siempre mirando hacia atrás para ver si alguien venía. Sabía que ir a la policía iba a ser un gran reto, pero tenía las pruebas y a Ed para apoyarme, ¿verdad?

Las comunicaciones entre Ed y los delincuentes habían terminado. No importaba cuántas llamadas hiciera Ed, nunca obtuvo respuesta. Ed llamó a Al Harper, un capitán de la policía de Miami y detective de homicidios veterano. La segunda semana de abril de 1995, me subí a un avión con destino a Miami. Ed iba a organizar de antemano una reunión con las personas indicadas, y yo iba a pasar una noche en el hotel del aeropuerto. Al día siguiente, iríamos a la policía, y por la tarde volvería a coger mi vuelo de regreso a Colombia. La incredulidad me envolvió cuando me senté en el avión. Iba a volver al lugar donde había vivido tanta miseria y dolor. Amargos recuerdos se agolpaban en mi mente. Yo sabía que era lo correcto y recé para que todo se desarrollara según lo previsto. Aterricé en Miami en una tarde soleada de abril, y todos los recuerdos regresaron de golpe.

Capitulo 24 — Houdini

"Lo que llamamos ilusiones son a menudo, en verdad, una visión más amplia de las realidades pasadas y presentes".

- George Eliot -

Aterricé en el estado del sol, y cuando desembarqué del avión, mi corazón latía tan fuerte que pensé que iba a saltar fuera de mi pecho. Me quedé pensando: ¿y si me encontraba con uno de esos locos? No conocía a muchos de ellos y podía toparme con alguno sin saberlo. Al menos ya no andaba en muletas y podía cojear un poco más rápido ahora. Cuando llegué a la aduana, sé que les llamé la atención: un hombre que venía de Colombia, que se veía aterrorizado y sudoroso, seguramente debía llevar drogas o algo por el estilo.

Tenía miedo, mucho miedo, y tanto mi cuerpo como mi la cara no lo escondían. En poco tiempo, me sacaron a un lado. Si no lo hubieran hecho, me habría preguntado si ellos hacían su trabajo. Me llevaron a una sala de interrogatorios. Me alegré porque me sentía más seguro allí. Naturalmente, me preguntaron de dónde venía, a pesar de que sabía que eran conscientes de que había estado en Colombia. Así que me inundaron con todas las preguntas de rigor: por qué estaba all, cuánto tiempo me quedaría y así sucesivamente. No los dejé terminar y les conté la historia de principio a fin y por qué había vuelto, la versión definitiva, de todos modos. Mostraron genuino interés y pusieron un guardia a esperar conmigo en la puerta hasta que llegara Ed. Me quedé realmente impresionado con ellos y por siempre agradecido de que no sólo me creyeron, sino que también me protegieron mientras esperaba.

Ed llegó rápido y se reunió conmigo en las afueras de la zona de aduanas, y me fui con él al hotel del aeropuerto. Allí me mostró varios de los documentos que había recuperado de la papelera de Mese y otros que había recopilado a través de su investigación. Yo estaba muy impresionado y pensé que teníamos una prueba irrefutable del delito cometido, o por lo menos lo suficiente para que la policía iniciara una investigación. Ed se fue y me escondí en la habitación del hotel hasta la mañana siguiente. El sueño estaba fuera de toda cuestión. Me senté en una silla y esperé. Me sentía como un preso de nuevo, incapaz de salir. Esto se estaba poniendo viejo y tenía que ponerle fin, para empezar a tratar de poner mi vida en orden nuevamente. Esa era la razón por la que estaba allí, seguía tranquilizándome a mí mismo. Me dije que todo iba a ser mejor en unas pocas horas, cuando la policía organizara la persecución para detener a estos criminales dementes. Una vez más, me equivocaba.

A la mañana siguiente, Ed me recogió enseguida y fuimos a la jefatura de policía, que estaba a menos de dos kilómetros de donde habían intentado matarme. El viaje parecía surrealista y tuve que pellizcarme para asegurarme de que no estaba soñando. Cuando hablé con Ed, le di las gracias por el gran trabajo que había hecho y le dije que me sentía confiado de que todo saldría bien, teniendo en cuenta la cantidad de pruebas que había reunido. Realmente creí que esto marcaría el final de esta pesadilla y podría dar vuelta a la página y comenzar un nuevo capítulo en mi vida.

Llegamos al cuartel de la policía, y yo estaba de buen humor y dispuesto a contar mi historia. Ed había acordado previamente una reunión con alguien con quien se había puesto en contacto y a quien conocía. Nos dirigimos a la pequeña oficina donde se encontraba el capitán Porterfield. Al llegar, nos dieron instrucciones de sentarnos en una pequeña zona de recepción hasta que el capitán pudiera reunirse con nosotros.

El capitán Porterfield salió a saludarnos y nos hizo pasar a su despacho. Era evidente que él y Ed se conocían, ya que intercambiaron algunas bromas y conversaciones triviales. El capitán me pidió que le contara mi historia. Yo estaba un poco nervioso y aprensivo al principio, pero procedí a decirle, con tanto detalle como pensaba que necesitaba, lo que había ocurrido en noviembre y diciembre del año anterior. El capitán se sentó pacientemente a escuchar la historia y esperó a que yo terminara antes de hacer cualquier comentario. Tenía algunas preguntas que eran superficiales y no pidió más detalles.

Una vez que terminé, Ed continuó y habló de sus encuentros con los diversos matones y el informante, y le mostró los distintos documentos que había reunido. De hecho, Ed tenía una carpeta muy gruesa que contenía muchos documentos. Mi primera impresión fue que el capitán Porterfield realmente creyó mi historia y que iba a darle seguimiento y comenzar una investigación. Lo que sí me preocupaba era que no tenía muchas preguntas. No pidió más detalles o aclaraciones. Eso me pareció bastante extraño, pero no le presté demasiada atención. En cierto modo me imaginé que vendría después.

El capitán Porterfield pareció preocupado y explicó que tenía que presentar el caso a sus superiores. Esto también me pareció extraño, pero pensé que tenían su protocolo por seguir. Nos pidió que volviéramos al día siguiente y, a regañadientes, acepté. Esto significaba que tenía que quedarme un día más en Miami, algo que definitivamente no quería hacer. Du Bois me llevó de vuelta al hotel y me senté allí, preguntándome cómo iría todo y cómo iba a terminar.

Como no tenía nada qué hacer durante todo el día, Gene vino al hotel a recogerme. Regresamos a su oficina. Fue un riesgo salir, pero yo simplemente no podía soportar sentarme en la habitación del hotel, mirando las paredes y pensando en los problemas. Discutimos el asunto de que todavía faltaba el coche de mi esposa. Cuando llegamos a su oficina, hizo varias llamadas para averiguar el procedimiento para denunciar el robo, ya que no había otra opción. Finalmente se decidió que un policía vendría a la oficina a tomar la denuncia. El oficial llegó poco después y completó el informe. Le conté la historia de mi secuestro, aunque una versión muy resumida. Su primera observación fue que sonaba como si se tratara de una película. Estaba visiblemente sorprendido por la historia y se olvidó del informe en la oficina de Gene, sólo para regresar más tarde a recuperarlo. No dudaba de mi historia, ni insinuó que yo la había inventado por alguna razón desconocida. Gene me llevó de vuelta al hotel, y de nuevo me senté y esperé a ver qué curso tomaría la acción de la policía.

A la mañana siguiente, Ed llegó y nos dirigimos a nuestra cita con el capitán Porterfield. Esta vez, no tuvimos que esperar. En cambio, estaba esperando nuestra llegada. Pensé que esto era una buena señal y que estaban dispuestos a seguir adelante con mi caso. Fue seco y directo al grano. Nos dijo que él y su jefe creían que mis lesiones eran compatibles con un accidente de coche, y que estaban tratando el asunto como un robo, en vista de que mi cadena había desaparecido. Por lo tanto, debía ir a la unidad de robos y reportarlo. Mi boca se abrió. ¿Esto estaba realmente sucediendo? ¿Un robo? Le mostré mis quemaduras de la tortura. Tanto Ed y yo tratamos de discutir con él y le dijimos que estaban cometiendo un error. Él no quiso saber nada al respecto. Le pregunté cómo y por qué me gustaría inventarme una historia con detalles tan reales. Él no respondió. Le dije que tenía un médico que testificaría que mis lesiones no se ajustaban a las de un accidente. ¿Cuándo estallaba un coche al golpear un poste de electricidad?, le pregunté. ¿Qué había de los documentos irrefutables que Ed había reunido? ¿Y qué del hecho de que Ed había sido un agente del FBI? ¿Su palabra no significaba nada?

Nada. Él no respondió. Vayan a la sección de robos, caso cerrado. Yo era un loco que, por alguna razón desconocida, había decidido contratar a un profesional respetado que viniera a responder por mí mientras le contaba a la policía una historia loca que me había inventado. Esto era una locura. No podían sacudirme tan a la ligera. Nunca me esperé esto. Iba más allá de toda comprensión. La policía ni siquiera miró los alegatos. Estaba conmocionado y asqueado al enterarme de que los matones estaban en lo cierto cuando me dijeron que a la policía no le importaría y que no me creerían. Había llegado a un callejón sin salida y consideré que estos criminales seguirían con su caos y no había nada que pudiera hacer al respecto. Comprendí que no me creyeran, en vista de que no me conocían. Pero Ed era muy conocido y respetado. ¿Cómo podrían no creerle?

¿Qué iba a hacer ahora? ¿A dónde debía acudir? Pensé que podrían ser un poco escépticos, ya que era una historia tan descabellada. Sin embargo, estaba Ed, que era respetado y que había recopilado una gran cantidad de pruebas incriminatorias. Por lo menos podrían haber hecho una investigación preliminar para comprobar si yo estaba inventando todo. Ed quería ir a la unidad de robos. No vi ninguna razón para hacerlo. Era una pérdida de tiempo. Él insistió y finalmente acepté. Nos dirigimos hacia arriba, donde se encontraba la unidad de robos. Consistía en una gran sala llena de cubículos. Veríamos a la sargento Deegan, cuyo cubículo se encontraba en el otro extremo de la habitación. Tan pronto como llegamos, me di cuenta de que todos los ojos estaban puestos en nosotros y muchos tenían sonrisas en sus rostros. Su entretenimiento en un día que, de otra manera hubiese sido de aburrida rutina, había llegado. Cuando nos acercamos a la mesa de la sargento Deegan, ella y su compañero, el sargento Myers, se levantaron y me dieron una ovación de pie con grandes sonrisas en sus rostros. Me sentí humillado de nuevo y no podía creer lo que estaba sucediendo. No dejaba de pensar que los criminales estaban en lo cierto: a nadie le importaba.

Cuando entré en el cubículo de Deegan, Ed regresó a la sala de espera, donde le preguntó a la recepcionista si sabía algo acerca de la extraña demostración que nos habían dado como bienvenida. La joven miró a su alrededor con cuidado y, confirmando que estaban solos, le susurró: "Por favor, no deje que nadie sepa lo que le he dicho, pero nos dieron una llamada de la división de investigación científica diciendo que deberíamos esperar una actuación digna de un Oscar por parte de su cliente".

La sargento Deegan no mostró ningún interés en mi historia, en vista de que presumía que todo era una mentira. Me dio las gracias por ofrecer un buen espectáculo y me preguntó si yo pensaba que era Houdini, porque nadie podría haber sobrevivido a la historia que había contado. A continuación, me dijo que lo más probable era que yo fuese un traficante de drogas y que lo que me habían hecho fue por venganza. Pensaron que me habían acorralado al pedirme que tomara la prueba del polígrafo. Se sintieron decepcionados cuando acepté con entusiasmo. Le dije que me gustaría tomar una, dos, tantas como querían allí mismo. Me dijeron que regresara en una semana. Les expliqué que yo vivía fuera del país y estaba por partir ese mismo día.

Respondieron: "¡Ah, qué pena!"

Entonces ella me dijo que yo estaba mintiendo y no sabía lo

que estaba pasando. Continuó preguntándome si era consciente de que era un crimen presentar una denuncia falsa. Yo estaba enojado, pero mantuve mi compostura y les pedí que me ignorasen y simplemente dieran seguimiento a lo que Ed había compilado, y de esa manera se podía aclarar mi historia. Ella se rió y se negó, insistiendo en que estaba inventando todo. Dijo que tenía una imaginación muy viva. Burlonamente, me preguntó si quería presentar un informe por la cadena que me habían robado. Le contesté que no, gracias. Ed trató de interceder y les suplicó. Le dijeron que estaba mintiendo y no querían hablar con él o desperdiciar recursos en una historia tan loca.

Cuando nos fuimos, me sentí furioso y angustiado. A mi manera sarcástica, murmuré que el ir allí me había hecho sentir mucho más seguro como ciudadano, ya que el departamento de policía podía, sin error, determinar lo que era cierto o no, y decidir investigar de acuerdo con eso.

Ahora me enfrentaba a una vida de ocultarme constantemente y mirar por encima del hombro. Ed no tenía palabras. ¿Qué podría haber dicho aquel hombre? Tampoco había previsto este resultado. Era inconcebible que un crimen podía ser perpetrado y no había nadie para investigar o interceder. Me quedé pensando en lo que me habían dicho en el almacén: que podían hacer esto una y otra vez, y ejecutarlo como cualquier otro negocio y a nadie le importaría. En ese momento, yo había pensado que era ridículo. Ahora me daba cuenta de que lo que habían dicho parecía ser cierto.

Volvimos a la oficina de Ed, e hizo varias llamadas a amigos en el FBI. Estaba tratando de organizar una prueba de polígrafo por la tarde antes de irme. No fue capaz de arreglarlo y me llevó al aeropuerto para coger el vuelo.

    Mientras estaba sentado allí en el aeropuerto, mi depresión se agudizó. Nada había salido como yo esperaba. Entonces razoné que tenía que reorganizar mi vida de acuerdo con las cartas que me habían tocado. El camino de ir a la policía para que los criminales fuesen arrestados había llevado a un callejón sin salida. Me negaba a darme por vencido. No me iba a ocultar. Tenía que haber una solución, que eventualmente aparecería. Decidí mantener el ánimo alto y mi fe sólida. Yo no estaba vivo para dedicar mi vida a la autocompasión. Decidí que, de alguna manera, iba a seguir luchando.

    Mientras esperaba el avión, Delgado se me vino a la mente. Quería tener un poco de diversión y tenía un poco de tiempo para gastar. Recordaba su número de localizador, así que ¿por qúe no llamarlo? Fui a una parte remota del aeropuerto y encontré un teléfono público. No sabía si había cambiado su número de localizador, pero valía la pena intentarlo. Ya era hora de darle un poco de miedo a este viejo amigo, para que sintiera un poco de lo que había estado experimentando yo estos últimos cinco meses. Marqué al localizador de Delgado y dejé el número del teléfono público del que estaba llamando. Me paseaba frente al teléfono, entretenido con un revoltijo de emociones. Cuando sonó el teléfono, lo cogí.

    "Hola".

Hubo un instante de vacilación antes de que la voz preguntara: "¿Ha llamado usted a mi localizador y ha dejado este número?".

"Esto no ha terminado", escupí por el receptor.

"No sé de qué está hablando".

"Esto no va a funcionar, Jorge. No se puede ocultar. He ido a la policía y les di una carpeta llena de información que dice todo acerca de lo que tú y tus amigos han hecho, y la evidencia que prueba que están involucrados".

"Todavía no sé de lo que está hablando", insistió Delgado con calma.

"Yo no voy a parar hasta que tú y Lugo se estén pudriendo en la cárcel. Eres un pedazo de mierda, y te mereces todo lo que está llegando a su manera".

Casi en un susurro, Delgado dijo: "Tenemos un acuerdo".

Me eché a reír. "No, no lo tenemos. Vas a ir la cárcel, y te voy a poner allí. Mejor mantén un ojo sobre mí. Asegúrate de mirar sobre tu hombro cada minuto de cada día, ya que podría estar justo detrás de ti".

Colgué el teléfono y miré a mi alrededor para ver si esta animada conversación había atraído la atención, pero la zona estaba casi desierta.

Me sentí mejor, a pesar de que no había conseguido nada. Estoy seguro de que él no se sentía de la misma manera. Su peor pesadilla había vuelto para atormentarlo. Imaginé que la primera llamada que hizo fue a su amo, Lugo. ¿Mi llamada logró algo? No.

Pero el sacudirlo y hacerlo sentir incómodo valió la pena. Además, la ventaja era que él me había llamado a un número local y tal vez pensó que yo estaba de vuelta en la ciudad, de modo que concentrarían sus esfuerzos en buscame en Florida en lugar de donde realmente me encontraba. Bueno, fue un poco de terrorismo psicológico, pero yo había recibido mi parte justa.

Seguidamente llamé a Mese, decidido a poner el temor de Dios en él también. Mese me colgó el teléfono, pero no lo dejé en paz y le envié un fax el 25 de abril.

Este problema no se resolverá colgándome el teléfono. No descansaré hasta que tú y tus compinches estén en la cárcel y hasta que este problema se haya resuelto de una manera u otra. Estás hasta el cuello en la mierda. Tienes que entender eso primero. Preparaste y certificaste documentos que casi me cuestan la vida.

La evidencia contra ti y tus amigos es enorme. Es un caso abierto y cerrado. No puedes ganar.

Continué al día siguiente con otro fax para Mese:

¿Cómo puedes estar tan satisfecho con el desastre en el que estás? Te llamé viernes, lunes y martes y todavía no te has puesto en contacto con tu abogado. ¿Eres tonto o lo suficientemente ingenuo como para pensar que este problema va a desaparecer?

Tú decides. ¡Regresa lo que no es tuyo! O hazle frente a la música.

Tic, tic, tic ...

Sólo estaba tratando de darles un poco de su propia medicina a pesar de que sabía que no me iba a llevar a ninguna parte.

Hacerlos sentir incómodos, y que con suerte se retorcieran, tenía algún valor como entretenimiento. También quería que aprendieran lo que era recibir tortura mental en lugar de darla. Era la única herramienta que me quedaba.

La detective Deegan también pasó ocupada el 26 de abril. Fue a mi casa, que se encontraba vacía. Recorrió el barrio e interrogó a los vecinos, quienes confirmaron que había vivido en la casa, pero de repente me había marchado a Colombia, o al menos eso les habían dicho. De hecho, algunos hombres se habían mudado, y cuando Deegan les mostró un cartel de fotos, todos identificaron a Lugo como uno de los que había estado viviendo en la casa. Ahora convencida de que algo estaba pasando, Deegan presentó un informe al respecto y citó mis registros financieros e información sobre las compras con tarjeta de crédito.

Ed llamó poco después de la visita de Deegan a mi casa para obtener una actualización. La detective le puso al corriente de lo que había encontrado y le dijo que estaba esperando algo de información financiera sobre mí. Ed se quedó perplejo acerca de esta atención constante que se centraba sobre mí, pero mantuvo la compostura. Señaló que todo lo que él y yo le habíamos dicho estaba confirmado por sus propias averiguaciones, y le preguntó por qué seguía perdiendo el tiempo investigando a su cliente. Le indicó que la policía de Miami estaba gastando miles de horas persiguiendo a las víctimas de un crminal en serie que operaba en la ciudad, cuando todos los implicados tenían amplios antecedentes penales por drogas, prostitución y robo.

"¿Qué quiere decir?", preguntó Deegan.

"No se está investigando a Lugo y compañía porque creen que la víctima es un criminal. Si Schiller es un criminal y el peor que nunca ha tenido Miami, ¿no es todavía ilegal secuestrarlo, tomar sus bienes y tratar de asesinarlo?"

"Por supuesto".

"Entonces salga a investigar a los agresores de Schiller antes de que ataquen de nuevo. Muestre su tarjeta de identificación y haga algunas preguntas antes de alguien más salga herido".

"Yo sé cómo hacer mi trabajo. No necesito que me diga cómo funciona este caso".

"La próxima vez que la vea le voy a llevar un cadáver o una confesión firmada para apresurar las cosas", concluyó Ed.

El investigador privado no tuvo mejor suerte con el FBI. Se puso en contacto con Art Wells de la oficina de Miami.

Después de ser plenamente informado, Wells comentó que mi historia parecía una película hecha para la televisión. Se negó a seguir adelante a pesar de la montaña de pruebas que le había dado Ed, la misma montaña que le había dado a la policía de Miami.

En el futuro, tendría que defender, una y otra vez, la razón para no acudir antes a la policía. Esta es la pregunta que la gente siempre me hace, tanto entonces como ahora. Los que preguntan esto, obviamente, no lo entienden. ¿Qué diferencia habría hecho? ¿Me habrían creído si lo hubiera hecho diez días, un mes, o dos días después de que estuviese fuera del almacén? No lo creo. Fui con un ex agente del FBI que había recopilado pruebas irrefutables, ¿y cuál fue el resultado? Al final reporté el hecho desde una posición con más fuerza y fue en vano.

Así que los que aún me critican no llegan a comprender la situación. Hubiera sido más probable que fuese peor, no mejor, si hubiera ido antes. Pero, de nuevo, en retrospectiva, y desde un ángulo diferente, es fácil criticar y juzgar. Además, le dije al personal del hospital varias veces para que llamara a la policía, y había enviado a Gene a reportar el crimen diez días después de que ocurriera. Nadie escuchó o le importó, era simplemente una historia demasiado loca y yo no podría haber estado vivo para contarla. Para aquellos que se lo preguntan, no, nunca recuperé el dinero robado. Podemos dejar eso de lado de una vez por todas como un factor de motivación. Mis tarjetas de crédito fueron en su mayoría exoneradas porque eran cargos no autorizados pero, por supuesto, perdí el uso sobre ellas.

El resto de abril y la mayor parte de mayo no hice mucho y relegué la situación a un segundo plano. Continué hablando con Ed, aunque no tan a menudo. No podíamos pensar en otra estrategia e incluso contemplábamos tratar de ir a la policía otra vez. No había absolutamente ningún contacto entre Ed y Mese, Lugo, Delgado o el informante. Entramos en un vacío de información. La llamada telefónica que había hecho a Delgado no pareció tener ningún impacto. No reaccionaron. Así pasaban los días, y parecía que mi caso quedaría impune y que no iba a encontrar ninguna solución o justicia por lo que me habían hecho.

A finales de mayo, recibí una llamada de Ed informándome

que la policía quería hablar conmigo. Una pareja joven y rica de origen húngaro había sido secuestrada y estaba desaparecida. Había muchas similitudes con mi caso, y se sospechaba que algunos, si no todos los mismos individuos estaban involucrados. Estaban buscando desesperadamente a la pareja y querían mi ayuda. Al parecer, los delincuentes habían encontrado nuevas víctimas y fueron de nuevo por ellas. ¿Por qué no? A nadie le importaba, ¿verdad?

Al ver la urgencia del asunto, volé a Miami al día siguiente. Gene me recibió en el aeropuerto y juntos fuimos a la sede de la policía, donde había estado sólo dos meses antes. A nuestra llegada, nos dirigieron a la división de homicidios, no a la de robos. Allí, los detectives Nick Fabregas, Sal Garafalo y el sargento Félix Jiménez se reunieron con nosotros. La fiscal estatal Gail Levine y un agente del FBI también estuvieron presentes.

Mi primer pensamiento fue: ¿dónde estaban estas personas cuando los necesitaba? Este fue un interesante giro de los acontecimientos. ¿No decían que tenía una imaginación muy viva y que me inventé todo? Me di cuenta de que los sargentos Deegan y Meyers estuvieron ausentes de la reunión. No me importaba. La pareja estaba en grave peligro y yo quería ayudar en todo lo que pudiera. Estos sanguinarios y codiciosos criminales no iban a cometer el mismo error que habían cometido conmigo. Cuando finalmente terminaran, esta joven pareja no tendría ninguna oportunidad de estar viva. Así que el tiempo era esencial, y cuanto más rápido los encontraran, mejores serían las posibilidades de salvarlos.

El detective Garafalo me puso al corriente de lo que sucedía. La joven pareja, Kristina Furton, de veintitrés años de edad, y Frank Griga, de veintiocho años, habían sido vistos por última vez en compañía de Lugo y sus compañero enloquecido por los esteroides Noel Doorbal, un levantador de pesas que era también primo de la ex esposa de Lugo. Doorbal es al que me he referido como el compañero de Lugo, el señor Tortura. El auto de la pareja, un Lamborghini amarillo, había sido encontrado abandonado en el condado de Dade, muy al oeste del área metropolitana. No había rastro de la pareja.

La policía creía que estos individuos estaban involucrados y temían lo peor. Me senté allí durante horas, contando mi historia en detalle y respondiendo a su bombardeo de preguntas. Me mostraron fotos policiales, e indentifiqué tanto a Lugo como a Delgado. Tenían la evidencia que Ed les había dado y me hicieron preguntas relacionadas con los documentos. No me sentía reivindicado, sólo triste de que ellos no habían escuchado la primera vez que había ido allí. Esta joven pareja no habría estado entonces en esta situación.

Se tomaron fotografías de las heridas y lesiones que había sufrido durante la tortura. Mostraron sinceridad y casi se disculparon por su comportamiento. No había positivismo en medio de la incertidumbre con respecto de la pareja desaparecida. Por la tarde, Gene me llevó al aeropuerto para que pudiera regresar a Colombia. Al parecer, este capítulo estaba a punto de terminar para mí. Cuando el avión despegó de Miami, mis oraciones estaban con la joven pareja, y esperaba que los encontrarían sanos y salvos. Pero yo lo sabía muy bien. Sabía quiénes los habían secuestrado. Sabía lo que eran capaces de hacer.

Al día siguiente, Gene me llamó y me dijo que la historia había salido en el Miami Herald. Genial, era justo lo que quería: publicidad. El esfuerzo de la policía se concentró en la búsqueda de la pareja desaparecida. La policía quería saber si yo conocía la ubicación del almacén. A través de Gene, les comuniqué que sospechaba que podría ser el mismo donde Delgado mantenía sus motos acuáticas, en Hialeah, Florida. Encontraron la bodega, realizaron una búsqueda y hallaron una pista de mal agüero: una sierra eléctrica. Los medios de comunicación informaron que la policía temía lo peor y las esperanzas de encontrar a la pareja estaban disminuyendo. Me aferré a cada trozo de información que recibía. No había nadie mejor para entender la difícil situación de la pareja que yo.

Al día siguiente, los informes de prensa dijeron que Delgado y Doorbal habían sido detenidos. Doorbal reconoció rápidamente su participación en mi secuestro, pero Delgado no dijo nada. También registraron el apartamento de Lugo, pero él no aparecía por ninguna parte. En el apartamento de Doorbal encontraron la mayor parte de mis muebles y otros artículos personales. También encontraron algunos elementos relacionados con la pareja. Asimismo había objetos personales que me pertenecían en el apartamento de Lugo y Delgado, donde encontraron mi billetera en su caja fuerte.

Eran tan engreídos, arrogantes y estúpidos que Doorbal había amueblado su apartamento con mis muebles. Los tres habían guardado mis cosas personales como recuerdos y no temían que un día todo podría ser utilizado como evidencia en su contra. El apartamento de Lugo ofreció otras cosas interesantes: varios pasaportes con diferentes alias.

Pasó una semana, y no había nuevas pistas sobre la desaparición de la pareja. Al final de la semana, me enteré de que Lugo había sido detenido en las Bahamas y llevado rápidamente a Miami. Al llegar de vuelta a los Estados Unidos, dio a la policía la ubicación de donde habían arrojado los cuerpos sin vida de la pareja. Tenía la esperanza de que su cooperación podría significar una reducción de la pena. Sólo un poco más tarde, negó lo que había dicho. La policía recuperó los cuerpos. Habían sido metidos en bidones de cincuenta y cinco galones y arrojados a un canal del suroeste de Dade.

Al escuchar la noticia, estaba consternado, indignado y muy triste. La pesadilla que la joven pareja había pasado obviamente era peor de lo que había experimentado. Ahora más que nunca me di cuenta de lo afortunado que era y el milagro que había sido el que yo estuviera vivo.

Gene comenzó a recibir un aluvión de llamadas telefónicas de los medios de comunicación y programas de televisión. Se había convertido en un circo. Ambos acordamos que lo mejor era no conceder las entrevistas, aunque finalmente decidimos dar una para que mi historia fuera clara antes de que comenzaran con sus mentiras, sobre todo en lo que se refería a Lugo. Así que nos pusimos de acuerdo para darle al Miami Herald una entrevista por teléfono. Me pasé dos horas relatando la historia de la tortura y la humillación. El resultado fue una historia de dos páginas en su publicación.

La policía hizo una extensa investigación y fueron capaces de reconstruir lo que había ocurrido entre los criminales y la joven pareja. Lugo y Doorbal se habían acercado a Frank Griga con la excusa de un posible negocio. La noche en que fueron secuestrados, 24 de mayo de 1995, Lugo y Doorbal se reunieron con Furton y Griga en un restaurante de Miami Lakes. Después de que salieron del restaurante, todos decidieron ir al piso cercano de Doorbal, que también se encontraba en Miami Lakes. Cuando Doorbal y Lugo trataron de obtener el código de la alarma de la residencia de Griga, una pelea sobrevino en la que Doorbal lo golpeó hasta la muerte con un martillo. Colocaron el cuerpo de Griga en la bañera para que se desangrara antes de disponer de él. Según la policía, había sangre por todas partes donde había ocurrido la pelea.

Mientras tanto, Kristina Furton estaba abajo en otra habitación. Cuando oyó el forcejeo, comenzó a gritar. Con el fin de someterla, le inyectaron un tranquilizante para caballos conocido como Rompun. Parece que a Griga en un momento también le inyectaron el mismo tranquilizante. Ella seguía gritando, así que la inyectaron de nuevo. Ahora estaban tratando de obtener el código de la alarma de la casa de ella, y en última instancia, les dio uno. Lugo y su novia, Petrescu, fueron a la casa de Griga a probar el código que les habían dado, mientras que Delgado y Doorbal se quedaron con Furton. Ella continuó gritando, por lo que volvieron a inyectarle cantidades adicionales de Rompun. Cuando Lugo y su novia llegaron a la casa, descubrieron que el código no funcionaba. Llamaron a Doorbal para conseguir el correcto. Doorbal le informó a Lugo que Furton estaba fría o tal vez muerta.

Al día siguiente, Lugo, Doorbal y Delgado alquilaron un camión para llevar los cuerpos a la misma bodega donde me habían secuestrado. Utilizaron lo que solía ser mi sofá de cuero negro para cargar los cuerpos y llevárselos. En el almacén, los desmembraron para que pudieran encajar en los cilindros de cincuenta y cinco galones. Quemaron los cuerpos con ácido con el fin de impedir el reconocimiento. Metieron las partes de los cuerpos sin cabeza en los cilindros y los arrojaron en los canales al suroeste de Dade. Las cabezas y los dedos los echaron a los Everglades. Sus dientes también habían sido arrancados con pinzas y los habían dispersado a lo largo de una autopista de Miami. Lugo y Doorbal no tuvieron éxito en la extorsión de los bienes o dinero de Griga y Furton. No habían sobrevivido a su terrible experiencia, ni siquiera veinticuatro horas. Supongo que tuve mi respuesta en cuanto a lo que hubiera sido de mí si yo también me hubiese negado a darles todos mis bienes.

Hay un poco de información que me ha seguido intrigando. No ha habido respuesta. La pregunta fue planteada por uno de los detectives durante la investigación. Me preguntó quién había intentado viajar a Colombia con mi pasaporte el 5 de diciembre de 1994 y por qué. Le respondí que, obviamente, no era yo, ya que estaba encadenado a una pared en ese momento. ¿Iban a Colombia para encontrar a mi familia? ¿O era una estratagema para hacer que se viera como si hubiera salido del país para que, en caso de desaparición, nadie lo cuestionara e intentara buscarme? Se me dijo que quienquiera que fuese no había sido autorizado a viajar. Así que no tuvieron éxito en lo que estaban tratando de lograr. Quién intentó viajar ese día y por qué, sigue siendo un misterio que nunca ha sido reuelto.

A principios de junio, a petición de la policía regresé a Miami. El detective Garafalo quería que yo identificase fotos de mis muebles y objetos personales que se habían encontrado en el piso de Lugo y de Doorbal. Me pidieron escuchar una grabación de una voz y me preguntaron si podía identificarla. La reconocí de inmediato. Era la del señor Amistoso, uno de los vigilantes nocturnos. Su verdadero nombre era Carl Weeks, un criminal de poca monta a quien le habían ofrecido casi nada por sus servicios como niñero. El señor Amistoso, el mismo que prometió que no permitiría que me matasen. Por supuesto, sabía que era el mismo señor Amistoso quien había estado detrás del volante cuando me pasaron por encima dos veces.

Poco después de que viajé a Miami, la policía registró la oficina de Mese y él también fue arrestado. La policía recuperó el auto de mi esposa, que había sido pintado de verde a negro, y cuyo número de identificación también habían tratado de cambiar. El coche estaba en manos de la novia de Lugo, quien también fue arrestada. El magnánimo Daniel Lugo se lo había dado a ella como un regalo. La investigación se movía ahora a la velocidad de la luz. La policía también detuvo a Steven St. Pierre, el otro vigilante nocturno, y al cual me he referido como el señor FBI. Me pregunté si ahora que lo habían arrestado, le contaría a la policía sobre su historia de que era un agente del FBI, esa de la cual le gustaba tanto jactarse.

La fiscal, Gail Levine, se había vuelto paranoica con que yo ya no colaboraría con ellos. No podía entender por qué, ya que nunca les había dado ninguna indicación en este sentido, y era de mi interés que estos locos ya no vagaran por las calles, en busca de presas o de venganza.

Después de que Delgado fue detenido, Linda Delgado llamó a Gene y me pidió que intercediera por su marido. Eso era una broma, ¿verdad? Fueron Delgado y Doorbal quienes habían hablado con Lugo para matarme porque adivinaron, correctamente, que conocía las identidades de algunos de ellos. Yo no podía entender el pensamiento o la hiel de la esposa de Delgado para pedirme ayuda. ¿No se daba cuenta de que su marido había intentado matarme? Creo que en la vida hay tiempo ver y escuchar de todo. Pero esto venció a todo.

En junio de 1996, volé a Miami para hablar con la fiscal, Gail Levine, y para asistir a la audiencia de fianza de Mese. Para mi sorpresa, Delgado estaba sentado en la sala del tribunal, vestido con su naranja cárcel. Yo sé que él me vio, pero estaba demasiado lejos como para decir nada.

El fiscal también llegó a un acuerdo de culpabilidad con

Lillian Torres, que daría testimonio de que nunca se reunió conmigo, pero que había recibido un pago de Lugo para fingir ser mi novia con el fin de recoger mi póliza de seguro.

Carl Weeks decidió declararse culpable también, y se le dio una sentencia de dos años. Si mentía durante la investigación o el juicio, sería elevada a cuarenta años. Este era un gran reto para él, ya que decir la verdad no era su fuerte. Su credibilidad, sin embargo, iba a ser difícil de superar. Admitió ante el fiscal que solía robar a traficantes de drogas y creía que estaba bien, ya que eran criminales. Era increíble que estuviera vivo.

Mario Sánchez, otro individuo implicado, también fue arrestado. Habían sido Sánchez, Weeks y Doorbal quienes me secuestraron en el estacionamiento del restaurante.

A su llegada al almacén, una vez que Sánchez vio lo que estaban planeando y lo que iban a hacer, decidió no participar. Sorprendentemente, Lugo le había dicho una mentira, diciendo que sólo me iban a sacudir un poco y luego dejarme ir. Es interesante señalar que Sánchez también tenía miedo de que Lugo podría hacerle algo por salirse de la aventura. Sánchez se declaró culpable y recibió un poco más de un año por su participación.

Yo ya conocía la mayoría de la información que empezó a salir. Después hubo otras revelaciones que me dieron escalofríos por la columna vertebral. Habían tratado de atraparme un par de veces. Una vez llegaron a mi casa vestidos de ninjas y esperaron a que saliera a comprar el periódico. No era Halloween. Esto explicaría la razón por la que nuestra alarma se había estado desconectado tan a menudo. En otra ocasión, trataron de interceptarme mientras iba al restaurante. Con los conductores de Miami, ¿quién se habría dado cuenta? Esto les dará una idea de lo observador que era yo.

Por otra parte, pienso que es necesario creer que alguien quiere hacerte daño, a fin de estar atento a estas cosas. Lo que era más preocupante y repugnante para mí fue que contemplaban el secuestro de mi hijo de seis años de edad cuando salía de la escuela. También consideraron el secuestro de mi esposa cuando iba a comprar comestibles. Afortunadamente, ninguna de esas cosas se convirtió en realidad, o el final podría haber sido muy diferente.

Empecé a viajar desde Colombia a Miami una vez al mes por diferentes razones relacionadas con el caso. Mi hermana y esposa también fueron en un par de ocasiones. El caso fue creciendo y también lo hizo el número de acusados y testigos. En poco tiempo, Stephen St. Pierre, el señor FBI, decidió declararse culpable para que pudieran llegar a un acuerdo. Cooperó plenamente y le dio un informe completo a la policía. Su testimonio fue severamente perjudicial para Delgado, Lugo y Doorbal, más que el de Weeks. Debido a que no tenía antecedentes penales, su testimonio fue visto como más creíble.

Resultó que la razón por la que me habían puesto en el cuarto de baño cada día, además de torturarme, fue porque Delgado me vigilaba y querían evitar cualquier contacto entre nosotros. Si se veía en la necesidad de hablarme, hubiera reconocido su voz fácilmente. Si tan sólo él hubiera sabido desde el principio que yo sabía que estaba involucrado. St. Pierre también hizo un recuento detallado de los homicidios de Griga y Furton.

En febrero de 1996, la fiscal me llamó y me dijo que estaba negociando un acuerdo con Delgado a cambio de su testimonio contra Lugo y Doorbal. Yo me opuse y le recordé que había suficientes testigos y pruebas, de modo que el testimonio de Delgado no sería determinante. No obstante, se negoció un acuerdo con él. A cambio de su testimonio, la fiscal le dio un buen trato por quince años. Él habría tenido que lidiar con una vida en la cárcel si hubiera ido a juicio y hubiera sido encontrado culpable, lo cual habría sido inevitable. Yo no estaba contento de que alguien que había cometido crímenes atroces tales como secuestro, intento de asesinato, asesinato y robo, entre otras cosas, estuviese recibiendo una sentencia tan leve. Pero no tenía voz en el asunto, y por alguna razón u otra, la fiscal presionó mucho al respecto.

Delgado hizo una exposición detallada de doscientas cuatro páginas, tanto en mi caso como en el de la joven pareja. Esta declaración puso un clavo en el ataúd de Lugo y de Doorbal y arruinó sus posibilidades de una victoria en los tribunales.

El estado también decidió que los dos casos, el asesinato de la pareja y el mío, serían juzgados al mismo tiempo. Habría dos jurados distintos, uno para Doorbal y otro para Lugo. A Mese también le ofrecieron un acuerdo por nueve años, que rechazó. Él sería juzgado por separado. El juicio se fijó inicialmente para febrero de 1996. Se atrasó durante tres meses debido al volumen de pruebas y testigos.

Pasé la segunda mitad de 1995 y la mayor parte de 1996 viajando a Miami para el caso o a Nueva York para estar con mi hermana, que estaba muriendo de cáncer. Todo estaba ocurriendo a la vez, y me olvidé de mis problemas y me concentré en estar allí para mi hermana y colaborar en el proceso. El juicio siguió siendo postergado. Ese año, 1996, pasaba más tiempo en Nueva York que en cualquier otro lado, ya que la condición de mi hermana seguía deteriorándose. Falleció el 21 de febrero de 1997, a la edad de cuarenta y cuatro años. Yo estaba devastado por la pérdida de una aliada y amiga con quien siempre había podido contar, y quien había sido fundamental para salvarme. Mi vida estaba en suspenso por esos dos eventos.

El resto de ese año esperé a que el caso terminara por fin. No me podía mover en ninguna dirección hasta que se resolviera y finalmente se cerrara. Parecía que mi vida había girado en torno a estar con mi hermana y a la pesadilla sin fin de mi caso de secuestro. Entre junio de 1995 y diciembre de 1997, fui a Miami doce veces para dar declaraciones y ofrecer información.

En enero de 1998, casi dos años y medio desde la primera vez que fui a Miami para ayudar a la policía, y tres años después de mi secuestro, dos jurados fueron finalmente seleccionados. El juicio comenzó el 24 de febrero de 1998 y se prolongó durante diez semanas. Hubo más de mil doscientas piezas de evidencia y noventa y ocho testigos. Fue el juicio penal más largo y más caro de la historia del condado de Dade.

Yo era uno de esos testigos. Declaré durante dos días y casi doce horas. Llegué nervioso, no porque tuviera que finalmente enfrentar a mis verdugos, sino debido a la multitud de espectadores y a todas las cámaras de televisión y periodistas. No tenía miedo de mis torturadores, que me habían humillado y tratado de violar mi dignidad, mi identidad y mi vida. No podían hacerme más daño: todo había terminado, y respondí a todas las preguntas que me plantearon, tanto los fiscales como los abogados defensores, con calma y serenidad, mientras miraba directamente a los ojos a los acusados. Mi mensaje era claro: soy un sobreviviente y mi espíritu no se ha roto. Soy un sobreviviente y mi espíritu se eleva.

Capítulo 25 — Cierre

"No creo que el mero sufrimiento enseñe. Si sufrir por sí solo enseñara, todo el mundo sería sabio, porque todo el mundo sufre. Al sufrimiento hay que agregarle luto, comprensión, paciencia, amor, acogida y la voluntad de permanecer vulnerable".
- Joseph Addison -

"La vida no es independiente de la muerte. Sólo parece así".
- Proverbio indio americano -

El 4 de mayo de 1998, un jurado encontró a Lugo culpable de dos asesinatos y otros dieciséis cargos, entre ellos secuestro, intento de asesinato, extorsión y robo. El 1 de junio de 1998, el jurado de Doorbal llegó a una conclusión similar y lo declaró culpable de los mismos cargos. El 7 de julio de 1998, el jurado recomendó la pena de muerte tanto para Lugo como para Doorbal. Ahora están sentados en el corredor de la muerte, apelando sus respectivos casos. Lugo se mantiene ilusorio y sostiene que no tuvo nada que ver con los asesinatos y mi secuestro. El jurado de Mese también lo declaró culpable de todos los cargos y lo condenó a cincuenta y seis años. Murió en prisión en 2006 de un ataque al corazón. El juicio había terminado, lo mismo que los tres años y medio de mi vida que había dedicado a obtener justicia.

El juez Alex Ferrer, quien presidió el caso, escribió: "Este caso fue muy emotivo de manejar. Todavía me molesta hasta cierto punto. Yo no creo que podría haber sido peor si hubiera sido un prisionero de guerra. Schiller quedó perturbado emocionalmente de forma obvia por ello. Es difícil imaginar que alguien no lo estaría de haber pasado por lo que pasó con él. Trató de mantener muy bien la compostura, pero... creo que incluso escuchar al respecto fue traumático para la gente que estaba en la corte".

La pregunta más obvia es cómo podría haber sobrevivido. Sólo hay una respuesta que se me ocurre: la intervención divina. Alguien me estaba cuidando esa noche. Es así de simple. Tengo algo qué completar en mi vida. Si hubiera muerto, habría quedado sin terminar. No hay razón para buscar respuestas complejas, porque no existen.

Si me preguntan qué he aprendido de la experiencia, yo respondería de manera sucinta: amar y cuidar la vida y a los que te rodean. Diles a tus seres queridos cuánto los aprecias cada día. Vive cada día de tu vida como si fuera el último y no hubiera mañana. Si te encuentras en una situación difícil y no parece haber ninguna solución, ten fe en que una va a aparecer. Recuerda que los milagros suceden, ocurren todo el tiempo. Crece, aprende, ama y ríe. Esos son los regalos, no los pierdas sólo para darte cuenta de ello cuando ya sea demasiado tarde. Siempre alcanza nuevas alturas y deja que tu espíritu se eleve.

Muchas veces, circunstancias difíciles y lamentable en nuestras vidas resultan ser positivas. Nos transforman en mejores personas y nos llevan a apreciar las cosas que dimos por sentadas. Nos inspiran a alcanzar alturas que no podíamos imaginar antes.

Inculcan un sentido de urgencia para abordar y corregir las cosas que hemos ignorado. Nos dan a entender lo que realmente somos, y solidifican y aumentan nuestra fe en un poder superior y en nosotros mismos.

Algunos dicen que le tendí una trampa de muerte. No lo creo. Creo que nadie engaña a la Parca, y cuando el viaje está completo y nuestro tiempo se ha terminado, no se puede escapar de las garras de la muerte. No era hora de que me muriera, y hay otras cosas que me quedan por hacer en esta vida antes de que el último capítulo sea escrito. Estas cosas pueden ser tan sutiles que se pueden completar sin darme cuenta. No hay ninguna señal de neón que me apunte en la dirección que debo ir o lo que debo hacer. Mi supervivencia puede ser para el beneficio de otro que yo ahora conozca, o que voy a encontrar más adelante en el camino de la vida. Puede ser que mi misión no sea importante en esta vida, pero que vaya a ayudar a otro a completar la suya que sí hará una diferencia y sea importante para la raza humana.

Mi hermana se dio cuenta de que tenía cáncer de mama el mismo día que fui secuestrado. No importa lo mucho que lo intentara y lo mucho que combatiera al invasor mortal, era su hora de irse, y murió a la temprana edad de cuarenta y cuatro años, en febrero de 1997. Ella sostuvo su ánimo y las esperanzas en alto hasta el último día. Tuve la suerte de tenerla a mi lado en momentos en que me sentía solo. Ella era un pilar de fortaleza cuando más lo necesitaba. Su guía y ayuda fueron vitales para recuperar el ánimo y la esperanza. Me sentí igualmente bendecido de poder estar con ella casi todo el tiempo durante su enfermedad, dándole mi apoyo y fuerza para luchar y vencer su mal. Pero no fue así. Como ya he dicho, nadie engaña a la muerte.

Hay muchas lecciones aprendidas, y yo no soy la persona que solía ser antes del 15 de noviembre de 1994. En cierto modo, esa persona murió durante ese mes, y un nuevo yo volvió a nacer en la víspera de Navidad de ese año.

No juzgo, porque creo que nadie debería hacerlo. Pero veo y analizo cómo las personas van por la vida cotidiana. Infelices y descontentos con sus vidas, no se dan cuenta de que el poder de cambiar reside dentro de todos nosotros. Medimos nuestras vidas por lo que logramos y, en el proceso, estamos demasiado ocupados para apreciar y estar agradecidos por todos los dones hermosos que la vida nos ha dado. Aspiramos a acumular bienes materiales y no enriquecer nuestro ser interior, para acumular esa riqueza que nadie puede quitarnos: la paz interior, la felicidad y el amor por los demás y por nosotros mismos.

Nos esforzamos para educarnos sobre la historia, las matemáticas y otras cosas del mundo, pero casi no nos tomamos el tiempo para aprender acerca de nosotros mismos. Tenemos que entender quiénes somos realmente y los dones con que cada uno de nosotros ha sido bendecido y que no nos pueden ser arrebatados. Nos sentimos inadecuados porque los demás pueden hacer cosas que no podemos, sin darnos cuenta de que cada uno tiene un don especial. Nos esforzamos para encajar en un modelo o imagen que se ha prefabricado para nosotros por los demás en lugar de dejar que nuestros verdaderos seres individuales reales brillen. Nos han vendido demasiadas ideas falsas e ídolos y, en nuestra inseguridad, tratamos de aferrarnos a ellos, con la esperanza de que encajen. Pero no lo harán, porque no es lo que somos, y en última instancia, esto nos conducirá sólo a la infelicidad y desesperación. El único verdadero camino a la felicidad y a sentirse realizado es a través de la exploración de lo que somos y por medio de aceptarnos a nosotros mismos tal como somos, con todas nuestras virtudes y debilidades. Una vez que dejemos de lado estas imágenes falsas y seamos nosotros mismos, encontraremos por fin la paz interior y la alegría que todos merecemos.

No pienso en ese episodio de mi vida. Lo he dejado ir y dejé atrás los recuerdos amargos. Decidí que tenía que seguir adelante y vivir en el pasado, que no puedo cambiar, no me daría ningún beneficio. De hecho, me pareció que sería un obstáculo para cualquier camino que eligiese. Mis recuerdos sólo me pueden encerrar en un mundo que ya no existe. Quiero tener la libertad de disfrutar de mi presente, que es mi regalo. Es como tratar de conducir un coche hacia adelante mirando por el espejo retrovisor. No se puede hacer. Elijo conducir mirando hacia adelante y apreciar toda la belleza que la vida tiene para ofrecer.

A muchos les resulta extraño que yo haya perdonado a mis secuestradores y pedirle a Dios que los bendiga y los perdone. Necesitaba el cierre, y esta fue la última pieza que faltaba. Creo que los que me infligieron daño viven en su tormento y la desesperación de los que no tienen escapatoria. Eso es realmente su castigo, que nunca se podrá cambiar. Tienen que enfrentarse a lo que han hecho, y el fantasma del pasado les persigue todos los días. No hay salidas de la prisión mental y no hay manera de vencer a esos demonios y fantasmas.

Muchos se preguntan cómo, después de esa experiencia, estoy en condiciones de funcionar normalmente en la sociedad. Las heridas físicas se curan en cierta medida, pero sostienen que las mentales no lo hacen. Otros creen que el tiempo cura todas las heridas y que son capaces de recoger los pedazos de sus vidas rotas y seguir adelante. Para mí, las cicatrices físicas permanecen como un recordatorio de lo que tuve que soportar. A pesar de que se han desvanecido un tanto, son claramente visibles como un recordatorio de la crueldad humana. Es una insignia que llevo, la cual me recuerda que siempre debo luchar y nunca mirar hacia atrás. Para mí, fue un punto de inflexión en mi vida. Podía optar por revolcarme en la autocompasión o buscar la lástima de los demás. O podía elegir utilizarlo como un trampolín para hacerme un mejor ser humano y aprender de las experiencias, no importa lo duras o amargas que hayan sido. Elegí la segunda opción.

Y así, las hojas sueltas no permanecen más en la esquina, recogiendo polvo y volviéndose amarillas. Mi historia ha sido contada, y con la narración viene el cierre de este capítulo de mi vida. Ahora paso la página. Los fantasmas y demonios que me atormentaban están vencidos. Mi sincero deseo es que al contar mi historia, voy a darle a alguien el coraje y la fortaleza para hacer frente a su propios fantasmas y demonios y vencerlos. Si he logrado esto, para un sólo ser humano, entonces se han cumplido mis razones y objetivos para escribir este libro, y ha sido un esfuerzo que ha valido la pena.

Que la paz, el amor y la luz te envuelvan siempre,
y que tu espíritu se eleve.

Marc Schiller

Sobre el autor

Marc Schiller nació en Buenos Aires, Argentina, y emigró a Brooklyn, Nueva York, con sus padres cuando tenía siete años de edad. Un empresario precoz, comenzó varios negocios pequeños a la edad de nueve años. Asistió a la escuela secundaria en Brooklyn, y practicó deportes como miembro del equipo de atletismo de la escuela.

Marc recibió una licenciatura en contabilidad por parte de la Universidad de Wisconsin-Milwaukee y una maestría por parte de la Universidad Benedictina. Marc ha tenido una larga y variada carrera tanto como profesional y empresario. Su carrera profesional se ha extendido por los Estados Unidos y el mundo. En el plano empresarial, Marc Schiller ha puesto en marcha varios negocios exitosos, incluyendo dos prácticas contables, tanto en Miami como en Houston, un restaurante en Miami y una compañía de comercio de acciones.

Marc Schiller actualmente trabaja como contable y especialista en resolución fiscal para una compañía nacional de impuestos. Tiene dos hijos adultos. Su hijo se graduó de la Universidad de Colorado-Boulder con un título en economía, y su hija actualmente asiste a la Universidad de Loyola Marymount en

California.

Dolor y dinero: la verdadera historia es la primera publicación literaria de Marc Schiller.